ちくま文庫

# USAカニバケツ

## 超大国の三面記事的真実

町山智浩



筑摩書房

## 目次

## SPORTS
Chapter 2

TOWNS

Chapter 3

GOSSIP

Chapter 4

## TELEVISION
### Chapter 5

## PEOPLE
Chapter 6

# USAカニバケツ——超大国の三面記事的真実

# はじめに

たくさんのカニをバケツに入れておくと、フタをしなくても逃げないという。一匹がバケツから出ようとすると他のカニに引きずり下ろされるからだ。

このカニバケツの話は、突出する者を許さない日本社会のたとえによく使われる。けれども実は、Crab bucket syndrome としてアメリカでも知られている言葉なのだ。アメリカン・ドリーム、一獲千金のサクセス・ストーリーの国でなぜ?

From rags to riches（文無しから成金へ）のセレブたちはたしかにアメリカの看板だ。しかし、そんな華やかなアメリカは、ニューヨークやロサンジェルスや、せいぜいサンフランシスコ、つまり日本人が観光で行く大都市だけで、それ以外のアメリカは全部、貧しい田舎が日本の何倍もの面積で広がっている。そこで暮らす人々の平均年収は日本人よりも少ない。アメリカというピラミッドの頂点は高いが、底辺は凄まじく大きい。脱出するのが日本以上に難しいカニバケツだ。そのくせ人間を Winner（勝者）と Loser（敗者）の二種類にすぐ分けたがる。勝者への憧れが大きなぶん嫉妬も大きい。奇跡的にてっぺんによじ登ったカニもアッと言う間にドン底に引きずり落とされる。

田舎のストリッパーから六十二歳年上の石油王のウルトラ玉の輿に乗ったアンナ・ニコ

ル・スミス。マンハッタンの豪邸に住む大富豪の令嬢なのに本番SEXビデオをネットで世界中にバラまかれてしまったパリス・ヒルトン。黒人から蔑まれるホワイト・トラッシュからラップでのし上がったエミネム。白人より白くなって逮捕、破産と転落していくマイケル・ジャクソン。そんな有名人だけでなく、数え切れないほどのカニたちが、今日もまた他のカニを蹴落とし、踏みにじってアメリカというピラミッドをよじ登り、また、滑り落ちていく……。

というわけで、本書は月刊『サイゾー』連載コラム「USAカニバケツ」を中心に、1999年から2004年まで各雑誌に発表してきた、アメリカの犯罪やスポーツ、芸能、TV番組についてのコラム約百本を集めたものです。

筆者は先だって、テロとブッシュ政権下のアメリカを記録したコラム集『底抜け合衆国／アメリカが最もバカだった4年間』を上梓しましたが、そちらが新聞やニュース番組にあたるとすれば、本書はスポーツ新聞やワイドショーですね。でも、スーパーのレジに売っているタブロイド紙のほうが、ウォール・ストリート・ジャーナルよりはるかにリアルな、笑えて、泣けて、ゾッとさせられるアメリカ人の実像を映しているのです。

2004年12月

# TABLOID

## Chapter 1

## GOTHな人々
### トレンチコート・マフィアと暗黒サブカルチャー

１９９９年４月、コロラド州デンヴァー郊外のコロンバイン高校で、二人の生徒が黒いロングコートを着て銃を乱射、体育会系の生徒を中心に十三人を射殺して自殺した。犯人はマリリン・マンソンのファンだったと言われ、全米ツアー中だったマリリン・マンソンは各地でコンサート中止を余儀なくされた。そして、マンソンのような音楽を含むカルチャー、「ＧＯＴＨ《ゴス》」がアメリカじゅうの注目を集めた。

筆者がＧＯＴＨの人々と知り合ったのは、97年、ニューヨーク州シラキュースでのことだ。

彼女は、夏だというのに真っ黒なワンピースに黒のレースの手袋と黒革の編み上げブーツ、髪はルイーズ・ブルックス風のショート・ボブ、一度も日焼けしたことのないような真っ白な顔、そして真っ黒な唇、黒いアイシャドウ、黒いマニキュアをしていた。彼女の名はリディア。ブロディ教授のホラー映画研究のクラスで、いつも一番前に座っていた。

筆者はその頃、シラキュース大学の大学院に通うカミさんにくっついて、シラキュースに住んでいたのだが、主夫だけやっててもヒマなので、近所のオノンダガ郡公立カレッジでいくつか授業を取ることにした。そのうちの一つが「ホラー映画」。担当は、いくつかの映画研究書の著作があるダグラス・ブロディ教授で、エジソンの『フランケンシュタイン』から最近の学園ホラーまでの、ホラー映画の背後に隠されたものを分析していく授業で、日本の大学にもこんな授業があったら、オレもマジメに通ったのにな、と悔しくなるほど面白い授業だった。

そしてブロディ教授が派手な身振り手振りで次々と生徒にぶつける質問に、いつも的確に答えていたのがリディアだ。夏といえばヘソ出しタンクトップにジーンズで、髪も必ずブロンドに染めているアメリカン・ガールのなかで、黒に身を包んだリディアは異常に目立つ存在だった。彼女はブロディ教授のクラスの主役だったが、図書館や廊下では、いつも一人ぼっちだった。

ポール・ハドキンソン著『GOTH／定義とファッション、サブカルチャー』

## 自分、日本大好きなんスよ！

アメリカの授業には「エキストラ・ポイント」というのがあって、正規のテストやレポート以外に、教授が出した課題をこなすと点をオマケしてくれる。そのクラスではブロディ教授が推薦した映画をビデオで観て、クラス終了後にその分析をしてみせることになっていた。

ある日、エキストラ・ポイントに参加したらリディアがいた。その日の課題はニール・ジョーダン監督の『狼の血族』(84年)。赤ずきんちゃんの話を性的に分析した映画だが、リディアは思春期の少女の被レイプ願望を読み解いてみせた。彼女は実に淡々と表情を崩すことなくキワドイ話をしていくので、逆に聞いてる方がテレ笑いしたりしてその場をつくろうような格好になってしまった。筆者は恥ずかしいことに、手塚治虫の『バンパイヤ』や平井和正の『ウルフガイ』の話をしてゴマかしたのだが、帰りの廊下でリディアが話しかけてきた。

「あたしの友達に、日本のモンスターやパンクに狂ってるコがいるんだけど、会ってみない? ここに来るから」

そう言って彼女が手渡したのは、ダウンタウンで開かれるギグのチラシだった。シラキュースは大恐慌以来これといった産業がなく廃れた街だ。ダウンタウンには、1910年代に塩の生産で栄えた頃に建てられた古いビルが並び、多くが廃墟と化している。そんな暗い街路の一角にリディアのような黒服の一団がいた。この街のどこから湧いてきたのか、ボサボサの髪を逆立て、ネックレスをジャラジャラぶら下げ、暑そうな黒のロングコートをはおり、白い顔に目と唇だけ黒く塗った彼らの間で、リディアは学校では見せたことのない笑顔を浮かべていた。

彼女に紹介されたのは、鋲をビッシリ植えて〝GBH〟と往年のハードコア・パンク・バンドの名が書かれたライダーズ・ジャケットをはおった、ピンクのモヒカンの青年マイク・トミーロットだった。

「自分、日本大好きなんスよ！　スターリンもラフィン・ノーズも聴いてるッス！　ウルトラマンの怪獣は全部空で描けます！」

それ以来、筆者はマイクと彼のバンドのメンバーと遊ぶようになって、マイク主演で16ミリ映画まで撮ったりして、その話はメチャクチャ笑えるのだが、彼らはハードコア・パンクなので今回のテーマとは関係ない。関係あるのは、マイクの同棲相手のジェシカの方だ。彼女はリディアの友達で、同じく黒いコートに黒いレースの手袋をしていた。

「私も日本に行きたいな。だって日本には『ナイトメアー・ビフォア・クリスマス』のオモチャがいっぱい売ってるんでしょ？」

筆者がまだロック雑誌だった『宝島』編集部にいた80年代は、彼女たちのような人はポジパン（ポジティブ・パンク）と呼ばれていた。デヴィッド・ボウイやTレックスなどグラム・ロックの耽美趣味やデカダンスをさらにダークにしたザ・ダムドあたりが、最初のポジパンだろうか。ザ・キュアーやバウハウス、エイリアン・セックス・フィーンドなど、ボードレールのような暗い歌詞、ドラキュラのような黒ずくめのファッション、ユニセックスなメイクが特徴で、１９８１年にロンドンのナイトクラブ「バットケイブ」に集まる連中がリディアのようなファッションの定型を作ったという（日本でもデル・ジベットなどの人気バンドがいくつかあって、その後のビジュアル系につながっていった）。

それが最近、アメリカでＧＯＴＨと呼ばれるようになった。よくジョークのネタにもされる。たとえば『サタデーナイト・ライブ』での、ＧＯＴＨトークというコント。『ウェインズ・ワールド』でもやっていたが、アメリカのＣＡＴＶにはシロウトがガレージで作った番組を流してくれるパブリック・アクセス・チャンネルがあるのだが、これはＧＯＴＨカップルが司会するトーク番組。

カウチに座った二人が「私はカラスに生まれ変わりたいわ」「僕は風だ」とかＧＯＴＨな会話をしながらマリリン・マンソンのビデオクリップを楽しんでると、ビール片手にチェックのネルシャツにジーンズ、スニーカー、ベースボール・キャップをかぶったオール・アメリカンな兄貴が乱入して「スーパーボウル観ようぜ」とテレビのチャンネルを替えてＧＯＴＨな気分をぶち壊す。

また、あるテレビの司会者はこんなジョークを言っていた。

「おたくの娘さんがＧＯＴＨで困ってるなら、まずバラの中でケイト・ブッシュのＣＤかなんか鳴らしておけば寄ってきますから、あとは彼らがジャラジャラさせてるアクセサリーや網タイツがイバラにからまって抜けなくなるのを待つだけ。そこでＣＤをスパイス・ガールズかブリトニー・スピアーズに換えて悶絶させたところを、日焼けサロンに運び込んで小麦色に焼いてしまえばＧＯＴＨは治ります」

## 映画の中のＧＯＴＨたち

ＧＯＴＨはＧＯＴＨＩＣ《ゴシック》の略。ゴシックそのものは十二世紀ヨーロッパの建築様式だが、この場合はヴィクトリア朝ロンドンで流行した『フランケンシュタイン』や『吸血鬼ドラキュラ』などの小説と、それにインスパイアされた映画や音楽を指す。そんなものに、90年代アメリカの少年少女たちが、なぜ惹かれたのだろう?

ジェシカは言う。

「あたしの場合は……中学くらいから、周りの女の子たちがバカに見えてきたのね。彼女たちの話題といえば、ファッションとアイドルのことばかり。それもバック・ストリート・ボーイズとかディカプリオとかね。で、ＪＯＣＫＳ《ジョックス》（体育会系生徒）の追っかけやって、チアガールに憧れて、夢は卒業パーティでプロム（ナイト）の女王に選ばれること。で、猫も杓子もブロンドに染めてさ」

筆者が映画で最初にＧＯＴＨを観たのは、１９８５年の『ブレックファスト・クラブ』あたりだ。これは先生に反抗して図書館で居残りを命じられた高校生五人――ＪＯＣＫＳ、ガリ勉《ギーク》、クラスのプリンセス、グランジの不良少年、そして黒ずくめの暗い少女――によるディスカッション・ドラマ。黒ずくめ少女（アリー・シーディ）はバスケットケース（手も脚も出ない）と呼ばれている。つまりクラスの仲間はずれなのだ。クラスのプリンセスが言う。

「明日、あなたたちに学校で会ったとしても、知り合いだなんて、他の友達に決して知られたくない」

ジェシカたちが学校でのけ者にされてたかどうかは聞けなかったが、ファッションやスポーツ選手の話よりも、図書館で『嵐が丘』なんか読んでる方が好きな少女だったそうだ。

彼女たちは『ビバリーヒルズ高校白書』のように陽気で能天気なアメリカの学園生活の底で、抑圧を感じてきた。そしてある日、違和感を表現するために黒をまとったのだ。

現在のようなホラー趣味のGOTH少女が映画に登場したのは88年の『ビートルジュース』。ここでのウィノナ・ライダーは家族とも友達とも打ち解けることができず、クモの巣のはった部屋に閉じこもり、太陽の下に出ようとしない。

「私の心は暗黒なの！」

彼女に限らず、ティム・バートン監督の映画の主人公はいつも黒い服を着ている。『バットマン・リターンズ』(92年)のOLセリーナは、オドオドした性格で周りからイジメられたあげく、黒いレザーのスーツに身を包んでキャットウーマンに変身、夜の街に繰り出して無差別テロを繰り返す。バートン自身黒コート姿がトレードマークだ。

彼の映画の主人公のもうひとつの特徴は、顔を白く塗っていること。白い顔は、友達と一緒に太陽の下で遊ぶことなく、部屋にこもって一人でTVのホラー映画を観たり、怪獣の絵を描いて育ったバートン自身の象徴である。

『シザーハンズ』(90年)の主人公、エドワード・シザーハンズは暗い屋敷の中で育った人造人間で、クラスのプリンセス(ブロンドのチアガール)に恋するが、フットボール選手にイジメられ、最後は彼を刺し殺す。

ジェシカが大好きだという『ナイトメアー・ビフォア・クリスマス』(93年)のジャッ

クは、闇に暮らすオバケで、年に一度だけ人間界に現われて、子どもたちを怖がらせるのだけが生きがいだ。

ジェシカはハロウィンの写真を見せてくれた。毎年ゾンビやキャットガールに変身するジェシカ。

「スゴいメイクでしょ。マイクがやってくれるの。彼の腕はプロ級よ」

マイクは近所でも評判で、ハロウィンのたびに、みんなが彼にメイクしてもらいに集まるという。普段は無職で（というか会計士をやってるジェシカのヒモ）、昼間は家でビデオばっかり観ているモヒカン青年が、ハロウィンの夜だけは町の人気者になる。まったく、『ナイトメア～』のジャックそのもの！

## トランシルヴァニア青春白書

昼間、マイクの家に行くと、彼はよく『リッキー・レイク・ショー』を観ていた。ジョン・ウォーターズ監督の『ヘアスプレー』（87年）でディヴァインの娘を演じた超肥満少女リッキー・レイクがダイエットして美人になって司会をする視聴者参加トーク・ショーで、GOTH少年少女が出演することが多い。

たとえばある回では、困った顔した家族が「ウチのジェニーのバケモノみたいなカッコをなんとかしてください」と、耳、鼻、唇、眉にピアス、肩にはクモの巣模様のタトゥーを入れたGOTH少女をスタジオに引っ張り出してくる。「ジェニーは中学までは、こんなにマジメなコだったんですよ」と父親が持ってきた写真の中のジェニーは度のキツい眼鏡におさげ髪、矯正ブリッジの付いた歯を見せて気弱そうに笑っている。「ジェニーなんて呼ばないで、あたしの名はカーミラよ」と、アッカンベーするジェニーの舌にもピアス。でも、今のカーミラの方が、オドオドしたジェニーよりもずっと生き生きとして見える。

結局、最後は番組が用意したプロのヘアメイクさんがジェニーをお嬢様風に変身させると、会場の客が「こっちの方が魅力的だぞ」「デートしてくれ」と叫び、ジェニーがはにかんだ笑顔を見せてめでたしめでたし。その結果は『ブレックファスト・クラブ』と同じなんで笑ってしまうが、面白いのは、ジェニーが父親に言い捨てた「あたしのパパはあたじゃない。ドラキュラ伯爵よ」という言葉だ。彼女は自分が吸血鬼だと思っているのだ。

「いるよね、ヴァンパイア・ワナビーズ（笑）。棺桶型ベッドの通販まであるくらいでね」とマイクは言う。

ヴァンパイア・ワナビーは、50年代からいて、彼らの生態をルポした『サムシング・イン・ザ・ブラッド』という本もある。だが、今のようなブームを作ったのは、アン・ライスの『夜明けのヴァンパイア』（76年）だ。萩尾望都の『ポーの一族』の盗作としか思えない、この「やおい」小説のファンは、自ら吸血鬼の末裔を演じるようになった。彼らは昼間はいっさい家の外に出ず、日が落ちると起き出してクラブに集まり、デッド・キャン・ダンスの曲で夜明けまで踊る。

「ヒドい奴は、本当に血を飲んだりしてるよ。まあ仲間うちでやってるぶんにはよかったんだけど、去年、殺しちゃったバカがいてさ」

96年、フロリダ州オーランドで五人のティーンエイジャーがアベックを襲って殺し、その血を飲んだ。彼らは『吸血鬼マスカレード』というロールプレイングゲームにハマって、その役になりきっていた。そのゲームは同名のTV番組がベースだそうだ。

「その番組、『ビバリーヒルズ青春白書』と同じプロデューサーなんで、『トランシルヴァニア青春白書』って言われてたよ（笑）」

『ビバヒル』の舞台となった青い空のロサンジェルスは、意外なことにGOTHという呼び名が生まれた土地でもある。50年代には元祖ヴァンパイア・ワナビーズのヴァンパイラがいたし、96年に筆者が訪れた時には「ハリウッド・ヘル・ホール」という店があった。

ハリウッド大通りのド真ん中に真っ黒な看板があって、店の中に入っていくと、真っ暗な部屋に電気椅子やドクロやピックルト・ベイビー（ホルマリン漬けの胎児）が並んでいる。黒魔術やオカルト、猟奇犯罪の本や、SMファッションなどを売っているのだが、いちばん異様なのはブスーッと座ってる店番のねーちゃんだったりする。あまりに愛想がないのが災いしたか、次に行った時はツブレていたが、あの店番の娘は、カリフォルニアのまぶしい太陽を今までどうやって避けてきたのか、顔の血管が透けて見えるほど真っ白だった。

カリフォルニアという絵に描いたように明るく健全でアメリカンな風景が内向的な少年少女に与えるプレッシャーは、他の土地以上に強烈なのかもしれない。

## トレンチコート・マフィア事件の真実

さて、筆者はその後、コロラド州デンヴァー郊外のボウルダーという町に引っ越した。本当にテンガロンハットかぶったカウボーイがうろつく西部の町だ。スーパーボウル連続優勝の最強チーム、デンヴァー・ブロンコスの地元なのでフットボールが盛んだ。町じゅうの自動車がブロンコスのステッカーを貼っているし、地元のＴＶニュースも新聞も高校や大学のフットボール部の話題ばかり。

そんな土地で起こったのが、コロンバイン高校のトレンチコート・マフィア事件である。彼らは普段から自分たちをバカにしていたＪＯＣＫＳを狙い撃ちしていった。犯人が本当にマリリン・マンソンを聴いていたのかどうか、彼らは本当にＧＯＴＨだったのかどうかはわからない。しかし、幼女殺人事件やオウム事件で日本のオタクに起こったのと同じ状況が、ＧＯＴＨを取り巻くことになった。つまり「あいつらしょせんイジメられっ子じゃん」と今までバカにしていた世間が「イジメられっ子の逆ギレはコワイ」という畏怖へとひっくり返ったのだ。

コロラドのマスコミは連日、殺されたＪＯＣＫＳたちがいかに健全な人気者だったかを賛美し続けている。犯人に「神を信じるか」と聞かれて「信じる」と答えて射殺された女子生徒は教会から聖女に認定されるらしい。そういう「明るさ」「健全さ」「正しさ」「強さ」の一元化こそが、犯人たちを犯行へと追いやったというのに。

この事件の直前、『キャリー2』という映画を観た。一作目のキャリーはブスで内向的なイジメられっ子が復讐するホラーだったのが、この二作目の主人公レイチェルは、マリリン・マンソンやガービッジを聴くGOTHな女子高生。自殺した親友の死因を追ううちに、彼女を弄んだフットボール選手とチアガールたちのイジメにあう。つまり敵は学園の人気者たちなのだ。彼らがレイチェルのサイコキネシスで皆殺しになるラストは、コロンバイン高校の事件と通じるところがある。

この二作目が面白いのは、アメフト部の一人とレイチェルの純愛物語になっている点だ。文学の授業で「『ロミオとジュリエット』は悲劇かどうか」という先生の質問に、「悲劇とは思いません。愛し合う者同士一緒に死ぬことができたのですから」と答えた彼に、レイチェルは惹かれ始める。ゴシックってもともとロマンチシズムの一形態だからね。

その授業シーンで、ブロディ教授のクラスのヒロインだったリディアを思い出した。あの授業のようなGOTHの感性の受け皿がコロンバイン高校にあれば、トレンチコート・マフィアたちも高校生活を生き抜けたかもしれない。

（99年）

★本稿は99年8月発売の別冊宝島『もっと知りたいホラー映画の愉しみ』に掲載された。GOTHについて日本で最初に詳しく書かれた記事だと思う。

# トレイラー・タウンの魔女狩り
## 黒ミサ殺人で裁かれたGOTH少年たち

『ブレア・ウィッチ・プロジェクト』の続編が、ジョー・バーリンジャーの監督で製作が進んでいる。え？　一作目を作ったダン・マイリックとエドゥアルド・サンチェスじゃないの？　バーリンジャー？　誰それ？　そう思って調べてみるとバーリンジャーには96年にTV放映された『パラダイス・ロスト（失楽園）』というドキュメンタリー映画一本しか長編の経験がない。それをビデオで観た。戦慄した。『ブレア・ウィッチ・プロジェクト』など比べものにならないほど残虐で不快きわまりない事件だったのだ。

### 悪魔のいけにえか？

『パラダイス・ロスト』は、森の中に捨てられた三人の幼い男の子の惨殺死体から始まる。本物の警察の現場検証ビデオだ。被害者は皆全裸で、手足を縛られ、鞭打たれた痕と、噛みつかれた歯型があるうえ全身の血液を抜き取られていた。一人は股間の周囲を刃物でメッタ刺しにされたうえに性器をえぐり取られていた。

事件は1993年、アーカンソー州の小さな町ウェスト・メンフィスで起こった。三人の小学二年生（八歳）が下校後行方不明になり、翌日、町外れの「ロビンフッドの丘」の森で上記のような死体で発見された。『パラダイス・ロスト』は、その事件の裁判を記録してエミー賞に輝いたドキュメンタリーである。

警察はすぐに犯人として二人の高校生を逮捕した。ダミアン・エコールス（当時十八歳）と、ジェイソン・ボールドウィン（当時十七歳）である。ジェシー・ミスケリー（当時十五歳）という中学生が「ダミアンとジェイソンが小学生を捕まえるのを手伝った」と自白したからだ。警察はダミアンとジェイソンが悪魔崇拝の儀式の生贄として被害者たちを拷問し殺して血を飲んだ、と発表、バイブル・ベルト（キリスト教福音派に支配された地域）の小さな町ウェスト・メンフィスはたちまちパニックに襲われた。ダミアンたちの家は近所の住民から石を投げられ、空き地の壁には「ダミアンを死刑に」という落書きが氾濫した。

DVD『パラダイス・ロスト／ロビンフッドの丘の幼児殺人』。中央の少年がダミアン

ダミアンはその町でただ一人、黒いTシャツを着てメタリカを愛聴する、いわゆるGOTH少年だった。ジェイソンは彼のいわば弟分。ヘヴィメタルやパンクのレコードを聴き、オカルトの本を読む彼らは普段から近所では変わり者扱いされていた。また、自白したジェシーは知能指数が72しかなく、

町じゅうのイジメの対象だった。

ここまでは、チャールズ・マンソンによるシャロン・テート虐殺のようなカルト殺人事件に見える。監督のバーリンジャーたちも最初はそのつもりだったのだろう。ところが裁判が進むにしたがい、意外で、許しがたい真相が見えてくる。

まず映画は、共犯とされた知恵遅れのジェシーの裁判から描いていく。ジェシーは、自分の自白は取り調べ担当官に強制されたものだと主張し、容疑を全面的に否定した。警察官は、彼を弁護士や保護者の立ち会いもなく十二時間監禁して尋問したのだ。幼稚園児ほどの知能もない少年が警察官に脅されて言ったことが信用できるのか？　取り調べ官がなぜか自白の録音テープを一部しか保存していなかったのも、脅迫と誘導の事実を隠蔽するためではないのか？

## バイブル・ベルトのＧＯＴＨ少年

実は、地元警察の少年保護係官（一人しかいない）は何年も前からダミアンをつけまわしていた。貨物列車の方向指示器が紛失したときも、ダミアンを呼び出して取り調べた（列車はその町を通過するだけなのに）。１００マイルも遠くの町で少女が殺されたときもダミアンを尋問した。犯罪や非行の経歴がまるでないダミアンがなぜ疑われたのか？　彼が黒い服を着て、ロックを聴き、ホラー映画が好きで、難しいオカルトの本を読むからだ。バイブル・ベルトの住民にとって、恐ろしい歌詞の音楽を聴くダミアン（少数派であるカソリック信者）は、悪魔の子以外の何者でもなかった。しかし、何度容疑をかけてもダミアンを捕まえることはできず、ダミアンの冷笑的で大人びて論理的な話し方は係官をますますイラつかせていった。

そして小学生惨殺事件が起こったとき、係官はすぐにダミアンの仕業だと決めつけた。彼が悪魔に生贄を捧げたのだと言って、仲間の警察官を説得した。現場には、謎の木の枝以外に、宗教儀式の形跡や物品は何一つ存在しなかったにもかかわらず。しかし、それだけではダミアンを逮捕することはできない。

そこでダミアンの隣人の主婦に、ダミアンの自白をテープにとれば三百万円の賞金を与えると持ちかけた。ウェスト・メンフィスの住民は貧しい。アメリカ一貧乏なアーカンソー州の中でも特に貧しい。『パラダイス・ロスト』には町の空撮ショットがあるが、なんとトレイラー・ハウス以外に建物がない。事件の被害者も容疑者もみんなトレイラー・ハウスの住人。一世帯の年収二百万円以下のホワイト・トラッシュ（貧乏白人）たち。警察に口説かれた主婦も破産していたので、さっそくダミアンから事件に関する言葉を聞き出そうとしたが、彼は何も言わなかった。そこで、どうしても金が欲しい彼女は知恵遅れで知られた少年ジェシー・ミスケリーを警察に連れて行ったのである。

裁判で弁護側は、何一つ物的証拠がないこと、ジェシーの自白が明らかに強制されたウソであることを主張したが、ムダだった。裁きを下すのは地元民から抽出された陪審員たちだ。貧しく、学歴も教養もなく、キリスト教を盲目的に信じ、悪魔を本気で恐れ、ヘヴイメタルやパンクを聴く若者を殺したいほど憎む四十歳以上の白人である。彼らには物的証拠など必要なかった。陪審団はジェシーに、殺人の共犯で無期懲役の判決を下した。

そして、主犯とされたダミアンとジェイソンの裁判が始まる。検察側の証人としてオカルトの専門家という「博士」が証言台に立つ。

「これは明らかに悪魔崇拝の儀式です。汚れなき少年の血を飲んでエネルギーを得るのです。そして悪魔教徒は被告人のように髪の毛を黒く染め、黒いマニキュアを塗り、黒い服を着るのです！」博士はダミアンを指差す。次に被告の弁護士が博士に質問する。「博士、どこの大学にもあなたの記録が見当たらないんですが」「それは……」「本当は通信販売で博士号の学位を買ったんでしょ？」。図星を差されて絶句する自称博士。

続けて検察側はダミアンの家から押収したスティーヴン・キングのホラー小説やメタリカやメガデスのレコードをダミアンの悪魔信仰の証拠として提示する。どれも百万部(枚)以上売れたミリオン・セラーだから何の証明にもならないのだが。ましてや、こんな夢も希望もない町に生まれ育ったらメタルやパンクに怒りをぶつけるほうが健全な青少年だと思うが、田舎の陪審員にとっては「メガデス(大量殺人)」というバンド名だけでショックなのだ。

「被告人はアイレスター・クロウリーを知っていますね」

「はい」

「陪審員のみなさん、クロウリーは悪魔崇拝者です。彼はその名前を知っているのです！」

苦笑するダミアン。

「被告がダミアンという名前に変えたのは、映画『オーメン』の悪魔サタンの息子からですね」

「違います。実在の人物で、生涯をミクロネシアのハンセン氏病患者のために捧げたダミアン神父からです」。しかし、陪審員たちがカソリックの聖人を知るはずもない。

控え室でダミアンはいつもの皮肉な笑顔で言う。「ここは現代のセーラムだね」。

セーラムとはもちろん、三百年前に魔女裁判で十九人の女性が絞首刑になったマサチューセッツ州の町のことである。カソリック以上に厳格で禁欲的なプロテスタントによって建国されたアメリカでは、魔女裁判以外にも何度もマイノリティの迫害が行われてきた。南北戦争時にはマンハッタンでカソリックのアイルランド移民が虐殺され、第二次大戦中には日系人が強制収容所に送られ、50年代の赤狩りではユダヤ系文化人たちが「社会主義者」の容疑で職場を追放された（ユダヤ系のアーサー・ミラーは赤狩りを魔女狩りにたとえて『クルーシブル』を書いた）。ここアーカンソー州は60年代に、黒人が白人の学校に通おうとしたとき、怒った白人たちがそれを妨害し黒人を暴行した事件で有名な土地だ。

そんな土地では、次の検察側の質問は決定的だった。「被告は魔術を研究していますね？」

「はい」

ダミアンは静かに答え、説明を続ける。自分が研究していたのはウィッカという白魔術で、悪魔を崇拝する黒魔術とは違います。ウィッカはヨーロッパにキリスト教が普及する前から口承されてきた自然崇拝で……。

アジアの漢方や気功、アフリカやアメリカ・インディアンのような薬草による民間医療や「おまじない」は、古代ヨーロッパにもあった。だが、キリスト教はそれらを異教の呪術であると弾圧した。しかし、老婆たちは密かに伝統的技術を伝承し、子供が熱を出したりすると、森の中で薬草を煎じて作った薬を飲ませた。それが森の中でカエルやキノコを煮る魔女のイメージを生んだ。60年代、東洋医学やインディアンの思想をエコロジー的であると評価したヒッピーたちは、ヨーロッパにも魔術という民間信仰があったことを思いだして研究し始めた。それが「ウィッカ」だ。けれど、そんなことは陪審員にはまるで理解できなかっただろう。

ここでブレア・ウィッチ伝説のそもそもの始まりとされるブレアの魔女の物語を思い出してみよう。1785年、ブレアの町に住む子供たちが「エリーおばさんに血を抜かれた」と言い出したので、町の住民は老婆エリー・ケドワードが子供の血を黒魔術の儀式に使っていたと断定し、彼女を縛って厳寒のブレアの森に置き去りにした。そのエリーの呪いが今も続いているという言い伝えだが、実は、彼女は子供たちにウィッカの治療を施そうとしていただけではないのか？

## 賛美歌を歌う悪魔

『パラダイス・ロスト』は裁判だけでなく、被害者や被告人の家族たちの日常にもカメラを向けていく。なかでも性器を切り取られたクリス・バイヤーズの養父ジョン・マーク・バイヤーズは、生活費に困っており、金と引き換えに、撮影に全面的に協力する。

バイヤーズは、熱心なキリスト教徒で、地元の教会では壇上で賛美歌を歌う。そして死体が発見された森で悪魔を崇める者たちに怒りをぶちまける。「わしが神にすべてを捧げるように、彼らはルシファーにすべてを捧げた。わしの息子の性器を切断し、瓶詰めにして魔王の祭壇に捧げた」。しかし、彼の語る儀式のディテールは妙に詳しすぎる。切断された性器の行方はまだわかっていないのだ。

バイヤーズは、他の被害者の父親をなぐさめるために射撃に連れて行く。「ムカつくときはこれがいちばんだ」。バイヤーズが使うのは黒色火薬を使う先込め式のパーカッション。ターゲットには人間の頭ほどのカボチャを使い、バイヤーズは被告人の名前を呼びながら一発ずつ撃ち込んでいく。

「ほれ、ジェシーの足に一発！　ジェイソン、ドテッ腹に鉛の玉を食らえ！　最後はダミアンの脳天に！　ざまあみろ！　へっへ」

クリスマスになると、多額の出演料に喜んだバイヤーズは、監督たちに折り畳みナイフをプレゼントした。バイヤーズはクリスの墓にクリスマス・ツリーを捧げる。そのとき偶然、ツリーのてっぺんの星がバイヤーズの額に、悪魔の刻印のような影を落とす。これはチャールズ・マンソンの顔だ！『ツイン・ピークス』のエディ（自分の娘を犯して殺した）にも似た、邪悪なホワイト・トラッシュの顔だ。

バーリンジャーたちはバイヤーズからもらったナイフの柄の奥に小さな血痕を見つけた。鑑識で調べると血液型はバイヤーズと彼の息子クリスのそれと一致した！ ついに弁護団はバイヤーズを法廷で喚問する。追及の末、バイヤーズは事件のあった日の午後5時に息子をベルトで折檻したことを認めた。しかも、バイヤーズのナイフにはギザギザの刃がついており、クリスの性器の傷跡ときわめて似ている。

ところがバイヤーズの追求はそこで終わってしまう。血痕と息子のDNAとの一致を鑑定する過程で、警察が血痕サンプルを分解してしまったからだ。バイヤーズの追及はそこで終わる。警察はミスだというが、本当か？ そもそも冒頭のビデオを見ると、警察官たちは死体発見現場の足跡を採取せずに、自分たちで踏み荒らしているのがわかる。これでは物的証拠など残るはずもない。いや、残すつもりがないのか？

判決の日、ダミアンは初めて自分の息子を抱いた。彼と結婚を約束した少女が、裁判の途中で産んだ赤ん坊だ。ダミアンはそれまでのクールな表情を崩し、本当に愛しげに赤ん坊を見つめながら言う。

「今までは、馬鹿げた裁判だから何の希望も持ってなかったけど、この子を見ると、やっぱり無実の罪では死にたくないと思うね」

「この子が最初に覚える言葉は何だと思いますか？」という記者の質問にダミアンが笑顔で答える。

「『死刑』だろうね」

そして判決。ダミアンは死刑、ジェイソンは無期懲役。判決を聞いて狂喜する地元住民。そしてバイヤーズ。

『パラダイス・ロスト』が放送されるとたちまち全米から「何一つ証拠のない未成年を死刑にするのか」という抗議の声がアーカンソーの司法当局に殺到した。それがかえって田舎の警察と裁判官を頑にさせてしまったらしい。99年5月に放送された続編『パラダイス・ロスト2』では前作とうって変わって警察や裁判所は撮影に非協力的になっていた。

再審の焦点となるのはクリスの死体に残された歯型である。それは隙間だらけの乱杭歯で、ダミアンら三人の被告人の誰とも一致しない。ここで思い出すのはバイヤーズの汚い乱杭歯だ。さっそくバイヤーズに会いに行った撮影隊は驚く。彼はなんとすべての歯を自分の手で抜いてしまっていた。理由を尋ねてもちゃんとした答えはない。さらに奇怪なことにバイヤーズの妻は死んでいた。寝ている間に謎の自然死を遂げたのだと言う。

検察側は歯型のように見えるのはバイヤーズがベルトで折檻したときのバックルの跡だと主張する。そして、ついにバイヤーズが嘘発見器にかけられるが、発汗や心拍数の変化は見られなかった。不審に思った撮影隊が調査したところ、バイヤーズは事前に五種類の向精神薬を手に入れており、嘘発見器テスト直前にそれを服用していたのだ。

ダミアンは獄中で婚約者と結婚した。彼らを救う運動はアーカンソーの頑迷な司法当局を動かさなかった。『パラダイス・ロスト2』はバイヤーズが教会で高らかに賛美歌を歌い上げる場面で終わる。これほど背筋の寒くなる「アメイジング・グレイス」は今まで聴いたことがない。『パラダイス・ロスト』の事件と『ブレア～』のバック・ストーリーの共通点は多い。1996年にこれが放送された直後に『ブレア・ウィッチ・プロジェクト』は構想されている。マイリックとサンチェスが『パラダイス・ロスト』に影響されたのは確実だろう。だからこそ、バーリンジャーに続編の監督を任せたのだ。

『パラダイス～』で死刑判決を聞いたダミアンは悲しい笑顔でつぶやく。「これで僕の名はアーカンソーのブギーマンとして永遠に語り継がれるんだ。『いい子にしないとダミアンが来るぞ』ってね」。虐げられた者の恨みから「呪い」は生まれるのだ。

魔女裁判で殺された女性たちは無実だったが、彼女たちを殺した群衆はその罪の意識を「呪い」として語り継いでいくのだ。（99年）

★バーリンジャーの『ブレア・ウィッチ2』は大失敗作だったが、『メタリカ 真実の瞬間』でドキュメンタリーに復帰した。07年、弁護側の要求が受け入れられ、殺人現場に残された体液のDNA検査が行われた。それは被告人三人の誰とも一致しなかった。被害者の一人の継父テリー・ホッブスのそれと一致したのだ。この証拠を受けて弁護側と検察が取引し「有罪答弁」が行われた。有罪答弁とは、被告は無実を主張し続けるが、有罪の証拠が充分であることも認めること。「冤罪」ならば検察のミスになるが、有罪答弁の場合、検察の責任は問われない。これによって三人は2011年8月に、18年ぶりに釈放された。ただ、記録上は有罪のままなので、今後はその汚名を晴らすための戦いが続くだろう。有罪答弁である限り、警察は真犯人を探さないのだ。

## スーパーヒーローの武器は聖書の引用
### 福音派PTAが喜ぶバイブルマン

DVD『バイブルマン／信仰のための戦い』。異教徒は敵ですか？

「ショック！　君の教科書も真っ赤！　社会科教科書のイデオロギー偏向は左翼勢力の陰謀だ！」といっても、小林よしのりが得意のゴーマンかましてるわけじゃなくて、これはソ連がまだ元気だった頃にオタキング岡田斗司夫が作った自主映画『愛國戦隊大日本』のエピソード。日本の子供達の洗脳を企む共産主義者たちの陰謀に、フジヤマ、ゲイシャ、ハラキリの愛國戦隊が立ち向かう。もちろん東映の戦隊シリーズのパロディだが、今回はこれをマジでやってるアメリカ人の話。

戦隊シリーズの輸出バージョン『パワーレンジャー』にアメリカの子供達が夢中なのを見て、売れないTV俳優ウィリー・エイムズは考えた。

「これでひと儲け、いや、神の教えを広めることはできないか？」

そしてエイムズは正義のヒーロー「バイブルマン」になった。手製のマスクとタイツで変身した彼は、教会の日曜学校でショーを始め、そのうちにビデオ、TVへと進出していった。

バイブルマンの武器はキックやミサイルではなく、聖書だ。たとえば悪の貴公子プリンス・オブ・プライドの「エゴ肥大光線」を浴びた人々がみんな自信満々で嫌な奴になってしまう。そこにバイブルマン登場。聖書を取り出して引用する。「自分の口で自分を誉めるな——箴言27章2節」。

おしゃべりですぐに友達の陰口を叩く女の子には「口を滑らすよりは道で滑って転ぶ方がマシだ——シラの書20章18節」と説教し、ドラッグの売人には「つまずきとなるもの、妨げとなるものを兄弟の前に置くなかれ——ローマ信徒への手紙14章13節」と言い聞かせる。

「余計なお世話だ！」とブン殴られないだけ運のいいバイブルマンも、悪役シャドウ・オブ・ダウトの呪いで聖書に疑問を抱くようになってしまう。まあ聖書ってムチャなこと書いてあるからね。「最初の人類アダムとイブの息子カインはエデンの東で嫁を娶《めと》った」（その女、何者だ？）とか。でも、バイブルマンは「無意味な不平を漏らすな。ひそかなつぶやきもただでは済まされぬ——知恵の書1章11節」の言葉に目覚めて信仰を取り戻す。

この『バイブルマン』、子供はともかく親たちには大好評で、ショーはいつも満員、ビデオの売上も好調らしい。

「幻がなければ人々は堕落する。教えを守る者は幸いなり――箴言29章18節」（01年）

## 10万ドルで私の両足を切断します
### 足切断をネットで中継しようとした男

映画『マルホランド・ドライブ』のためのインタビューで、ハリウッドのマルホランド・ドライブにあるデヴィッド・リンチの自宅を訪問した。「日当たり最高ですねえ」と「建もの探訪」した後、撮影の段になってカメラが突然ジーコジーコと勝手に動き始め、コントロールできない。さすがリンチのオーラはカメラを狂わす（単にカメラがボロかったんですが）。おかげでリンチが冷蔵庫に保管しているといわれる「猫の死体の分解組みたてキット」を見せてもらう時間はなくなってしまった。

帰りのタクシーでラジオを聞いてたら、これまたリンチ的な奴が出演していた。「20ドルくれれば、両足を切り落とすところを見せてやる」と言うのだ。

ミシシッピ州のポール・モーガン（三十三歳・無職）は、自分の両足首を切断する瞬間をインターネットで中継する。それは一人20ドルのカンパを払わないと観られない。カンパの合計が10万ドルに達したら決行するという。

「ワクワクしてしょうがないよ。こんな足とは一日でも早くおさらばしたいんだ」

十五年前の交通事故以来、モーガンの膝から下は麻痺してしまった。いっそ義足にしたほうが歩きやすいのだが、麻痺しただけの足を切断する費用にはアメリカでは健康保険が適用されない。そこでモーガンは手術費を稼ぐために切断ショーを思いついたのだ。

「それって単なる売名行為？　でなきゃ頭おかしい？」ラジオの司会者に疑われるとモーガンは「僕は本気だし、正気だ」と言い張る。

「綺麗に安全に切れるように、弟と協力して高さ3メートルのギロチンも作り上げた。痛み止めや止血の準備も万端だ」

もちろん警察はそんな残酷ショーを許すわけにいかないので、モーガンが放送したらただちに逮捕すると警告している。

司会者も「金目当てに手足を切るなんて〝商売〟がまかり通ったら、自殺や殺人までインターネットで放送されて、恐ろしい世の中になってしまう」と心配するが、ご安心あれ。実は、今のところ視聴希望者は百人も集まってない。目標の10万ドルに達するのはいつのことやら。

「ところで切った足首はどうするの？」と聞かれたモーガンは「本当はオークションで売りたいんだけど、さすがにそれはマズイだろう。冷凍して保存するよ」と笑う。

それ、リンチに売り込めば？　10万ドルくらいポンと出してくれるかもよ。（02年1月）

★その後モーガンのサイトは閉鎖になった。

## 「ウィノナ・ライダーを無罪に！」
### 便乗Tシャツのいいかげんな舞台裏

雑誌『W』の表紙で「ウィノナを無罪に」Tシャツを着たライダー容疑者

ロサンジェルスにY-Que（イケー）という雑貨屋がある。TV版『チャーリーズ・エンジェル』のカード入りガム（三十年前のガム売るなよ！）とか、『ブラック・ロリータ』なる謎の3D映画のポスターとか、その方面の人しか喜ばないものばかり置いてるすばらしい店なので、99年に出した『ファビュラス・バーカー・ボーイズの地獄のアメリカ観光』という本で紹介してみたのだが、その店長が最近ちょっとした時の人になった。

例の「FREE WINONA（ウィノナを無罪

に)」Tシャツを作ったのが彼なのだ。

「例の」って言ってもわからんか。2001年の12月、ビバリーヒルズのサックス・フィフスアベニューで万引きして捕まったウィノナ・ライダーの無罪を主張するTシャツで、裁判所の前に集まったウィノナ・ファンが着ただけじゃなく、雑誌『W』の表紙でウィノナ自身が着て、全米で注目された。

「いやー、むちゃくちゃ売れちゃって困ってるよ。なにしろ一枚一枚が手刷りだから」

店長のビリー・Tをつかまえて話を聞くと、店の屋根裏部屋にある工房に案内してくれた。彼が取り出した古いシルクスクリーンの原版には「FREE JB(JBを無罪に)」と書いてある。

「これが僕が最初に作ったTシャツ。ジェームズ・ブラウンが奥さんを殴ったか何かで逮捕された頃だから十年くらい前かな。そんなに売れなかったけどね」

他には「FREE PEE WEE」も。

「こっちもやっぱり十年くらい前、ピーウィー・ハーマンがポルノ映画館でオナニーして捕まった時に作ったんだ。別にオナニーくらいいいじゃないかって。僕のTシャツは半分冗談で半分はアートだね。新聞みたいに、世の中で起こってることを作品にして、それをみんなが着て町を歩いてくれるって面白いだろ?」

新製品はインサイダー取引で逮捕された「カリスマ主婦」マーサ・スチュワート。しかしこんなの売れるかね? みんな「ザマミロ」って思ってるんじゃないの?

「いや、けっこう売れてるよ。若い子達は、これをお母さんの誕生日プレゼントとして買っていくんだ。どこの主婦もマーサに憧れたからね」

ところで例の「FREE WINONA」Tシャツだけど、全然似てないと思うんだけど。

「似てるわけないさ。あれは彼女じゃないもん。アレは三十年くらい前のエロ本に出てたカツラの広告のイラストさ。写真を使うと著作権だのなんだので面倒くさいから、あのイラストを使ったのさ。でも、本人が着てくれたからね、あれであの絵は今後ずっとウィノナの似顔絵ってことになるのさ（笑）」

（02年8月）

## 『17歳』の人情作家が18歳女子高生と
## ボブ・グリーンの失脚とヅラ疑惑

人気コラムニスト、ボブ・グリーン（五十五歳）が女子高校生とセックスしたことの責任を取って二十五年間勤めた『シカゴ・トリビューン』紙を退職した。

ボブ・グリーンは、60年代初めの青春を描いた『17歳』、娘の誕生を記録した『父親日記』などで日本でもおなじみだろう。古き良き価値観へのノスタルジア、心暖まるヒューマニズムが売り物だから、この事件は全米のトーク・ラジオで聴取者同士の大論争を巻き

マイケル・ジョーダンとの共著。
「こら、ヅラには触るなよ」

起こした。

A子さんは高校のジャーナリズムの授業のために『トリビューン』紙を訪れ、グリーンにインタビューした。その後、彼は彼女をホテルに連れ込んだ。でも、それは十年以上昔の話だ。しかも当時彼女は十八歳で、淫行にならない年齢。さらに、事件が発覚したのは、今年になって彼女が何度かグリーンに「脅迫」じみた電話をしてきたからだ。

要するにクリントン大統領と同じでタチの悪い女にひっかかっただけの話。『トリビューン』紙には読者からの電話が三千本もかかってきたが、その六割は「ボブを許してやってくれ」というものだった。

オレもグリーンには同情するが、作品は評価していない。彼の描くアメリカの郊外の風景は健全すぎて薄っぺらだから。まるで『ブルーベルベット』の冒頭の青空と白いフェンスと同じで書き割りのようだ。グリーンは当たり前のモラルを掲げるだけで、人間の暗黒面にまるで理解を示さなかった。『一杯のかけそば』と同レベル。文学とはほど遠い。文学とは、芸術とは、人間のどうしようもない業を見つめるもので、「人はこうあるべきだ」と説くものじゃない。

そもそもオレがボブ・グリーンをマジメに読む気がしないのは、ヅラだから。トレードマークのくせっ毛の長髪、ありゃカツラだよ。ヅラがズレたところの写真を雑誌に掲載されたこともある。しかし「バレちゃったか～」と笑ってみるでもなく、すまし顔でお涙頂戴エッセイを書き続けた。普通の人ならいざ知らず、文学者やジャーナリストがそれじゃマズいだろう。自分の真実とすら向き合うことができない男に人間の真実が見えるはずがない（だからパンチョも失格）。「スケベ」というもう一つの真実がバレたグリーンには、これを機会に作家として一皮剝けることを期待しよう。

（02年9月）

## ホームレス老人バトルロワイヤル
### 浮浪者格闘ビデオ『バム・ファイト』

三十年ぐらい前、『ウルトラファイト』という番組があった。エレキングやイカルス星人の無残に腐り果てた着ぐるみが田舎の空き地でもたもた殴り合うわびしい見世物だが、今回は『バム・ファイト』というビデオの話。

バム（Bum）は「人間のクズ」という意味で、主にホームレスを指す。『バム・ファイト』は道端の浮浪者を酒代で釣って、互いに殴り合わせたアングラ・ビデオだ。舞台はラ

手の指に“BUM　FIGHT”と刺青されたホームレス老人ルーファス

スヴェガス。豪華なカジノ・ホテルが並ぶ裏に回ると、何キロにもわたってホームレスのキャンプが並んでいる。ヴェガスは冬でも暖かいし、ホテルから残飯が大量に出るのでバムが集まるらしい。

主役となるのはルーファスという浮浪者。ビール瓶に小便を入れて与えると、「うみゃいビールだ。もう一杯くれ。そしたらにゃんでもやるみょ〜ん」と言うほど脳みその壊れた老人。彼はタトゥー屋に連れていかれて、拳に〝BUM FIGHT〟と刺青され、ショッピングカートに乗せられて階段から突き落とされ、コンクリートの壁に何度も頭突きさせられる。

彼の他にも数々の浮浪者が酒代目当てに路上でウンコしたり、店のショーウィンドウを叩き割ったり、ペンチで前歯を抜いたりしてみせる。

彼らはそれでも報酬をもらえただけマシだ。ビデオの後半はどんどんヒドイことになり、スタッフは路上で寝ている浮浪者の手足をダクト・テープで縛って逃げたり、髪の毛にライターで火をつけたり、ついには握り拳大の石を投げつけるのだから。まったく『時計じかけのオレンジ』の世界だ。

この『バム・ファイト』は一本20ドル。インターネットで販売され、なんと三十万本も売れてしまった。こうなると警察も黙っているわけにはいかない。9月25日、ビデオのプロデューサー、ザカリー・ビューベック、監督のレイ・ラティシア他数名が逮捕された。平均年齢二十三歳の彼らは、「プータローたちは酒もらって喜んでたよ。どこがいけないの?」と反省の色なし。浮浪者の一人は足首を骨折し、ルーファスも頭を強打して脳障害が出ているという。

人権団体は「社会的弱者への暴力は許せない」と激怒しているが、このビデオでは高校生や撮影スタッフ自身も血みどろの殴り合いに参加している。暴力をぶつけるのは自分でも他人でもかまわない。彼らの心は『ウルトラファイト』の着ぐるみよりも荒廃しているのだ。

(02年10月)

## 死にゆく夫に別れのバラの花びらを
## 『アメリカン・ビューティー』殺人事件

2000年11月6日、サンディエゴのバイオ・テクノロジー会社に勤務するグレッグ・デヴィラーズ(二十六歳)が自宅で死亡した。発見して通報したのはグレッグの妻クリスティン(二十六歳)。朝、目覚めると夫がベッドで動かなくなっていたという。部屋に入

ジョン・グラット著『恐るべきアメリカン・ビューティー』

った警察は死体の横でクリスティンの日記を見つけた。そこには彼女の浮気が記されていた。グレッグを検死解剖すると体内からクロナゼパムという癲癇の薬が検出された。状況から判断すると、グレッグは日記を読んで妻の不倫を知り、絶望して致死量を超える薬物を飲んで自殺したのだ……。

　よくある話かもしれない。ただ、普通でないこともいくつかあった。まず、クリスティンは目の覚めるような美女だった。そして、彼女の職業は毒物学者で、勤務先はグレッグを検死したサンディエゴ検死所だった。さらに検死所の毒物検査の責任者ロバートソンは彼女の浮気の相手だった。

　いや、もっと奇妙なことがあった。死体のまわりには真っ赤なバラの花びらが散乱していたのだ。警官は99年にアカデミー賞を獲った映画『アメリカン・ビューティー』を思い出した。ケヴィン・スペイシーがベッドに横たわって、あこがれの美少女からバラの花びらを降り注がれる夢を見るのだ。警官がそれをクリスティンに言うと、彼女は「ええ、私の大好きな映画よ」と答えた。

　検死が終わるとクリスティンは夫の遺体をただちに荼毘に付そうとした。そこにグレッグの両親が待ったをかけた。

「息子は何があっても自殺するようなタイプではない。クリスティン以外の人に検死させてくれ」

要望どおり解剖し直すと、遺体からはクロナゼパムだけでなくフェンタニールも出てきた。それはモルヒネの百倍も強力な麻酔薬で、先日のモスクワ劇場占拠事件で犯人人質もろとも皆殺しにした毒ガスの成分だと言われている。当然、それがグレッグの直接の死因だった。

もちろんフェンタニールはそう簡単に手に入る薬ではない。しかしクリスティンの勤める検死所にはサンプルが保存されている。警察が調べると、検死所の標本棚から十五枚のフェンタニール・パッチが紛失していた。フェンタニールは浸透性が高いので注射器を使わなくても、パッチを貼るだけで皮膚から吸収される。皮膚には何の痕も残らない。

検死所でサンプルを管理する係はクリスティン。彼女を任命したのはもちろん上司のロバートソンだった。この事実を知った検死所はすぐに二人を解雇した。クリスティンはフェンタニール以外の薬物も持ち出していたと思われる。というのも彼女はメタンフェタミン中毒だったのだ。メタンフェタミンはまたの名をヒロポン。早い話がシャブ、覚醒剤である。

グレッグは妻クリスティンの浮気を知って怒り、彼女が検死所から持ち出したシャブを使っていると通報すると言い出した。そこでクリスティンは夫を毒殺した。そう推理した警察は、今年の6月、ついにクリスティンを逮捕した。ちなみに『アメリカン・ビューティー』は浮気がバレた妻が夫を拳銃で殺そうと考える話だった。かくして事件はRose Petal Mystery、またはAmerican Beauty Murderと名づけられ、全米のマスコミに注目された。

11月13日、早くも判決が下った。クリスティンは求刑どおり終身刑となった。断言してもいい。この事件は五年以内に映画、ないしTVムービーになるだろう。なにしろ美人検視官が検死所内で浮気して完全犯罪を企てたのだ。映画にするしかないじゃないか。ファースト・シーンは決まってるね。薬物で朦朧とした夫の視点から見た、自分にバラの花をスローモーションでふりかける妖艶なクリスティンの笑顔だ。（02年12月）

★TV番組になっただけでした。ごめん。

## レズ、ネオナチ、魔女、獣姦、やくざ検事……
### 役者が揃いすぎた猛犬殺人事件

2001年1月26日、サンフランシスコの「山の手」パシフィック・ハイツの最高級アパートに住むブロンド美女が隣人の飼い犬に惨殺された。筆者がこのベイエリアに引っ越してきた直後の事件だが、それから次々と新事実が発覚し、二年後の今でも騒ぎは続いている。しかも関係者全員が被害者側も検察側も含めてどこか変というか、まるでTVドラマのような顔ぶれなのだ。

殺されたのはダイアン・ウィップル（三十三歳）。女子ラクロスの元全米代表選手で、現在大学のラクロス・チームのコーチ。「犯人」の犬はプレサ・カナリオという種類で古代ローマの闘技場で剣闘士と戦わされていた闘犬の子孫。体重60キロを超えるその雄犬の名前はベイン。死、破滅、災厄という意味だ。飼い主は同じアパートに住むマージョリー・ノウラー（四十六歳）。夫のロバート・ノエル（六十歳）と共に弁護士をやっている。

証拠として提出されたイラスト。右から300パーセント美化されたノウラー、騎士シュナイダー、王ノエル、そして殺人犬

ノウラーの証言によると彼女がベインを散歩に連れ出そうとしたとき、部屋に帰ってきたウィップルにベインが突然襲い掛かったという。近所の人の連絡で警察が駆けつけたときにはウィップルはズタズタに引き裂かれて息絶えていた。ノウラーは最後まで警察に電話しようとしなかった。そればかりか翌朝の全米ネットのニュース・ショーに夫ノエルと共に生出演し「ウィップルさんはスポーツ選手だから

ステロイドをやっていたに違いない。その匂いにウチの犬が反応したのだ」と被害者を責めた。

彼らは、民事で被害者ウィップルの「配偶者」から訴えられた。ところがその「配偶者」シャロン・スミスは女性だった。二人はレズビアンで、ゲイの町サンフランシスコに移り住んできたのだ。同性愛者の配偶者による訴えは史上初のケースだったが、裁判所はそれを認める歴史的判例を作った。

警察はノエル夫婦の部屋から、犬に人間を攻撃させる教本を発見し、やっと彼らを逮捕した。すると、犬の本当の飼い主はノエル夫婦ではないことがわかった。法的な所有者はポール・シュナイダー（三十九歳）。殺人未遂で終身刑となり服役中のシュナイダーはカリフォルニア州の囚人たちの裏ネットワーク「アーリア人結社」のリーダーだ。「アーリア人結社」は白人至上主義の極右ネオナチ組織で、シュナイダーは少なくとも十二人の殺害を指示したと言われている。彼は裁判で弁護士であるノエル夫婦と出会った。ノエル夫妻はユダヤ系だが奇妙にもネオナチのシュナイダーと意気投合し、彼を養子にした。件の犬はシュナイダーがメキシコ系の麻薬ディーラーに番犬として売る約束をし、ノエル夫妻に育てさせていた。

刑事裁判が始まった。検察側にもなかなかの役者がそろっていた。検事長のテレンス・ホリナン（六十五歳）は十代の頃、暴行傷害で何度も逮捕された非行少年で、当時の仇名は「ケイオー（K.O）」。更生して60年オリンピックのボクシング選手にも選ばれた「あしたのジョー」だ。弁護士時代には依頼人を孕《はら》ませて認知もした豪快なホリナンを支える二人の検察官も普通じゃない。ジェームズ・ハマー（三十九歳）はなんと現役の神父。キンバリー・ガイフォイル・ニューソン（三十四歳）は元ランジェリー・モデルのセクシー巨乳美女で、夫のギャヴィン・ニューソンは次期サンフランシスコ市長の最有力候補。彼女が法廷に立つと、まるでTVドラマの一場面。ファンになったサンフランシスコのバーテンダーが彼女の名前を冠した「キンバリー」というカクテルを考案した。

キンバリーは法廷で恐るべき証拠を提出した。警察が押収したノエル夫妻と養子シュナイダーが交わした書簡だ。ノウラーが黒の下着に魔女のマントをつけた写真や、三人と犬を中世の王家のように描いた絵、手紙には夫ノエルの前で息子シュナイダーに犯されるノウラーの妄想がフランス語で綴られていた。さらに犬のベインとのセックスも描写されていたという。検察はなんと「ノエル夫妻と犬の間には性的関係があった。それが犬にトラウマを与え凶暴にさせたのだ」と主張した。さすがに裁判長はその主張を却下した。しかしキンバリーの元には何者からか「殺すぞ」と脅迫状が届き、警察はシュナイダーの報復を警戒してキンバリーを二十四時間態勢で警護している。

結局、夫妻は飼い主としての義務違反と過失致死で四年の刑を宣告された。しかしノウラーが犬が被害者を噛むにまかせた疑惑は依然として残り、彼女に対する第二級殺人（殺意はあったが計画的でない行為）の裁判は続いている。有罪になれば終身刑は確実。

狂犬、レズ、ナチ、獣姦、近親（？）相姦、元下着モデルの検察官……。この事件の詳細を記録した本『レッド・ゾーン』が先月出版されたが、著者である実録犯罪研究家アフロディーテ・ジョーンズはその名の通りヴィーナスのような美女。何から何までとことん作り物めいた、いかにもアメリカらしい事件ではないか。（03年7月）

★ニューソンはサンフランシスコの市長に当選したが、キンバリーとは離婚。

## 巨乳レストランが航空業界に進出
### Dカップしか雇わないフーターズの大成功

「アメリカ料理なんてハンバーガーとかステーキだろ。アホらしくて」とか言って、日本の観光客はせっかくアメリカ旅行に来たのに中華とかイタ飯を食うヤツが多いが、バカである。

アメリカで飯を食うならフーターズだ！

このチェーン店のメニューはバッファロー・ウィング（手羽）、カニ、カキ。ナイフやフォーク要らずの手づかみ料理ばかり。テーブルマナーもクソもなく、客はみんな顔も手もベタベタにして食らいついてるが、まあ、この際、料理はどうでもよろしい。ウェイトレス見ただけでお腹一杯だから。

フーターズ・ガールは全員Dカップ以上の巨乳をユサユサさせてあなたのテーブルにやって来る。制服はタンクトップで、ビールをお酌するときに胸の谷間が奥のほうまで見える。タンクトップの胸には大きな目がおっぱいのように見えるHOOTER（フクロウ）の顔が描かれている。下はオレンジ色のジョギング・パンツ。これがやたらと小さいので後ろから見ると尻たぼがはみ出ている。

しかもフーターズ・ガールは日本的な接客訓練を受けている。「口元の笑みを絶やすな」「テーブルに行くのが少しでも遅れたらまず謝れ」「呼ばれてなくても何度でもテーブルに寄って何か用はないか尋ねろ」「空いた皿はすぐに片付けろ（客に胸の谷間を見る機会を与えろ）」。

フーターズ航空のスッチーは巨乳にタンクトップ

「女性連れの客がいたら、先に女性に挨拶しろ」という心得もある。そう、フーターズはノーパンしゃぶしゃぶなんかとは違ってあくまでファミレスなので、ガールフレンドや家族連れの客も多い。値段もファミレス並みに一人二千円で充分。テーブル・チャージやサービス料は一切ナシ。フーターズ・ガールは暇なときは客の隣に座って話し相手もしてくれるが「あたしも飲んでいいかしら」とか言って水割り（実は麦茶）の代金を客につけてくることはない。

　この素晴らし過ぎる店は1983年、フロリダの田舎町クリアウォーターから始まった。ペンキ職人、レンガ職人、酒のセールスマン、ガソリンスタンド店主などの六人の飲み仲間が「どんな飲み屋が理想か？」と盛り上がった。「ビールに合うのは鳥とシーフードだろ」「あとかわいいウェイトレス！」「制服はメイド風か？」「いや、こないだ草野球してたら、敵チームを応援してた娘がタンクトップにジョギパンでさ……」。

　六人の素人は街道沿いのつぶれかけた居酒屋を借りて「フーターズ」一号店をオープンした。ウェイトレスは近所のビキニ・コンテストで優勝したリン・オースティン（電話局のオペレーター）だけ。客は来なかった。悩んだ六人はタンクトップ姿のリンを描いた看板を街道に掲げた。客は殺到した。

　翌84年にはもうフランチャイズ投資家が目をつけ、全米に展開した。現在、フーターズは全米に三百三十五店舗。海外にもアルゼンチン、ブラジル、スイス、台湾、シンガポールなど十ヵ国に進出、年商六百億円を稼ぎ出し、全米の外食産業のベスト10に入る大企業に成長した（日本でも誰かやらない？　ちなみに開店時のフランチャイズ料は17万5千ドル）。

　もちろん「性の商品化だ！」と怒る連中もいた。1993年には雇用機会均等委員会が「女性しか雇わないのは差別である」と訴えた。フーターズ側は黒人解放運動のワシントン大行進をパロってフーターズ・ガールズに首都をパレードさせるなどの「ロビー活動」

を展開、また、実際に男性も雇い、規定通り同じ制服を着させた。タンクトップから胸毛を見せるフーターズ・ボーイを見てみんな萎えたのか、フーターズの女性限定雇用は合法と認められた（マリナーズ入団時のイチローも新人イジメで服を隠されてフーターズの衣装を着せられた）。

フーターズは店内のテレビであらゆるスポーツ中継が見られるのも売りだが、自分で屋内フットボールやＮＡＳＣＡＲ、バイクなどのプロ・チームも所有している（チアリーダーは当然フーターズ・ガール！）。今年春にはフロリダのゴルフ・リゾートに飛ぶフーターズ航空を開業した（スチュワーデスは当然フーターズ・ガール！）。次はラスヴェガスにホテルをオープンする（従業員は全員フーターズ・ガール！）。

大企業の資本寡占やフランチャイズは大嫌いだけど、フーターズだけは許す。このままあらゆる方面に展開して欲しい。フーターズ経営の床屋、タクシー、空手道場、自動車教習所、小学校、教会、右翼団体、警察、軍隊、刑務所、国家！　ああ、想像しただけで、もう……。

（03年8月）

★フーターズ航空は06年に営業を止めた。

## 『ファイト・クラブ』原作者の血塗られた絆
### チャック・パラニュークの父親惨殺事件

フレッド・パラニュークの最も幼い頃の記憶は、ベッドの下で息をひそめて、彼を探して歩き回る父のブーツを見ていたことだという。

「どこだ！　フレッド！　出て来い！」

フレッドは隠れ続けた。父が持っているショットガンからはまだ煙が出ていた。母さんを撃ち殺したばかりだからだ。フレッドを見つけるのをあきらめた父は銃口をくわえて自分の頭を吹き飛ばした。フレッドは、『ファイト・クラブ』『サバイバー』『チョーク！』などで知られる作家チャック・パラニュークの父である。

パラニュークの新作『ダイアリー』の発売に際し、イギリスの雑誌『ビザール』が彼の父と祖父の因果を暴く記事を掲載した。ロシアからアメリカに移民したパラニュークの祖父は、第二次世界大戦中、米海軍の造船所で働いていたが、鋼鉄のワイヤーで頭を強打してから、ちょっとしたことで激昂するようになった。ある日、妻が自分に黙って裁縫用ミシンを買ったことで口論となり、妻をショットガンで撃ち殺し、自分も自殺した。

両親の無理心中を目撃したせいか、成長したフレッドは常に女性と肌を合わせていないと不安に襲われる「セックス中毒」になった。それが原因でチャックの母親と離婚した。

1999年、五十六歳のフレッドはいつものように新聞の恋人募集広告を眺めていたが、Kismet（運命）という見出しに目を奪われて、ドナ・フォンテインに連絡した。フレッドはドナとすぐに関係を持ったが、彼女は前夫デイル・シャックルフォードから「他の男とくっついたら、二人とも殺してやる」と脅迫されていた。

三回目のデートの後、自宅に帰って来たドナとフレッドを、ガレージで待ち伏せしていたシャックルフォードが撃ち殺した。死体はその場でガソリンをかけられて焼かれた。終身刑になったシャックルフォードはテロリストが埋めた炭疽菌爆弾のありかを教えるから減刑しろと訴えている（狂っているのだ）。

この事件を元にパラニュークは小説『チョーク！』を書いた。セックス中毒の主人公が、アルツハイマーでボケた母親に別れた父親の記憶を求める物語だ。パラニュークの父についての記憶は、父の工具箱のワッシャーを指にはめたら取れなくなって、その指を父が斧で叩き切ろうとしたことだ。

「結局、石鹸で抜いたけどね」

その記憶は最近、霊媒に指摘されて思い出したという。

何から何までパラニュークらしい。

（03年9月）

パラニュークのノンフィクション『小説より奇なり』の表紙はベッドの下から覗いた足

## ジークフリート&ロイ「神々の黄昏」
### 虎に噛まれた億万長者マジシャンの私生活

それはもう何千回も繰り返してきた演目だった。

ロイはいつものように白い巨大な虎を檻から出した。しかし、その虎、マンティコアにとって生まれて初めてのステージだった。マンティコアは自分を赤ん坊の頃から育ててきたロイに噛み付いた。体重３００キロのマンティコアの口はロイの首をくわえて振り回した。千五百人の観客は「ロイはまるでボロ人形のようだった」と言う。でも、彼らはまだ、それが何かのトリックに違いないと思っていた。なにしろロイは胴体を真っ二つにされても微笑んでいた男で、これはラスヴェガス最大のマジシャン、ジークフリート&ロイのショーだったからだ。

10月3日、ロイ・ホーンはすぐに病院に担ぎ込まれたが、牙は頭部深くに食い込み、頭蓋骨と脳の一部を摘出する手術が行われた。奇しくもそれはロイの五十九歳の誕生日だった。パートナーであるジークフリート・フィッシュバッハー（六十四歳）はロイの回復を望んでいるが、それは奇跡に近いと言われている。

この事件で全米のコメディアンは自粛ムードに包まれている。ジークフリート&ロイはマイケル・ジャクソンと並ぶジョークのネタの常連だったからだ。冗談新聞『ジ・オニオン』の編集者は弁解している。

「だって彼らはあまりに Larger Than Life（現実離れしている）でしょ？」

魔術師ジークフリートはステージで火を吐く機械仕掛けのドラゴンを剣で刺し殺す。猛獣使いのロイは巨大な象を一瞬で消してしまう。二人のショーはラスヴェガスでもう三十年以上続いてきたが、ホテル「ミラージュ」が90年に払った五年間の契約料は５７００万ドルだ。

ラスヴェガスに二人は1千万ドルの豪邸「ジャングル・パレス」を建てた。そこに二人は五十五匹の虎と十六匹のライオンを放し飼いにしている。白い虎はインドのマハラジャから贈られた貴重な種で、ロイがジャングル・パレスで交配して増やしたのだ。寝る時も虎と一緒だ。

「虎のお腹はいい枕なんだよ」

屋敷のドームには、システィナ礼拝堂のミケランジェロの天井画を模した壮大な絵が描かれているが、人物の一人は半裸のジークフリートである。

二人は敗戦で焦土と化したドイツに生まれた。二人の少年を戦後の貧しく厳しい現実から癒したのは手品と動物だった。ジークフリートは道で拾った4マルクで買った奇術の入門書からこの道に入った。ロイはブレーメン動物園に入ったチータの檻に通ううちに飼育係に気に入られ、特別に檻に入れてもらえるようになった。

１９５９年、観光船のディナーショーに出演していたジークフリートは、その船でベルボーイとして働くロイと出会った。ロイはまだ十代だったが、生意気にジークフリートの手品を批評した。

「ハトやウサギを出したり消したりするのは月並みだよ」

「じゃあ、何を使えばいいんだ?」と訊かれてロイは得意気に言った。

「チータはどう? 僕ならこっそり動物園から連れてこられるよ」

左がジークフリート、右がロイ（現在、リハビリ中）

奇術師と猛獣使いのコンビはここで生まれた。それ以来二人は四十四年間も寄り添い、一緒に世界中を巡ってきた。まるで夫婦のように。

「実際に夫婦だ」

雑誌『バニティ・フェア』はそう書いた。二人は初めて出会ったブレーメンの観光船で結婚式を挙げたというのだ。同誌にはその結婚式に列席したという匿名の大富豪も証言している。ジークフリートは「ゲイのアイコンと思われていることについてどう思う?」と訊かれて「名誉なことだ」とだけ答えている。

ところがその夫婦も数年前に別居して、ロイはラスヴェガス郊外の別荘に引っ越していた。彼はそこを「リトル・ババリア」と呼んでドイツの田園風景を再現し、ヤギやロバ、ニワトリと共に暮らしている。ババリアといえば、狂王ルートヴィヒ二世を思い出す。彼は現実の政治から逃避し、子供の頃に夢見たワーグナーの歌曲の世界を再現しようとお伽の城を築き、人工の湖に浮かべた白鳥の舟から落ちて謎の死を遂げた（ゲイだった）。ロイのミドルネームはルートヴィヒで、ジークフリートは『ニーベルングの指環』の英雄の名前だ。二人のドイツ人はステージと実生活で神々の黄昏を演じてきたわけだ。アメリカの砂漠で、カウボーイ・ハットをかぶってコカ・コーラを飲む田舎者たちの前で。

（03年12月）

★2010年にジークフリートとロイは引退を表明した。

## 史上最低のポップ・ソングとは何か？
### ロック誌が選んだ「ムカつく歌50曲」

何でもランクづけするのが好きな競争社会アメリカで、このたび、「史上最悪の歌ワースト50」が発表された。といっても国民投票とかしたわけじゃなくて、『BLENDER』というロック雑誌のライターたちがムカつく五十曲を勝手に選んだだけなので、独断的すぎるけど、それなりに面白い。

ワースト・ソングを選出した『BLENDER』誌

まず50位はいきなり大物セリーヌ・ディオンの「マイ・ハート・ウィル・ゴー・オン」。もちろん映画『タイタニック』の主題歌だ。選出理由は「♪いつまでも愛し続けるわ、なんてセリーヌ・ディオンにド迫力で歌い上げられると脅されてるみたい。大げさすぎる」

大げさといえばこれ以上大げさな曲はないミート・ローフの「地獄のロック・ライダー」は44位。なにしろフルオーケストラに少年少女合唱団のコーラス付きで演奏時間十二分。カラオケで歌うと実に気持ちいい歌なんだけど(本人だけ)。同じく約十二分の大作、ドアーズの「ジ・エンド」も26位にランクイン。『地獄の黙示録』にも使われた名曲だが「最も大げさな歌手の最も大げさな歌」とバッサリ。

同じく名曲ではサイモン&ガーファンクルの「サウンド・オブ・サイレンス」が42位。「♪君に一つ教えてあげよう」という歌詞が「説教くさい」から。天下のビートルズも「脳天気すぎてバカみたい」という理由で「オブラディ・オブラダ」が39位。同曲を書いたポール・マッカートニーがスティービー・ワンダーとデュエットした「エボニー&アイボリー」は堂々10位。「白人がピアノの白鍵で黒人は黒鍵だって？ 白鍵は黒鍵を奴隷にしてたか？」」。

同じく偽善的な歌ではパフ・ダディの「アイル・ビー・ミッシング・ユー」が25位。射殺された親友のノトーリアスＢＩＧへの追悼歌で、十一週連続ナンバーワンを独走して死人の骨をしゃぶりつくした。頭カラッポな歌では、「♪ウー」を二十六回繰り返すマスターＰの「メイク・エム・セイ・ウー」が36位で「♪ローリンローリン…」と三十回以上繰り返すリンプ・ビスキットの「ローリン」は4位。

そして問題のワースト1はスターシップの「ウィ・ビルト・ディス・シティ」。反体制左翼バンドとして出てきたジェファーソン・エアプレーンが80年代にスターシップと改名し、「ロサンジェルスのレコード産業は我々が築いた」と商業主義を賛美した恥知らずな転向歌だから。

さて、日本の歌ワースト50はどうなるか？　やっぱ1位は大事ＭＡＮブラザーズの「それが大事」かな？

（04年4月）

## 「あなたのオッパイ見せてください」で大富豪
### 素人露出ビデオの帝王、逮捕

『プレイボーイ』誌の創始者ヒュー・ヘフナーは、二十歳過ぎまで童貞のマンガ家だった。彼は狭いアパートのキッチンで『プレイボーイ』第一号を編集した。『プレイボーイ』のライバル誌『ハスラー』の創始者ラリー・フリントはストリップ小屋のオーナーで、『ハスラー』はもともと彼の店のダンサーを並べたカタログだった。

二人ともその後、メディア・コングロマリットの総帥になった。

そして、21世紀のヒュー・ヘフナーを自任している男がジョー・フランシスである。まだ三十歳になったばかりのフランシスは、ヘリコプターと二十七億円もする自家用ジェット機二台で全米を飛び回っている。「あなたのオッパイ見せてください」ビデオを撮るために。

フランシスは、1973年ロサンジェルスに生まれた。裕福な家庭に育った彼はUSC（南カリフォルニア大学）に進学する。ジョージ・ルーカスも卒業したこの名門大学で彼はビデオ制作とビジネスを専攻したが、「特に好きな映画はないし、本も読まなかった」という。

97年、卒業したフランシスは、さっそくビジネスを始める。アメリカでは、警察の記録映像は情報公開法によってパブリック・ドメインになっている。つまりタダだ。麻薬捜査官によって売人の部屋に取りつけられた隠しカメラが捉える裏切り者射殺の現場、踏み切りに備え付けのビデオが記録した女性が列車に轢き殺される瞬間、フランシスは、そんな映像ばかりを集めて『バンド・フロム・TV（テレビ放送禁止）』と題して売り出した。

フランシスは5万ドルで深夜のテレビCM枠を買って、電話注文を取った。爆発的な売れ行きではなかったが、その後の運営資金は充分稼げた。『バンド・フロム・TV』でいちばん好評だったのはショッキングな事故映像ではなく、ニューオリンズの祭り、マルディ・グラの記録だった。それは祭りに浮かれた女の子たちが次々にTシャツの胸をはだける映像だが、テレビで放送できないので切り捨てられた部分だ。

アメリカの深夜テレビで通販される
『ガールズ・ゴーン・ワイルド』

「これだけでビデオをつくろう！」

タイトルは『ガールズ・ゴーン・ワイルド（イッちゃった娘たち）』に決まった。

フランシスは日給1千ドルでカメラマンを雇ってロケに出た。アメリカではスプリングブレイク（春休み）になると、金持ちの学生たちが何万人もフロリダやメキシコのカンクンなどのリゾートに旅行して乱痴気騒ぎをする。フランシスは海岸にあふれるビキニの女の子たちに片っ端から声をかけた。

「カメラにオッパイ見せてくれたら50ドルあげるよ」

そもそもセックス目当てで海に来ている娘たちが、断るはずがなかった。あっと言う間に素材は集まり、すぐにビデオは深夜テレビのCMで通販された。今度は爆発的な売れ行きだった。

「乳首か、せいぜいお尻を見せるだけだけど、ストリッパーやポルノ女優じゃなくて、そこらの普通の女子大生だってことが大事なのさ」

それからたった五年間で『ガールズ・ゴーン・ワイルド』は80タイトルを超え、数百万本を売りつくし、売り上げは年間1千万ドル以上になった。現在、フランシスは豪邸を四つ所有し、「次は落ち目の『プレイボーイ』でも買収しようかな」と言うほどの大富豪だ。

しかし、世の中そんなに甘くない。

03年4月、フランシスはフロリダ州パナマ市のビーチで逮捕された。彼が撮影した女の子が、年齢を偽っていて実は未成年だったのだ。通報したのは両親で、彼女たちはカメラの前でオナニーを強要されたという。警察は、フランシスのホテルの部屋から撮影済みのビデオとエクスタシーの錠剤を発見した。

今年3月には、マイアミの二十一歳の女性が、酔って意識を失っている間にレイプされたとフランシスを訴えた。フランシスは「和姦だった証拠に、翌朝一緒に食べた朝食のレシートもあるぞ」と、相手の女性を逆に名誉毀損で訴え返した。

だが、裁判はこれでは終わらないだろう。というのも、アメリカでは素人の映像を使用するとき、必ず承諾書にサインさせるのだが、フランシスは最近までそれをしていなかった。撮影した女の子たちに訴えられたら、どうしようもない。まずフロリダで『ガールズ・ゴーン・ワイルド』に出演した女子大生のひとりが、自分の写真が無断でビデオのパッケージや宣伝に使われたとフランシスを訴えた。アラバマでは二人の女性が、二年前に無理やり乳房を撮影されたと訴えた。しかも当時、彼女らも未成年だった。

フランシスは、未成年が出演するポルノの制作販売で有罪になると、最悪三十年の懲役を食らう可能性がある。警察に逮捕されたとき、調書の「自家用車の車種」の項目に「ガルフストリーム」（中型ビジネスジェット機）と書いた「風雲児」フランシスの運命やいかに。

（04年4月）

★フランシスは結局、約一年の刑に服したけど、反省の色もなく同じ商売を続けている。

# もう名アルバムは生まれない
## 自滅するアメリカの音楽産業

「覚えてるさ。音楽が死んだ日のことを」

72年に大ヒットしたドン・マクリーンの歌『アメリカン・パイ』は59年にバディ・ホリーが飛行機事故で死んだ日のことを歌っている。映画『アメリカン・グラフィティ』(73年)にも「バディ・ホリーが死んでからロックンロールはダメになった」というセリフがある。62年にビートルズが登場し、ロックはカウンター・カルチャーの起爆剤として60年代の世界を席捲したが、70年代、ロックは商業化し、見かけばかり派手になって堕落した。「ロックは死んだ」、そう吐き捨てたセックス・ピストルズとパンクはロックに再び「初期衝動」を取り戻してくれた。80年代、ロック産業の巨大化とMTVによってロックはまたしても凡庸化したが、この時もヒップホップが登場して音楽は失いかけた攻撃性、ストリート性を蘇らせた。

アメリカのポップ・ミュージックは何度も死を宣告されてきた。つまり商業化によって鈍化し、聴き手を失った。しかし、そのたびにアンダーグラウンドから先鋭的なムーブメントが飛び出して若者を取り戻してきた。だが、99年にマリリン・マンソンが「ロックはとことん死んだ。本当におしまいだ」と歌ってから五年、救いの神はまだ現われていない。

アメリカの公共放送ＰＢＳはドキュメンタリー『音楽の死にゆく道』で音楽業界の危機的状況をレポートした。ＲＩＡＡ（全米レコード協会）によると、アメリカの音楽産業の売り上げは１９９９年に１４６億ドルあったのが、去年２００３年には１１８億ドルまで落ち込んだ。毎年、３万タイトルもの新作ＣＤが発売されるが、そのうちヒットと言えるのは三百分の一にあたるわずか百枚しかないという。

『音楽の死にゆく道』は原因をいくつか挙げる。まず根本的な原因は音楽産業そのものだ。現在、世界のＣＤの75パーセントはわずか四つの巨大企業（最大はソニー）の傘下に吸収されている。もはやインディーズの生きる余地はほとんどない。大企業である以上、三ヵ月ごとに目標額を設定し、予算を計上して新製品を売り出さなければならない。それは音楽を工業製品化し、芸術としての質を落とす。

しかも現在のミュージシャンは「リクープメント」に縛られている。たとえばレコード会社がアーティストに１００万ドルの契約金を払うとする。でも実費は自己負担だ。ＣＤとプロモーション・ビデオの製作費、宣伝費が４００万ドルかかったとすると、ＣＤの「純利益」が５００万ドル（五億円）を超えない限り、アーティストは一銭ももらえない。先述したように現在ＣＤがヒットする確立は三百分の一。つまりほとんどのミュージシャンは契約金だけで消えていくのだ。

「そんなに金がかかるならプロモ・ビデオなど要らない」とは言えない。ＭＴＶで放送されない曲がヒットすることは不可能になったからだ。79年にバグルズは『ラジオ・スターの悲劇』で、「ビデオがラジオのスターを殺す」と予言したが、それは81年にMTVが始まると事実になってしまった。凡庸な曲でもビデオ次第でヒットするようになった。だから三分のビデオに何億円もかけるようになった。もちろんコケることもある。かまうもんか。実費はCDの売り上げから引けばいいんだ。かくしてレコード会社はミュージシャンに「いいビデオになる曲」「キャッチーなシングル」ばかり作れと強要する。アルバム全体でテーマを語るトータル・アルバムは滅びた。

ラジオもシングルばかり欲しがる。アメリカではブッシュ政権下でテキサスの会社クリア・チャンネルが全米のラジオ局の六割以上にあたる千二百局を無理やり買い占め、ほとんど独占している。クリア・チャンネルはロック、ポップス、カントリーなどジャンルごとに局が分かれているが、その曲目は全米どこに行っても同じで、地方によってDJが気に入った曲をかけたりすることはない。流す曲はレコード会社からクリア・チャンネルへのプロモーションで決まる。要するに金次第だ。リスナーのリクエストなど受け付けない。一つのジャンルで一週間にかかる曲目は十四曲にすぎないという。同じ曲を何度も何度も繰り返しているわけだ。

さらにレコード会社から直接利益を得るのでクリア・チャンネルのFM放送にはほとんどCMがない。DJすらいない。二十四時間、音楽だけをダラダラ垂れ流す。DJが個人の趣味でかけた名も知れぬインディーズのレコードが草の根ヒットになる可能性はもうないのだ。

インディーズのCDはもう売る場所もない。街の小さなレコード店はタワーやヴァージンなどの量販チェーンに潰されたが、それすらも今度はウォルマートやターゲットなどの大手スーパーに圧倒されている。現在、全米のCD売り上げの五割をスーパーが占めている。しかしスーパーは常時750タイトルしか店に置かない。それは当然プレス枚数の多い上位750タイトルになる。残りの3万以上のCDには行き場がない！

業界はCD売り上げ減少の理由をインターネットによるダウンロードのせいだと主張するが、欲しい曲だけつまみ食いするiPod的消費はシングル中心の戦略が生んだ自業自得だ。有料の音楽配信が始まって一時的に業界は潤うだろうが、アルバムどころかジャケットさえ捨てて裸の曲のバラ売りを始めたことは本格的に音楽文化そのものの死につながるだろう。映画なら見せ場だけを切り売りしてるようなもので、ストーリーはそこにない。

音楽文化の崩壊は、CDが一般に発売された82年にすでに始まっていたと言われる。『ビルボード』誌の編集者メリンダ・ニューマンは言う。

「70年代終わりに音楽業界は衰退していたけど、CDが出たおかげで売り上げは伸びた。でも、それはまやかしだった。売り上げの大部分はビニール盤で出ていた古典ロックの買い直しだった。リマスターが出るたびに人はピンク・フロイドの『狂気』を買い直した」

『狂気』のように聴き継がれる名アルバムは80年代以降、ほとんど登場していない。発売時には百万枚売れたCDも、半年後には3ドルのワゴン・セールでも誰も買わなくなる。シングルヒット一発だけの「一発屋」だらけで、二枚目も続けて売れるミュージシャンは年に数えるほどになってしまった。
2003年、KoЯnは怒りのあまり歌った。

お前らが欲しいのはシングルだけ
そう言えよ　クソ野郎
ヤバイことになった
俺たちはつぶされちまうぜ
業界は何でもオレたちのせいにするが
奴らはわかってない
こんなゲームは今すぐ止めなくちゃ

しかし、このままでは止まる見込みはないのだ。　（04年5月）

★この後、06年に米タワーレコードは倒産、ヴァージンも店舗を閉鎖した。

## ブラピは本当に「ギリシャ彫刻みたい」か？
### 『トロイ』に潜む白人至上主義

「ギリシャ彫刻のような」

そう形容されることが多いブラッド・ピットに映画『トロイ』のアキレウス役をやらせたのは商売としては正しい選択だ。でも、学術的、政治的にはどうか？　というのも現在のギリシャ人の大半は黒い縮れ毛に黒い瞳で、ブラピのような金髪で青い目の北欧系白人が古代ギリシャにいたかどうかは常に論争の的になってきたからだ。

古代ローマ人がポンペイの遺跡に描いたアキレウスは黒い縮れ髪

ギリシャ彫刻には色が残っていないが、遺跡から発掘される陶器に描かれた古代ギリシャ人は黒い縮れ毛に黒い瞳、それに肌は褐色で、現在のギリシャ人と変わりがない。

ちなみにローマも同じで、ポンペイの壁画を見ればわかるように古代ローマ人は黒い縮れ毛に黒い瞳、褐色の肌をしている。古代ローマを舞台にした映画はかつてハリウッドでも大量に作られたが、この人種問題をきちんと配慮した映画もあった。たとえば『銀の盃』（54年）は、ドイツ＆ユダヤ系のポール・ニューマンが金髪に近い地毛をわざわざ漆黒に染めてローマ人を演じた。逆にヒロインのロシア系のナタリー・ウッドは自慢の黒髪を金髪に染めた。彼女の役はローマの奴隷、蛮族ゲルマン人だったからだ。

シェイクスピア劇を日本人が演じてもいいように、ギリシャ人やローマ人を白人が演じてもいいじゃないか、という人もいるだろう。でも、嫌な気分がするのは、「古代ギリシャ人は金髪碧眼に白い肌だった！」と言い張っている連中がいるからだ。

白人至上主義者たちである。彼らにとってヨーロッパ文明の源である古代ギリシャは白人のものでなければならないのだ。

ナチス・ドイツは「古代ギリシャ人は金髪碧眼だったが、劣等人種と混血して現在のようなギリシャ人になった。正統な古代ギリシャ人の子孫は我われドイツ人だ」と主張し、そのためにベルリン・オリンピックを開催した。そしてついにはギリシャを侵略、占領してしまった。

また、ナチスは「第三帝国」を自称してローマ帝国の後継者を勝手に主張した。第一帝国とはゲルマン人がローマの名前を無理やり引き継いだ神聖ローマ帝国である。ゲルマン人たちは文字も持たない「野蛮人」だった。そのコンプレックスから彼らは、千五百年以上にわたってギリシャ・ローマの歴史を奪おうと奮闘してきたのだ。

ナチが滅んだ今でも白人優位主義者たちは「古代ギリシャ人金髪碧眼説」を信じている。

その根拠となるのがアキレウスだ。ホメロスの『イリアス』にはアキレウスの髪と目が「明るい色」だという描写があるからだ。しかしギリシャ人は「これは必ずしも金髪碧眼という意味ではない。遺跡に描かれたアキレウスの髪は茶色だ」と反論している。そもそも神話の登場人物が一人くらい金髪だからって、祖先の遺産を横取りされてはたまらない。これって、遥かな未来に遺跡から発掘された日本の少女漫画を見た白人が「みんな金髪だから、日本人は白人だった」と言うようなものだ。

以上のような意味で『トロイ』はギリシャ人にとって愉快な映画ではないはずだ。監督のヴォルフガング・ペーターゼンはドイツ人だしな。ちなみにブラピの奥さんジェニファー・アニストンは本名アナスタサキスで、ギリシャ育ちのギリシャ系である。(04年6月)

★05年にブラッド・ピットはジェニファー・アニストンと離婚した。

## サメの海に消えたダイバー夫婦
### 現代のマリー・セレスト号事件

南洋のリゾート、観光客向けのスキューバ・ダイビング船。レンタルの装備で海に入っ

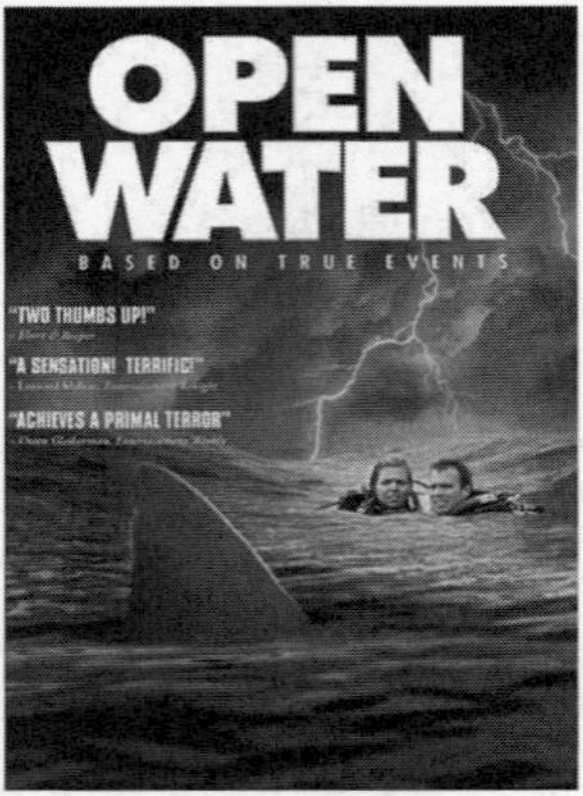

映画『オープン・ウォーター』ポスター

た夫婦が海底の美しさに夢中になって水面に上がってみたら船がどこにもない。彼らを置き去りにして帰ってしまったのだ。見渡す限り水平線で、どっちが岸かもわからない。つかまる板切れすらない！

想像するだけで息苦しくなる最悪の事態を描いた映画『オープン・ウォーター』がアメリカで大評判を呼んでいる。

この夫婦は、他の船が通りかかるのを待つが、水も食料もない。海水を飲むと下痢を起こして脱水症状はさらにひどくなる。日が暮れて水温が下がる。しかし眠ることはできない。サメが二人の周りを泳ぎ始めたからだ。

出演者は男女二人だけ。スタッフもクリス・ケンティスとローラ・ラウという夫婦が脚本・監督・撮影・編集のすべてを二人でこなし、製作費まで自己調達している。しかし映画祭で初公開されるや、「『ブレア・ウィッチ・プロジェクト』・ミーツ・『ジョーズ』」と絶賛された。まさに「アイデアの勝利」。いや、実はこの『オープン・ウォーター』、スキューバ・ダイバーの間で有名な実話をヒントにしているのだ。

場所はオーストラリアの珊瑚礁グレート・バリア・リーフのリゾート基地ポート・ダグラス。１９９８年1月27日の夕方、観光船アウター・エッジ号の従業員が船を掃除していて座席の下にバッグを見つけた。中にはアメリカ人トム・ロネガン（三十四歳）と妻アイリーン（二十九歳）のパスポートと財布が入っていた。あわててレンタル用のダイビング装備を調べると二つ足りない。しかし搭乗員名簿には二人の名前はなかった。二人はなぜか記名しなかったのだ。だから、一昨日のダイビングが終わって点呼した時、二人が船に帰っていないことを気づかずに港に帰ってしまったのだ。

二人はもう四十時間以上、岸から40マイルも離れた沖に取り残されている！

大捜索が始まった。二十機の航空機が一週間にわたってグレート・バリア・リーフを探し回った。しかし、見つかったのは、ダイビング地点の海底に沈んだウェイト・ベルトと遠く離れた砂浜に漂着したタンクだけだった。ダイビング中に遭難した者はまず、体力を奪われないように、重いウェイトやタンクを捨てろと言われている。

7月、漂着地点から90マイル離れた海上で漁船が水中スレートを釣り上げた。ダイバーが海中で筆談するために使うそのスレートには「1月26日朝8時。誰か助けて。でないと死んでしまう。トム&アイリーン・ロネガン」と書かれていたが擦れてしまって筆跡の同定まではできなかった。

結局、死体は発見されなかったが、遭難地点には大量のサメがいるので、二人はきっと跡形もなく食べられてしまったのだろう、と誰もが思った。アウター・エッジ号の船長は業務上過失致死で逮捕された。この事件でグレート・バリア・リーフの観光客は激減した。『オープン・ウォーター』は、舞台をバハマに変え、海に残された二人が体験しただろう地獄を想像で描いている。撮影では実際に海上で二人の俳優のまわりにマグロを撒き餌して野生のサメを集めた。餌が充分あれば人間に噛み付いたりしないそうだが、ハリウッド製のSFX映画にはない本物の迫力だ。しかし、実際の事件はもっと複雑怪奇だった。ロネガン夫妻はフィジー諸島で四年間の平和部隊ボランティアとしての任務を果たし、第二の人生を始めようとしていた。しかし残されたトムの日記は「今が僕の人生のピークだ。これからは下り坂だ。もう死ぬ準備はできている」と遺書めいた言葉で終わっていた。

さらに奇妙な噂が出てきた。ロネガン夫妻は生きているというのだ。二人が行方不明になった翌日、近くを通りかかったダイビング船の客が、行きよりも帰りのほうが三人増えていたと言う。その船はイタリアの観光ツアーに貸し切られていたが、帰りにはなぜか英語が聞こえたと乗組員は証言した。ロネガン夫婦と何者かが遭難を偽装して一日海上で過ごしてから、その船に紛れ込んで岸に帰ったのだろうか？

それを聞いて地元の人々が思い出したのは、1985年に南オーストラリアのフェリーからアメリカ人観光客ミルトン・ハリスが海に転落した事件だ。海難救助隊のダイバーは海底に隠れていたハリスを発見した。彼は自分に三億円の生命保険をかけ、エアタンクを持って海に落ちて事故死を偽装したのだ。ハリスとトム・ロネガンは同じルイジアナ州バトン・ルージュの出身で、所属する教会も同じだった。二人の関係は不明だが、逮捕されていた船長は死亡が確認されないので釈放された。

この事件は「マリー・セレスト号」と並ぶ未解決のミステリーとして永遠に語り継がれ

るだろう。ロネガンが『オープン・ウォーター』のモデル料を寄こせと訴え出ない限りは。
（04年8月）

## 「バッド・ガール」の作り方
### 暴露されたティーン作家の「実力」

1980年代、マガジンハウスの全雑誌に「椎名桜子」なる「作家」が突然登場した。彼女は自分の小説の映画化で監督としてもデビューするという。しかし、プロフィールを読むと「現在、処女作執筆中」とある。要するに「マガハ」が作家として売り出そうとしたタレントだったわけだ。

文学なんてそんなもんだ。石原慎太郎がデビューした頃から。とにかくジジイが驚きそうな若者の生態や考え方さえ書いておけば、あとは編集者が文章をまともに直してくれるし、偉そうな賞までくれる。歌えないアイドルと何も変わらない。アメリカでも同じだ。

今年の5月、『ニューヨーク・ポスト』紙に、アビゲイル・ヴォナという十九歳の作家が恋人のダグ・デカート（四十七歳）と別れた、という記事が出た。どちらの名前も誰も知らなかった。彼女はまだ処女作『バッド・ガール／不良少女の告白』を「執筆中」だったからだ。

8月、『バッド・ガール』は出版された。本にはヴォナが十五歳の時、盗み癖の矯正のためテネシーの施設に収容された体験を綴った断片的な文章と、カウンセラーによる彼女の診断書が収められていたが、中身よりも大事なのは表紙を飾ったタンクトップ姿の著者の写真だ。セクシーなブロンドの新人作家ヴォナはTVのワイドショーや雑誌のグラビアに引っ張りだこになった。

しかし、その直後、『ポスト』のライバル紙『ニューヨーク・デイリー・ニューズ』にヴォナの元恋人デカートの証言が載った。

「ヴォナは読書障害で、ほとんど文盲だ。あの文章は僕が書いてやったんだ」

そしてデカートは自分のウェブサイトで二十八歳年下のヴォナとの生活を暴露した。

デカートはマンハッタンのレストランやクラブの紹介記事を書くFlack、日本で言う「トレンド・ライター」だった。彼らは記事にすることで店から五〜十万円のお小遣いをもらい、タダ飯タダ酒にありつく。そして有名人のパーティに潜り込み、盗み撮りした写真や耳にした噂を『ニューヨーク・ポスト』などに売ってさらに小遣いを稼ぐ。また、有名人の使った食器やナプキンをeベイで売ることもあった。

アビゲイル・ヴォナ著(?)『バッド・ガール/不良少女の告白』

ニューヨーク社交界の底辺を蠢《うごめ》くデカートは、ある日、知り合いの女性から「姪が小説書いてるんだけど、出版社に紹介してくれない?」と頼まれた。それが当時、高校中退したばかりのアビー・スパス、ペンネーム、アビゲイル・ヴォナだった。

原稿を読んでみると、英語にすらなっていなかった。ヴォナは否定しているが、デカートが証拠としてウェブに掲載した彼女の文章を見ると、複数の単語がくっつき、段落はなく、「スケープゴート」を「エスケープ・ゴート」と書いている。

けれどデカートはこれを書き直す役目を引き受けた。彼女の才能に賭けた、のではない。十八歳の女の子とセックスしたかっただけだ(ヴォナはデカートが初めての男性だったと主張している)。デカートは自分のアパートに転がり込んできたヴォナを出版社のパーティなどに連れて行き、本を売り込んだ。ラグドランドという新興出版社の編集者は原稿を読んで「小学校で読み書き習い直して来い。たとえ一冊目は人の助けで何とか文章になっても、二冊目はどうする?」と断ったが、デカートはこう言い返した。

「ヴォナの名前が一度ブランドになってしまえば、後は表紙用の写真だけ気にしてればいい。中身は編集者がデッチあげる。みんなやってることだよ」

結局ラグドランドは、ヴォナが十代のうちに原稿を完成させるという条件で契約金2万5千ドルを支払った。「十代の不良少女作家」をセールスポイントにして出版社はパブリシティを始めた。まだ原稿もできてないのに。しかし再販制度のないアメリカでは初版の事前注文数だけが勝負だ。誰も読まないうちから、話題性と宣伝力でベストセラーは決定される。

出版社側はリライターとしてヴォナに二十一歳の文学部学生をつけた。彼女も担当編集者の愛人だった。

そうこうしているうちにヴォナは妊娠した。中絶手術の日、デカートは『ニューヨーク・ポスト』のパーティに行っていた。二人は別れた。ヴォナによればデカートは五階の部屋の窓から彼女の持ち物を路上に投げ捨てたうえ、書き直しと紹介料として約束通り印税から15パーセントよこさないと文章が書けないことを暴露すると脅したという。

デカートの友人だった『ニューヨーク・ポスト』の専属ライター、イアン・スピーゲルマンはこの一件についてヴォナの言い分ばかりを書いた。裏切られた、と怒ったデカートはライバル紙『デイリー・ニューズ』で「ハゲでチビの中年スピーゲルマンはヴォナとセックスしたくて彼女に味方した」と揶揄した。これで両紙の間に戦争が勃発し、互いの年収まで暴露する事態になったが、最後は、スピーゲルマンが電話でデカートに向かって「俺に逆らう奴は『ニューヨーク・ポスト』であることないこと書いてやる」とタンカを切っている録音テープが『ポスト』の上司に送りつけられ、彼はクビになった。

どいつもこいつも最低。世界に冠たるニューヨークの出版業界ですらこうだから……。

（04年9月）

## 右翼のバービー人形を黙らせろ

### 女流保守論客アン・コールター暴言集

アン・コールターの著書『リベラルたちの背信／アメリカを誤らせた民主党の60年』が日本でも翻訳され、コールターは「保守本流の論客」と紹介されたようだが、とんでもない。この女が「保守本流」じゃ、古き良き道徳を信じる人々が怒るよ。

コールターは弁護士だったが、クリントン大統領のモニカ・ルインスキー疑惑の時に共和党ご用達のケーブル局FOXニューズに出演して大統領を弾劾しろと叫んで売り出した。金髪でスリムなので「ファシストのバービー人形」と呼ばれ、本当にトーキング人形まで売り出された。背中の紐を引っ張ると「リベラルの意見はデタラメだけど、右翼が彼らを罵る時、それは必ず的を射ている」などとコールター得意のフレーズをしゃべる。本当に的を射ているか、日本人が知らない彼女のTVでの発言をチェックしてみよう。

コールターの著書『リベラルとの話し方』

「リベラルはテロリスト以上にアメリカを憎んでいる。もし、彼らに根性があれば、アメリカのスパイをしているはずだわ」

これはまったく赤狩りと同じ論理だ。コールターは、共産主義は悪だったから50年代の赤狩りを評価すべしと言っているが、実際は赤狩りで弾圧された人の多くは共産主義者とは何の関係もない人々だったのだ。

郵便による炭疽菌テロが起こった時、「リベラルの母親に炭疽菌を送りつけてやる」とまで言ったし、オクラホマ連邦ビル爆破事件については、「リベラル新聞の『ニューヨーク・タイムズ』を爆破すればよかったのに」とくやしがった。

もっとヒドい言われようなのが右でも左でもない中間層。

「中間層は白痴層と言い換えたほうがいいわ。だって十四歳にもなれば自分が保守かリベラルかわかるでしょ。トースターより知能があれば」

人間は保守かリベラルの二種類しかいないと思ってるのか？

イラク戦争が始まった時は「なんで石油のために戦争しちゃいけないの？　石油は必要でしょ」と開き直った。

「戦争に反対しているハリウッドの俳優たちは自家用ジェットは何で動いてると思ってるのかしら。どうやって彼らにコカインが届くと思ってるのかしら」

そのくせイラク戦争でかえって石油価格が暴騰したことにはコメントなし。

「移民や少数民族はアメリカに文句ばかり言ってるけど、なんで彼らはアメリカに来るのかしら？　タリバンに入ればいいのに」という暴言も吐いている。

タリバンに参加していたアメリカ人青年ジョン・ウォーカーについては、
「死刑にすべきよ。リベラルたちを脅かすために。政府に逆らうと殺すぞってわからせるの。そうしないと売国奴が増えるわ」

この女、本当に弁護士出身か？

『リベラルたちの背信』を読んで喜んでる日本の保守派に聞かせたいのが次のセリフ。

「日本を爆撃して、原爆を落として、いっぱい殺したら日本人は羊みたいに従順になったわ」

この女、実はキリスト教原理主義者で、イスラムについてこんなことまで言っている。

「我々はやつらの国に攻め込んで、指導者たちを皆殺しにし、国民をキリスト教に改宗させなければならない。我々は第二次大戦ではヒットラーとその閣僚だけを懲らしめるのではなく、ドイツ全土を絨毯爆撃して一般市民を殺した。それが戦争ってものよ。今回も戦争なの。だからやるしかないの」

しかし、この女のキリスト教原理主義は怪しい。FOXニューズに出演して、環境問題について司会者とこんな会話をしている。

コールター：環境問題については聖書に書かれている通りにすべきね。神はこの地球を人間に与えたのよ。私たちはこの星と、そこに住む動物や植物に君臨しているの。神は人類にこう言ったの。

「地球はお前たちのものだ。好きなだけレイプしなさい」。

司会者：私らアメリカ人は思う存分、地球の資源を消費すべきだということですか？

コールター：そうよ！　その通り！　アメリカ・インディアンとは正反対の生き方ね。

「地球をレイプしろ」なんて聖書に書いてねえよ！

きわめつけはこれだ。

「女に参政権を与えなければアメリカはもっといい国になってたわ。そしたら共和党がいつも勝ったはずだから」

女性に参政権のない国だったら、お前だってテレビでこんな暴言言わせてもらえないよ。それに、それってアフガンだろ！

コールターは中絶に絶対反対で、レイプされて妊娠して中絶した女性も殺人罪で罰しようと活動している。被害者の気持ちなどまるでわかっていない。こんな女、拉致って性病持ちのホームレス百人くらいに中出しさせろ！

まあ、早い話、高市早苗とか畑恵とかと同じ、ジジイを喜ばす右翼ゲイシャに過ぎないので、まともな論客と考えて怒ってもしょうがないのだが、どうしても我慢できない人もいて、10月21日、アリゾナ大学で講演中のこのバカ女に学生二人がパイを投げつけた。「アル・パイダ」を名乗る犯人二人組は逮捕され、3千ドルの罰金が科せられるそうだが、パイは惜しくも腕に当たっただけ。

なっちゃないなあ。投げちゃダメなんだよ。しっかり持って顔面に叩きつけるんだ！
（04年10月）

# SPORTS

## Chapter 2

## プロレス界の帝王がNFLに無謀な挑戦
### ヴィンス・マクマホンが仕掛けたXFL

爆発する地雷、噴き上がる火柱。それをかわしたクォーターバックの足が草むすシャレコウベを踏み砕く。新プロ・フットボール・リーグ、XFLのCMは「XFLのXはeXtreme のX」という噂に違わぬ過激さだった（公式にはXは「未知数」のXだが）。その一方で「X—Rated（成人指定）のXだ」と言われたこんなCMもある。ロッカールームで巨乳のチアリーダーたちが半裸で身をくねらせ、上目遣いでカメラを見つめ、指をくわえ、唇を舐める。それだけ。フットボールのフの字も出てこないのでストリップ・バーのCMかと思った。

XFLの発起人はヴィンス・マクマホン。プロレス団体WWFの社長兼悪役レスラーである。セックス&バイオレンス路線で、PTAから叩かれながらも視聴率的にライバルWCWを打ち負かした。去年一年間の収益は、NBAのニックスとNHLのレンジャーズと大リーグのメッツ、NYの三大プロチームの合計より大きい3億8千万ドル。上にはもはやNFLしかいない。そこでマクマホンは、NFLの放送権をFOXに奪われたNBCを巻き込み、資金1億ドルでXFLを立ち上げたのだ。

世間は笑った。NFLに挑んだのはマクマホンが初めてではない。83年にはUSFLというリーグがあったが多額の負債を背負って潰れた。92年にはPSFLが立ち上げを発表したが開幕戦前に消え去った。

新リーグが失敗するのはスター選手を数億円の契約金でNFLに独占されているからだ。対するXFLが選手に払う平均年俸は4万5千ドル。普通のサラリーマン並みのこの額で集まるのは二流三流プレイヤーばかり。それでもマクマホンには勝算があった。

2月3日、盛大な打ち上げ花火で幕を開けたXFLは予想通りWWFのフットボール版だった。

わずか1年で消えたXFL。マクマホンに勝算はあったのか

まずチーム名からして凶悪。ニューヨーク・ヒットマン（鉄砲玉）、ラスヴェガス・アウトローズ（無法者）、メンフィス・マニアックス（狂人）……。黒で統一されたボールやユニフォームも「ワル」の匂いを醸し出す。

中継カメラの台数は二十七台。クルーはフィールドの中まで入って至近距離で選手の顔を捉え、レシーバーがハンブルするとすぐさま駆け寄り「フライドポテト食べた後、手ェ拭いた？」と聞いて突き飛ばされる。カメラはロッカールームの中まで入り込み「You got balls!?（お前らキンタマついてんのか）」と檄を飛ばすコーチの赤ら顔を会場のジャンボトロンに映し出す。

解説は元悪役レスラーで現ミネソタ州知事のジェシー・ベンチュラ。「この攻撃はまるでデブ同士の（ピー）だな。苦労するけどなかなか入らない」とお得意のダーティ・トーク（不適切な言葉をカットするために四秒半遅れの中継だ）。

マクマホンの目論見通り（？）、XFL開幕戦の視聴率は10・3パーセント、千六百万人の目を集める大成功となった。ところが一夜明けるとマスコミのヒステリックなXFLバッシングが始まった。「草アメフトと場末のストリップの合体」「子供に見せられない」……。かくしてXFLの視聴率は、一カ月後には2・4パーセントにまで急降下した。

しかし、試合に勝ったチームに10万ドル、4月のプレーオフに優勝すれば賞金100万ドルが与えられるXFLの選手たちはNFL以上に真剣だ。それに無意味なタッチダウン後のキックを廃止し、ハーフタイムも十分に短縮するなどの工夫で試合もスピーディ。またチケット料金はNFLの半分以下だから、視聴率は落ちても観客動員数は二万人前後から落ちていない。

ところが新聞やTVは、マクマホンのことは論じても、XFLの個別の試合についてスポーツ枠では報道しなかった。スポーツ・ジャーナリストたちが嫌悪したのはマクマホンの「爽やかなスポーツマンシップだの、チアリーダーの健康的なお色気だのはおためごかしだ。みんな暴力とエロを求めてるんだろ！」というミもフタもないやり方が、アメフトという国技の建前を傷つけたからだろう。

では、NFLはXFLより「健全」なのか？　去年は妊娠中の恋人を射殺した選手がいたし、今年のスーパーボウルで優勝したレイヴンズの選手は試合直後に酒場のケンカで二人刺し殺した。調査によればＮＦＬ選手の二割以上にあたる百九人が殺人、暴行、レイプで逮捕されている。セックス＆バイオレンスの本家はＮＦＬだったのだ。

マクマホンの失敗はＸＦＬというリーグ全体でＮＦＬに対して「悪役」を演じてしまったことだ。それよりＮＦＬの中にチームを持つべきだった。きっと悪の限りを尽くして、ＮＦＬの紳士面をひっぺがしてくれただろうに。

（01年3月）

★ＸＦＬはわずか一年で消滅した。

## ＮＡＳＣＡＲは密造酒から生まれた
### 南北戦争とデイトナ500

2月17日にフロリダ州で行われたＮＡＳＣＡＲ開幕戦「デイトナ５００」は予選で十九位だったワード・バートンが逆転勝利した。百四十九周目で十八台、さらにラスト五周の百九十五周目でトップ集団がクラッシュして脱落したおかげだ。クラッシュは前の車を押しのけて走るストックカー・レースでは日常茶飯事。去年のデイトナで事故死したデイル・アーンハートも、相手がビビって道を譲るまで攻め込むのでIntimidator（脅迫者）と呼ばれていたほどだ。

テレビでデイトナを観ていて気になったのは、同時多発テロ以来あらゆるスポーツの会場にあふれている星条旗が少ないこと。代わりに観客の多くが身につけているのは星がX型に並んだ南部連合の旗だ。調べてみると、今までNASCARのチャンピオンになった二十二人のレーサーのうち十九人が南部出身で、今回優勝したバートンも南部バージニア州生まれだ。

なぜか？　話は禁酒法時代の1930年代に遡る。当時アメリカは大恐慌の真っ只中。特に南北戦争で負けて奴隷制度という経済基盤が崩壊した南部は悲惨で、彼らホワイト・トラッシュ（貧乏白人）に残された道は密造酒しかなかった。ムーンシャイン（月光）と呼ばれる自家製ウィスキーを週に1ケースも売れば、一家四人が楽に暮らしていけたという。1933年に禁酒法が廃止された後も南部の密造酒は増える一方。連邦税を払わずに一儲けするという行為が、連邦政府という名の「北部」に敗北した南部人の鬱憤晴らしにもなっていたのだろう。

とはいえ密造は立派な連邦犯罪だ。国税庁と連邦警察は密造酒の輸送ルートに網を張り、彼らの車を待ち受けた。そこでムーンシャイン・ランナーの登場である。真夜中になると、密造酒の詰まったメイソン・ジャーという大型のボトルが自動車に積み込まれる。腕に自信のある若者がこの車を駆って、買い手の待つ町まで突っ走る。夜毎に追っ手のパトカーを振り切ってハイウェイどころか舗装もされてない田舎道を土煙を蹴立てて疾走するムーンシャイン・ランナー。なかでも文豪トム・ウルフから「最後のアメリカン・ヒーロー」と呼ばれた伝説の男がジュニア・ジョンソンだ。

ジョンソンは「密造酒の帝国」と呼ばれたノース・キャロライナ州ウィルクス郡に生まれた。父は六十四年の生涯のうち二十年を獄中で過ごした筋金入りの密造酒業者で「ヤンキー（北部人）どもに税金など1セントも払うものか」が口癖の南部人だった。ジョンソンは中学卒業前の十四歳のとき、父に言われて初めてムーンシャイン・ランをやらされ、毎晩のようにパトカーとカーチェイスをするうちにスピードとスリルの虜になっていった。たとえば彼は「ブートレグ（密造酒）・ターン」という技を開発した。猛スピードでパトカーを引っ張ったところで、百八十度スピンして反対方向に逃げてしまうのだ。「この腕を誰かと競いたい」ジョンソンはそんな願望にかられていった。

彼だけではなかった。南北キャロライナ、ジョージア、テネシー、その他南部じゅうのムーンシャイン・ランナーたちが、たまたま出会うと公道レースを始め、「速い奴がいる」と聞き付けると、わざわざ出かけて行って勝負を挑んだ。その台数はどんどん膨れあがり、ついにフロリダ州デイトナ海岸の砂浜でレース大会が開かれた。これがNASCARの始まり。最初のレーサーは全員、密造酒業者だったのだ。

ジョンソンはNASCARのレーサーとして勝ち続けるが、チャンピオンになることはなかった。というのも56年に酒税法違反で逮捕され、懲役二年の実刑を食らったからだ。

彼はレーサーとして成功した後でもムーンシャイン・ランナーを続けていたのである！

数百億の金が動く巨大産業となった今のNASCARに密造酒の面影はカケラもないが、NASCARを支えてきた最大のスポンサーはタバコ会社で、ほとんど南部の企業。最近のタバコの広告規制はNASCARを苦しめたが、関係者やファンは「連邦政府の嫌がらせだ」と憤慨した。南北戦争は今も続いているのだ。

（02年2月）

## バスケの「将軍」は放送禁止用語だらけ
### NCAAの問題コーチ、ボビー・ナイト

ピー！　ピー！　ピー！　ピー！

スポーツ専門チャンネルESPNが3月に放送したTVムービー『崖っぷちのシーズン』は、最初から最後までピーの連続だった。なにしろ「Fuck」が口癖のバスケットボール・コーチ、ボビー・ナイトの実録ドラマだから。

ボビー・ナイトほど有名なコーチはいない。二十八年間にわたって全米大学最強のインディアナ大学フージャーズを率いて、76年、81年、87年とNCAAで優勝し、なかでも76年は三十二勝無敗。二十八年間の勝率はなんと七割三分。ナイトはその間に四回もコー

チ・オブ・ザ・イヤーに選ばれ、ロス五輪ではドリーム・チームで金メダルまで勝ち取った。

しかし、バスケにまるっきり無知な筆者までナイトの顔を知っているのは、彼が優秀なコーチだからじゃない。彼は夜のニュース番組の常連だったのだ。不祥事の数々で。

試合中にFag（オカマ）、Pussy（タマナシ）と怒鳴り散らして警告や退場処分を受けるのは序の口。コートで選手を殴る、蹴る。85年にはパイプ椅子をコートの中に投げ込み、椅子は滑って最前列の身体障害者席まで飛んで行った。

問題コーチのナイトを、フージャーズのファンは「彼はゲームに熱中し過ぎるだけだ」と擁護した。けれども暴走は試合中に限らなかった。ルイジアナ州立大学との試合では、会場の外で彼を野次った敵チームのファンをゴミバケツに放り込んだ。パンアメリカン・ゲームでプエルトリコに遠征した時は地元の警官をブン殴って国際問題になった。TVのインタビューで「NCAAの審判は八百長のために勝敗を操ってやがる」と発言して大問題になった。CBSの女性アナウンサー、コニー・チャンに「あんた、もしレイプされたら、あきらめて楽しんだほうが得だぜ」とセクハラして全米の女性から総スカンを食った。

人種差別発言も多い。レストランでナイトが「黒人選手が金を持ったら、まずお袋さんに家を買ってやれと薦めるね。黒人ってやつは金を持ってる奴にアリみたいにたかるからなガハハ」と大声で話していたら、別のテーブルの黒人客が文句を言った。するとナイトは謝るどころか、その客の首を絞めた！　試合中に黒人選手の背中を鞭打つマネをして

ボビー・ナイトの本。裏表紙では真っ赤な顔で怒鳴っている

「黒人を奴隷扱いするな」と人権団体から抗議されたこともある。

「ナイトの人格にこれ以上耐えられない」と三人の選手がフージャーズを去ったが、ナイトは決して自分の非を認めず「『いい人』なんて言葉は女にくれてやれ。『いい人』なんて負け犬だ」と開き直った。

インディアナ大学は世間からの批判に耐えて、この常勝コーチを守り続けたが、2000年、ナイトがキャンパス内で「ヘイ、ナイト！」と呼んだ学生の腕をひねり上げて「ナイトさんと呼べ！」と恫喝する事件を起こすと、ついに堪忍袋の緒を切らして彼を解雇した。

『崖っぷちのシーズン』はナイトの絶頂期、87年を描いているが、中身はほとんど戦争映画だった。ナイトを演じるのは警官と軍人が専門の俳優ブライアン・デネヒー。「お前らに必要な言葉は一つだけ。『イエス・サー』だ！」と叫ぶ。どうも選手と兵隊の区別がついてない。実際、ナイトは陸軍士官学校出身。ニックネームはGeneral（将軍）だった。

しかし、もともと競技型スポーツは戦争の代替物なのである。だから「戦争と同じで勝ちゃいいんだろ。品位なんておためごかし言うな」と本音で暴れるナイトは、ある意味痛快だ。

実際、ナイトが解任になった時、地元インディアナだけでなく全米のTVや新聞が、彼の姿がコートから消えるのを惜しんだ。好きかどうかはさておき、映画になるほど面白い見世物だったのは間違いない。フージャーズのチームカラーである真紅のシャツを試合中に興奮してビリビリ引き裂く姿なんてマンガだもん。その期待に応えて、ナイトはテキサス工科大学の招きでコーチに復帰。今もTVで声なき雄叫びを上げている。「ピー！　ピー！」。

（02年3月）

## トーニャ・ハーディング、整形美人をTKO
### 哀しきプチ有名人ボクシング

サラ・ヒューズがアメリカですごい人気だ。ソルト・レイク・オリンピックの女子フィギュアで金メダルを獲得したこの十六歳の少女は国民的アイドルとしてテレビや雑誌で汚れなき笑顔をふりまいている。しかし、その栄光の陰で、もう一人のオリンピック・スケーターが文字通り血と汗にまみれて闘っていた。

彼女の名はトーニャ・ハーディング。94年、リレハンメル・オリンピックの出場権をめぐって、夫を使ってライバルのナンシー・ケリガンの脚を折ろうとした、あのトーニャだ。

五輪出場は果たしたが靴紐が切れるというアクシデントで無念の涙を流す姿は、覚えている人もいるだろう。あれから八年、彼女はどうしていたのか。

五輪の後、トーニャはケリガン襲撃で有罪となり、5万ドルの罰金と五百時間の奉仕労働(魚市場の床掃除)を科せられた。そのうえ全米スケート協会から永遠に資格を剝奪された彼女は、地元ポートランドでスケートのコーチの職を探したが、かなわなかった。

それから四年後、長野五輪の年、トーニャはTV番組でケリガンに謝罪した。「もう許して。フィギュア界に復帰したいの」と謝り続けた。TV局は、ケリガンが「もういいのよ」とトーニャの手を取る感動の和解シーンを期待していただろうが、20万ドルの出演料で引っ張り出されたリレハンメルの銀メダリストは終始無言で、すすり泣くトーニャを冷たく見下ろし続けた。金目当てで出たくせに偉そうな。

トーニャの名前が再びマスコミに登場したのは、その二年後。同棲中の男を自動車のホイール・キャップでブン殴って逮捕されたのだ。男がクズ野郎だったに違いない。トーニャはつくづく男運が悪いから。十九歳のときに結婚した最初の夫は無職で酒乱で毎日トーニャを殴る蹴る。二人目の夫はケリガン襲撃を思いついたチンピラ。離婚した後、金に困って新婚初夜のビデオを売り出し、トーニャが花嫁衣装で××する姿を全世界にさらした。

そして、冬季五輪でトーニャのことを思い出した人々の前にトーニャは帰ってきた。今度はボクサーとして。『有名人ボクシング』というTV番組でエイミー・フィッシャーと殴り合うのだ。

エイミーは92年、十六歳のときに三十八歳の自動車修理業者にホレて、彼の奥さんの顔を拳銃で撃ち抜いた（命はとりとめた）。最初は「ロリコン中年の毒牙にかかった悲劇の少女」と同情を集めたエイミーだが、実は援交の常習者だったと判明し、ブルセラ・ビデオまで公開されてしまい、「リーサル（危険な）・ロリータ」と呼ばれるようになった。

殺人未遂で刑務所に入ったエイミーは看守や自分の弁護士をレイプやセクハラで訴えたが、すぐに彼女のほうから誘ったとバレて笑い者に。結局、撃たれた奥さんが保釈に同意したので、エイミーは99年にシャバに出られたが、裁判所は今回のボクシングを「被害者の心を逆撫でする見世物」として彼女の出演を許可しなかった。

エイミーの代打に抜擢されたのはポーラ・ジョーンズ。クリントンにイチモツを見せられた、と訴えたあのデカい鼻の女だ。91年、クリントンのアーカンソー州知事時代にされたセクハラを、94年、クリントンが大統領になってから訴えるというのが実にインチキ臭かった（三年間悩んでたんだと）。案の定、85万ドルの示談金を受け取った彼女はすぐに整形手術でデカ鼻を直したので世間はアキレた。おまけに『ペントハウス』でヌードになった。露出狂はどっちだよ！　まったく書いてて頭が痛くなる「有名人」ばかりである。

試合は3月14日に放送されたが、鼻をかばいながら戦うポーラ・ジョーンズは、腐ってもスポーツ選手のトーニャの敵ではなく、トーニャが一方的に押しまくって第3ラウンドでＴＫＯ勝ち。両者の間に遺恨がないので盛り上がりは今イチだったが、トーニャはまだまだやる気。先月、家賃１１９５ドルを三ヵ月滞納して追い出され、壊れた車の中に寝泊まりしていたから、一回3万ドルのファイトマネーは魅力なのだ。次の対戦相手はケリガンしかないでしょう。20万ドルかかるけどね。（02年4月）

## コンピュータ・ウィルスになったテニス選手
### 試合より容姿でクルニコワ大人気

発売前から話題になった『ペントハウス』6月号のアンナ・クルニコワのトップレス盗撮写真。クルニコワ自身は「別人よ」と主張していたが、その通りだった。

この写真の元はビデオで、撮ったのはフランク・ラミーシリという宝石商。彼はビデオカメラを買って以来五年間もフロリダの高級ホテルのプライベート・ビーチに来てブラをはずす有名人を張り込んでいたという。くだんのビデオを撮った時、有頂天のラミーシリは母親に電話した。「ママ！　ママ！　僕、アンナ・クルニコワのオッパイ撮ったよ！」母親は答えた。「できるだけ高く売りなさい」。

ところが海岸でビキニのパンツだけで日光浴していたのは、あのベネトンの社長ルチアーノ・ベネトンの息子の嫁さんジュディスだったのだ。広告では裸だろうと血まみれの赤ん坊だろうと平気で出してるベネトンも義理の娘の乳首で金儲けされたのが悔しかったのか、『ペントハウス』を訴えた。『ペントハウス』の社長はボブ・グッチョーネ。「コマネチ！」と並ぶビートたけしの駄ギャグ「ぐっちょーね」が懐かしい、ポルノ超大作『カリギュラ』を製作した男である。グッチョーネは間違いを認めたが、経営危機に陥っている『ペントハウス』が、ベネトンの要求する1千万ドルといわれる賠償金額を払えるかどうか。『カリギュラ』の製作費は1千7百万ドルだったのに。

ベネトンは雑誌の回収も求めたが不可能だと思われる。なにしろグッチョーネは「クルニコワのヌードで起死回生！」と気張って百二十万部（！）も配本しちゃったんだから。

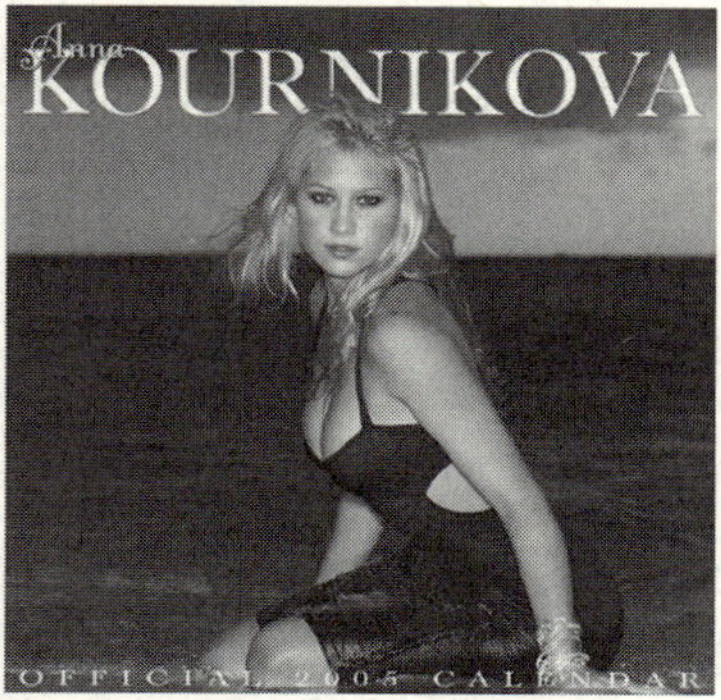

クルニコワのカレンダー。実力でも人気でもシャラポワに負けました

クルニコワといえば、去年はウィルス事件があった。バレンタイン・デーの2月14日、全世界のパソコンに「アンナ・クルニコワ」からのメールが届いた。寂しい男が夢のような気分でそれを開けるとウィルスに感染する。「アンナ・クルニコワ」は2000年の「I love you」ウィルスに次ぐ大きな被害を世界に与えた。犯人は二十歳のオランダ青年で「アンナのことが可愛くて可愛くて」という動機（？）でこれをネットに流したら「アッという間に広がったので恐くなった」と警察に自首した。まさに「クルニコワ萌え」の怖さ

を実証する事件だ。同じ女子スポーツ選手でも、×××や××××からのメールだったら、こんなに早く広がるはずがない(名前自粛)。

クルニコワのインターネットでの検索ヒット数は二年連続でスポーツ選手では第一位。ファン・サイトだけで五十以上。その他、あちこちの「お宝サイト」に彼女のパンチラやアイコラが山のように出回っている。

「一度も優勝してないくせに顔が可愛いからってチヤホヤされて」とテニス界の和田アキ子、ナブラチロワはクルニコワを叩くが、あのさオバチャン、試合なんか誰も見てないって。だって百二十万人もテニス・ファンがいると思うかい? ネットに狂ってるパソコンおたくがテニスなんかするかい?

しかし逆にクルニコワがスポーツ選手でなくて、ただのモデルだったら、彼らはこんなに「萌え」ただろうか? よく見ると肩幅はヘタな男より広いし、顔だって「可愛くて可愛くて」犯罪に走らせるほどと思えない。やっぱり男のスポーツマンと同じで汗をかいて躍動する肉体が人を欲情させるのだ。ちなみに『ペントハウス』の商売敵『プレイボーイ』の最近の売り上げ記録はWWFの女子レスラー、チャイナのヌードだった。

クルニコワ本人もそのへんの心理はよく知ってるらしい。去年はフィットネスのビデオまで出した。エクササイズのプロからは「フォームがいいかげん」とボロカスに酷評されたが、買った連中が運動なんかするわけがない。アマゾン・ドットコムに掲載されたペンネーム「アイダホ・ストリート」の感想文を読んでくれ。

「ビールの肴には最高。ポールがあればもっといい」
ポールというのはストリッパーがぐるぐる回る柱のことだ。

（02年5月）

## サッカーはオタクのデート？

### W杯決勝進出でアメリカにもサッカー熱

サッカーはアメリカではずっとジョークの種だった。そもそも「Sucker（間抜け）」と発音が似ているところから損してる。たとえばアメリカで一番人気のトークショー『トゥナイト』の司会ジェイ・レノは、四年前のワールド・カップのとき、こんなジョークを言っていた。

「サッカーとかけてオタクのデートと解く。その心は、めったにScoreしない（Scoreにはセックスという意味もある）」

アメリカ人がサッカーを嫌う理由は、得点の少なさ以外にもいろいろ言われてきた。一試合にトイレに行くヒマが一回しかない。オフサイドが理解できない……。でも、そんな理由は言い訳にすぎない。だって、野球の場合はノーヒット・ノーランでも興奮するし、バスケもホッケーもハーフタイム以外にブレイクがない。ＮＢＡはオフサイド以上にややこしくゾーン・ディフェンスのルールを改正したけれど、誰も文句を言わない。

本当の理由はたった一つ。アメリカ人はアメリカがナンバーワンでなけりゃ嫌なのだ。アメリカで人気のあるスポーツは上から順に、野球、アメフト、バスケット、アイスホッケーだが、どれもアメリカで発明された競技だ（アイスホッケーはカナダ発祥だが、ま、アメリカ大陸ということで）。てめえで考えたゲームしかやりたがらないし、他の国が強いといじけてしまう。まるでガキだね、こりゃ。

だから、アメリカでW杯を開催しても、人気が出たのはアメリカが強い女子サッカーだけ。1998年のW杯はABCテレビが二千八百万ドルで放送権を買ったが視聴率がまったく伸びずに大赤字。『トゥナイト』のライバル番組『レイトショー』の司会者デヴィッド・レターマンは「アメリカ人がワールドカップを観るようになる方法」を提案した。「アメリカ人以外出さないこと」「ボールを小さくしてバットで打つことにして四つのベースを使うこと」。

かくして今年は地上波での中継はなし。スポーツ専門ケーブル局ESPNのみの放送になった。他チャンネルのニュースのスポーツ枠では、W杯はNBAのプレーオフやレノックスVSタイソン戦の影に隠れ、アメリカ・チームの試合結果は義務的に口頭で報告されるだけ。ジェイ・レノにも相変わらずこんなジョークのネタにされていた。

「W杯が始まったって？　嘘つけ、アメリカはまだ帰ってきてないぞ（アメリカはいつも予選落ち、という皮肉）」

ところが、今回、七十年ぶりに決勝に進出してから風向きが変わった。アメリカVSメキシコ戦中継の平均視聴者数は三百万人に達した。スペイン語放送局ユニヴィジョンでも同時に中継され、そちらの視聴者数は四百三十万人。アメリカ全体で合計七百万人以上が試合を観ていた計算になる（メキシコを応援していたにしろ）。NFLの視聴者数千七百万人に比べると小さいが、キックオフは東海岸で夜中の2時半、西海岸では早朝5時半だったのだから、この視聴率は快挙だ。

アメリカがさらに予想を裏切ってベスト8に勝ち上がると、やっと新聞もテレビもあわてて「準々決勝の対ドイツ戦を応援しよう！」と騒ぎ始めた。全米のスポーツ・バーの店先には「21日は早朝開店します」の看板が出た。ただしアメリカでは深夜2時以降、バーでアルコールを出すことは違法なので、みんな代わりにコーヒーで乾杯した。でも、筆者の住むカリフォルニアでは朝4時の試合開始だから眠気さましにはちょうどいい。ドイツ相手には一回もScoreできなかったが、それでも視聴者数は四百万人に達した。

翌日の新聞には「もうサッカーはジョークじゃない」という見出しが踊った。さんざんサッカーをコケにしていた『レイトショー』にも韓国からの衛星中継でアメリカ・チームが出演して「アメリカ人が絶対にもっとワールドカップを観るようになる方法」を読み上げた。「アメリカが優勝したら政府が全国民に一台ずつ新車を支給する法律を作る」。そりゃそうだ。

（02年6月）

## NFL選手の本番ビデオを法廷で上映
## スポーツ界に蔓延するデート・レイプ薬

まさに酒池肉林。ただし酒の代わりに山盛りのコカイン。スーパーモデル級の美女美女美女。それが風呂やソファーで上から下から後ろから前から……。プロ・フットボーラーの「パーティ」を初めてリアルに描いた映画『エニイ・ギブン・サンデー』は、NFLから協力を拒否された。おかげでオリバー・ストーン監督は架空のフットボール・リーグを各チームのユニフォームまで全部デッチあげるしかなかった。

「パーティ」は、健全が建前のNFLにとって最大のタブー。そして実は人々の最大の憧れだ。その一部始終を記録した映像が、先月、筆者の住むオークランドで公開された。ノーカットで、それも神聖なる法廷で。

オークランド・レイダーズのディフェンス、ダレル・ラッセル（二十八歳）に「パーティ」に誘われた女性（二十七歳）が、ラッセルら四人の男性とセックスさせられたと訴え、そのビデオが証拠として上映されたのだ。ラッセルは七年間で二十二億円という契約金をものにした「史上最大のルーキー」である。

事件が起こったのは1月30日。ラッセルはチームメイトのエリック・ジョンソンと二人で、サンフランシスコの最高級クラブ、スターライト・ルームに現われた。そこは芸能人やスポーツ選手、それに成金息子たちの溜まり場で、特に毎週水曜日は女性無料の「Indulgence Night（ご乱行の夜）」が開かれるのだ。

ラッセルはそこで一人の女性を「パーティ」に誘った。さらに、そこで出会って意気投合した二人の客を連れて、ジョンソンの自宅に行った。そこまではいい。問題はラッセルが勧めた一杯の水だ。彼女は変な甘さに気づいたが、喉が渇いていたのでいっきに飲み干した。その後は記憶にない。

翌日、彼女はひどい二日酔い状態で友人の家に現われた。怪しんだ友人は彼女を病院に連れて行くと、医者はＧＨＢの急性中毒に似ていると診断した。通報を受けた警察はラッセルの家からすべてを記録したビデオを押収した。

ＧＨＢはエクスタシーと並ぶパーティ・ドラッグで、同じオークランド・レイダーズのセバスチャン・ジャニコフスキーも二年前、ＧＨＢ所有で逮捕されている。彼はさらに去年の10月、ＧＨＢの過剰反応でクラブの床に倒れて痙攣して救急車で運ばれた。しかし、自分で服用するのならまだ罪がない。ＧＨＢで酩酊すると意志が薄弱になるだけでなく、その間の記憶を失ってしまう。しかも十二時間経つと尿として体外に排出されてしまうので証拠が残らない。だからデート・レイプの武器に使っている連中が多いのだ。ビデオは法廷で上映されたが、有名人の裁判は何でも生中継するチャンネル「コートＴＶ」も、さすがにこれは放送できなかった。なにしろハードコアで、しかも一人の白人女性を四人の黒人が「グルグル」してるんだよ。

でも、ラッセルは有罪にはならないだろう。去年、『プレイボーイ』誌のヌード・グラビアに出たこともある原告は有名なパーティ・ガールだったし、ビデオでは薬のせいかずっと薄ら笑いを浮かべているので無理矢理に見えないという。それにラッセルが「俺達とやるか？」と確認する様子も記録されている。最近は示談金目当てで有名人に近づく女性が多いため、同意する場面をビデオに撮るよう弁護士が勧めているそうだ。

たとえ無罪になっても、もう誰も「健全な精神は健全な肉体に宿る」なんて戯言を信じる人はいない。去年、酒場のケンカで二人を殺したボルチモア・レイヴンズのレイ・ルイスを批評した、あるNFL選手の言葉はあまりに正しかった。

「スポーツ選手ほどダメな人間はいない。あまりに早くから名声と大金を得てしまうので大人になる試練を受けていないから。練習試合の経験もなしに人生というゲームをしているようなものさ」

あ、これ言ったのラッセル自身じゃん！

（02年8月）

★ダレル・ラッセルは不起訴になったが、その直後にドラッグ検査にひっかかり出場停止処分。04年にNFLを去り、05年12月、元チームメイトと共にスポーツカーを暴走させてクラッシュ、二人共即死した。

# バリー・ボンズでゴールドラッシュ
## 一獲千金のホームランボール裁判

うちの近所、バークレーの「スマート・アレックのインテリジェント・フード」というハンバーガー屋で、この原稿を書いている。この小さな店は胚芽パンに無農薬野菜、豆腐ハンバーグなど「ヘルシーでナチュラルなファストフード」が売りで、客にはスリムな美女が多い（気がする）。「スマート・アレック」こと店長のアレックス・ポポーヴは、いつも自ら厨房に立ち、手作りの料理をお客さんたちに一人ずつ笑顔で手渡すマジメな働き者だ。

「そんなオヤジどうでもいいよ。タウン誌じゃないんだから。スポーツと関係あるのかよ」と思ったかな？　いや、実はアレックスは2001年10月、全米のスポーツ・ニュースの主役になった。サンフランシスコ・ジャイアンツのバリー・ボンズが打ったシーズン記録の七十三号ホームランをキャッチしたのが彼なのだ。それだけ？　もちろん、それだけじゃない。

いったん持参したグローブでボールを摑んだアレックスだが、殺到する群衆に揉みくちゃにされ、ボールを落としてしまった。そしてコロコロ転げ落ちたボールをパトリック・ハヤシというコンピュータ・エンジニアが拾い上げた。ハヤシはボールを持って逃げ出した。アレックスは彼を裁判所に訴えた。たかがボールで？「たかが」じゃない！ 98年にマーク・マクガイアが打ったシーズン記録の七十本目のホームラン・ボールはオークションでなんと二百七十万ドルで取引されたのだ！

ハヤシはすぐにマクガイアのボールを競売したブローカーのマイケル・バーンズに連絡した。彼は叫んだ。

「すぐ売れ！ シーズン記録なんてすぐに破られる。売るなら今だ！」

ところが裁判所はハヤシからボールを没収。判決が出るまで保管することになった。

ボール一つで三億円近いとは。宝くじより確率高そうだ。ということで、今シーズンもボンズの通算ホームランが六百本に近づくと、ホームであるパシフィック・ベル・スタジアムの外野席にはグローブ持ったオヤジたちが群がった。欲で目をギラギラ輝かせて六百号のホームランが飛んで来るのを待ち構える。海になっているライト側には、場外ホームランを狙って何十艘ものボートが群がる。のんびりビール飲んでるヤツなんかどこにもいない。みんな、試合の勝敗すら気にせず、ブツブツつぶやいている。

「ボール売ったら家のローン払って、BMW買って……」

今年の8月9日。ボンズは六百号を打った。運命のボールを掴んだのは建築作業員ジェイ・アーセノールト。アーセノールトは職場の同僚ティム・フィッシャーと一緒に来ていた。もともとそのチケットは職場の別の同僚二人がシーズンで予約していたものだ。チケットを渡す時、四人の仲間は「もしボールが取れたら山分けにしようぜ」と言って笑った。

もちろん半分冗談で。しかしカリフォルニアの法律では口約束も法的な拘束力を持つ。

アーセノールトはボールを独り占めしたまま球場を飛び出し、自宅にも帰らなかった。フィッシャーは裁判所に訴えたが、今のところアーセノールトは行方不明のまま。アーセノールトとフィッシャーは十五年来の友人だった。

「僕の打ったボールで親友同士が法廷で争うなんて……。どうして仲良く分けられないんだ」

ボンズは哀しげにコメントした。

スポーツ・コレクション鑑定士のシメオン・リップマンは言う。

「マクガイアの二百七十万ドルは異常だった。ボンズの六百号は何かの記録を破ったわけじゃないから価値はせいぜい十万ドルから二十万ドルだろう」

去年の七十三号も現在ではその程度だと予想されている。

その「七十三号裁判」は来年3月にやっと判決が出る。今、僕にチキン・バジル・バーガーを渡してくれたアレックスに「勝てそう?」と聞いたら「たぶんね」とニッコリ。

「無理矢理ふんだくられたわけだから当然だよ。勝ったらこの店でパーティだ！　君たち常連もおいで」

ボールを売るかどうかはまだ決めていないそうだ。

（02年9月）

★けっきょく裁判所はボールをオークションで売って、その金を二人で等分すると決定した。

しかし売れた値段は四十五万ドル。アレックスは裁判費用を回収できず、パーティはなかった。

## 健康？　お色気？　どっちだよ！
### チアリーダーというアメリカン・アイコン

高校の頃、ヘザーっていうチアリーダーがいたろ。覚えてるか？　彼女、イースト高とのフットボールの試合の後、倒れて病院にかつぎこまれたらしいよ。で、医者がヘザーの胃を洗浄してみたら吸い出されたのは1ガロンものザーメンだったんだと……。

アメリカ人なら誰でも聞いたことのある都市伝説。名前がスーザンだったりベティだったり、応援中に変死して解剖したら、などのバージョンはいろいろあるが、彼女が試合前にチーム全員をロッカールームで「鼓舞した」という部分は同じ。ヒドイ話だが、これがチアリーダーに対する世間一般のイメージ（ファンタジー？）である。にもかかわらず、チアリーダーは今も全米の少女の憧れだ。

アメリカの幼稚園で女の子たちに「大きくなったら何になりたい？」とアンケートを取れば「お姫様」「バレリーナ」と並んで「チアリーダー」が挙がるだろう。校内でもトップ5の美少女だけがチアリーダーに選ばれる。チアリーダーとフットボール選手は学園のクイーンとキングなのだ。憧れるのは少女だけじゃない。1991年にはテキサス州チャンネルヴューで、チアリーダーに選ばれなかった少女の母親が、プロの殺し屋を雇ってライバルの少女とその母親を殺そうとして逮捕される事件が起こった。母は法廷で「自分が果たせなかった夢を娘にかなえてやりたかった」と涙で訴えた。

命さえかけてテキサスの高校でチアリーダーになった少女たちが次に目指すのはダラス・カウボーイズだ。何百倍という過酷な競争を勝ち抜いた者だけがNFLの伝統チームの試合で青いホットパンツを穿くことができる。しかしその実態は？

ダラス・カウボーイズのチアリーダーは一番人気

1991年に『テキサスの奥深く／チアリーダーの思い出』という暴露本が出た。著者はシュゼット、ステファニー、シェリのシュロッツ三姉妹。この三人娘をダラス・カウボーイズのチアリーダーにするのが母の夢だった。娘が男の子のように大きな声を出すと母親は叱った。

「レディは薔薇の花のように静かにね。そうでないとチアリーダーにはなれませんよ」

ズボンははしたないので絶対に穿かせてもらえなかった。努力の果てに、カウボーイズでポンポンを振ることになった姉妹だが、待っていたのはスタイル維持のために食事の後にゲロを吐くダイエットの日々と、一試合わずか15ドルのギャラ。そんな彼女たちの夢はテキサスの石油成金の二号さんになること……。シュロッツ姉妹がチアリーダーをしていたのは1985年だが、本人も書いているように「まるで大昔の日本のゲイシャみたいな」話だ。

ところが状況は最近もあまり変わっていないらしい。99年にデンバー・ブロンコスのチアリーダー、キャリー・ロズウェルが『プレイボーイ』誌でヌードになった。動機はお金。「ギャラは新車のスポーツカーがキャッシュで買えるくらいだったわ。チアリーダーを何年やっても、そんな大金見ることもできないのよ！」

そしてキャリーはクビになった。NFLのプレイヤーたちは、連日のようにレイプ、ドラッグ、バイオレンス、殺人まで起こしてもめったに解雇処分されないのに。

オークランド・レイダーズは、同チームのチアリーダーに似た衣装を着た女性をバナーに使ったポルノサイトを訴えた。レイダーズのチアリーダー、ロレイン・マイヤーズは「私たちをセックスだけの存在と思わないでほしい」と言う。

「チアリーディングは立派なスポーツだし、今では修士の学位さえ持っている教養のある女性も多いのよ」

それでも、セクシーさが売り物なのは否定できないだろう。チアリーダーとは「健康的なお色気」という言葉に象徴されるような永遠に矛盾した存在なのだ。

筆者個人は、オークランドのラリー（ファンの集い）を見てチアリーダーって天使だと思ったけどね。彼女たちは何百人もの汗臭いファンたちに群がられ、握手され、ベッタリとハグされても決して笑顔を絶やさなかった。彼らはみんな、アイドルの握手会やコミケに集まるような、その……見るからにえんがちょな男ばかりだったのに。オイラみたいな。

（02年10月）

## 折れないゴールポストを開発せよ
### エスカレートする大学のスポーツ暴動

11月23日から25日にかけての週末、全米各地の大学のフットボール・スタジアムで催涙ガス弾が飛び交った。野球の早慶戦、ラグビーの早明戦にあたるライバル校同士の対抗戦が一斉に行われ、それが次々に暴動に発展したのだ。

ホノルルでは地元ハワイ大学がシンシナティ大学を招いたが、ハワイ大の人気クォータ―バック、ティム・チャンが敵のラフプレイで負傷したことでテンションが上がっていた。試合は20対19の僅差でハワイが勝ったが、終了と同時に選手がヘルメットを投げつけて乱闘になり、これに観客が加わった。

ワシントン州プルマンでは三回のオーバータイムにもつれこんだ末に地元ワシントン大

学がワシントン州立大学を29対26で破ったが、観客が選手にビール瓶やゴミを投げつけて暴れ、スタジアムを破壊した。

サウス・キャロライナ州ではクレムソン大学が27対20でサウス・キャロライナ大学を下した直後、勝利に歓喜した学生がフィールドに殺到、ゴールポストのクロスバーに三十人以上が鈴なりになって揺さぶった。これで鋼鉄製のポストはへし折れて倒壊。学生を制止しようとした六十七歳のジェームズ・ブース保安官が下敷きになって重傷を負った。隣の州では、ノース・キャロライナ州立大学が17対7でフロリダ州立大学を下した試合で、やはりゴールポストが倒れて三人が負傷したばかりだ。

筆者の住むベイエリアでも、UCバークレーとスタンフォードという名門中の名門大学同士の決戦でUCが30対7でスタンフォードに圧勝。やはり百人以上の観客がフィールドになだれ込み、ゴールポストを倒した。

ゴールポストの破壊はここ十年ほど大学で「流行」している。負傷者のなかには、背骨を折って下半身不随になった学生もいる。そこでシカゴのMEIという会社が「折れないゴールポスト」を発売した。

「依頼主はノース・ウェスタン大学です」。MEIのボブ・アレン副社長は言う。

「彼らのフットボール・チームはものすごく弱いんです。いつも負けっぱなしなので、怒った学生が試合のたびにゴールポストを折るんです」

MEIが開発したポストは二重構造で、ボキッといきなり折れることはない。

「ゆっくり曲がるだけなので、大きな事故にはつながりません」

また大きな台座を地中に埋め込むので学生の体重だけで根こそぎ倒すことはできない。MEIのポストは工賃別で二百万円以上もするが、次々と折れるポストに悩まされていた二十五の大学が購入した。ところがひとつだけ弱点があった。

「ロープをかけて引き倒すことはできます」

カンザス州立大学の生徒はそれをやった。消防用ホースを利用したのだ。

インディアナ州パーデュー大学の機械工学の授業では、課題として倒れないゴールポストを研究している。ウィリアム・K・ツァロレッタ助教授は、「これは実用性の高い研究だ」と言う。MEIのアレン副社長も「技術革新があれば誰かがその盲点を見つける。その対抗策を開発する。それが技術の進歩です」と言っているが、そもそも学生にやらせなきゃいいんじゃないの？

壊されるのはゴールだけじゃない。地元オハイオ州立大学が隣州のミシガン大学を14対9で下したコロンバス市では、勝利を祝う学生たちが深夜を過ぎて路上にあふれて暴徒と化し、駐車していた自動車二十台を横倒しにし、火をつけた。なかには近所の家に忍び込んで放火した者もいた。

暴動の動機は「赤信号みんなで渡れば怖くない」という集団心理と匿名性にある。そこで各地の警察は暴動を撮影したビデオをテレビやインターネットで何度も流し、通報者に賞金を出して「犯人」を特定する作戦に出ている。

もっと根本的な策は「封殺」しかない。今年6月、コネチカット大学では試合終了と同時に警官隊がゴール前に立ち塞がり、ハスキー犬とトウガラシ・スプレーで学生の群れを鎮圧した。やりすぎだ、という声もあったが、警備側は「学生たちに大怪我して欲しくないだけだ」と答えた。その通りだ。

三十五年前、学生たちはベトナム戦争や人種差別に反対して警官と戦った。当時は「親の金で、税金で作られた大学に通う学生が体制に逆らうとは何たること」と言われたが、何の思想もなく浮かれて人様の物を破壊する今のバカ学生にはトウガラシじゃ甘い。フィールドのまわりに地雷を埋めろ！

（02年12月）

## スーパーボウルでオークランド大暴動
### NFL名物レイダー・ネイション最悪の日

筆者はオークランドの端っこに住んでいる。先日、スーパーボウルに出場したオークランド・レイダーズのホームタウンだ。今回は日本ではまったく知られていないこの街について書こう。

サンフランシスコからベイブリッジを渡った対岸なのに「シスコのブスな妹」と呼ばれ

ていたオークランドが全米の注目を浴びたのは、十九年前にスーパーボウルで優勝してからだ。そしてレイダーズ以上に話題になったのが「レイダー・ネイション（国民）」を自称するファンの過激さだ。チーム・カラーの黒と銀を顔に塗り、『マッドマックス2』の悪役みたいなトゲと鎖だらけの鎧を着て、ドクロや生首、剣や斧（ソフトビニールだが）を振り回して応援する。熱狂のあまり、敵チームのファンを刺し殺したり、耳を食いちぎる事件も起こしている。あまりに悪名高いので、スーパーボウル開催地のサンディエゴでは「家に引っ込んで鍵をかけろ！　レイダー・ネイションが来る！」と住民に警告するCMが流されたほどだ。

典型的レイダーズ・ファン。マッドマックスの悪役ではありません

「爪にいつも汚れが溜まっているタフで粗野なオークランドのブルーカラーがレイダーズを支えている」と『ワシントン・ポスト』紙は書いた。『フィラデルフィア・デイリー・ニューズ』は「彼らは自分で自分の車を修理できる。高級車に乗りながら自分でエンジンをいじれないヤッピーとは違うんだ」と書いた。レイダー・ネイションは、ヘルズ・エンジェルズとブラック・パンサーに次ぐオークランドが生んだ労働者の文化なのだ。

さて当日。ウチの三歳の娘まで保育園で他の子に教えられて「ごー、れいだーしゅ！」とわけもわからず叫んでる。スーパーに買い物に行ったら、ビールやポテチをカートに詰め込んだ客がレジに殺到し「3時半にキックオフだから急いでくれ！」と焦っていた。

ところが……。最強の攻撃力を誇るレイダーズは最強の防御力を誇るタンパベイ・バッカニアズに手も足も出なかった。インターセプトでタッチダウンされた時は近所から「Oh, My God!!」という悲鳴が聞こえた。結局、ダブルスコアで惨敗。テレビがバッカニアズの優勝を告げた途端にウチの上空を何機ものヘリコプターの爆音が駆け抜けた。

警察や報道陣のヘリだ。テレビはすぐに数千の群衆がビール瓶を投げるオークランド市街を映し出した。路上の車に火が点けられ、タイヤ・ショップのウィンドウが割られ、高価なホイールが人々に持ち出される。これじゃ本当にレイダーズ（略奪者）だ。先週のリーグ優勝後も暴動があったので、試合終了前からショットガンやライフルで完全武装した警官隊四百人が配備され、催涙ガスや暴徒鎮圧用ゴム弾を発射して八十三人を逮捕。死者を出さずに事態を収拾した。

翌朝、暴動のあったインターナショナル通りを車で通ってみたが、襲われたペンキ屋のペンキが路上を染めていた以外に破壊の傷跡はわからなかった。というのも、この通りは潰れた店舗と割られたガラス、落書き、それにゴミだらけで、暴動が起こる前から荒れ果てていたからだ。

実はオークランドはアメリカで最も危険な街なのだ。去年一年で百十三人が殺された。

人口たった四十万人、江東区程度しかないのに。住民一人当たりの殺人率が全米一になった理由は十人に一人が失業者という不況。市は警察や学校の予算を切り詰め、十代のギャングがストリートにあふれた。暴動を起こしたのも大半がギャングのメンバー。彼らはレイダーズなんかどうでもいい。勝とうと負けようと暴れたに違いない。

本当のレイダー・ネイションはどうしていたか。スタンドの彼らは暴動どころかビールを飲む気も失くして放心していた。eベイで自分の月給より高いチケットを買い、金曜日の仕事が終わると女房子供を家に置いて自慢のピックアップ・トラックで八時間も走ってサンディエゴに到着、二時間も並んで厳重なセキュリティを通り抜けてスタジアムに入り、三十度近い暑さのなかで応援用のコスチュームとメイクで正装した彼らを待っていたのは、愛するチームの見るも無残な負けっぷりだった。ああ、また八時間徹夜で走って、いつもの仕事に戻らなきゃ……。

（03年1月）

## ロッカールームでカムアウトできる日
### NFLのゲイ・パニック

「げっ。Faggot（オカマ）なんかと同じチームにいたくないな。ロッカールームで一緒にシャワー浴びたり着替えしたりするなんてご免だぜ」

サンフランシスコ49ナーズのランニングバック、ギャリソン・ハーストは10月27日、ローカル紙『フレズノ・ビー』のインタビューでそう言った。

その前にはニューヨーク・ジャイアンツに入団が決まったルーキー、ジェレミー・ショッキーがラジオで「ＮＦＬにゲイの選手がいると嫌だな。大学のチームメイトにホモがいたら試合どころじゃなかったよ」と語って問題化したばかりだ。

ＮＧＬＴＦ（全米ゲイ&レズビアン特別委員会）のロリ・Ｌ・ジーンはハーストについて「保守的な南部のチームならまだしも、世界一のゲイのメッカ、サンフランシスコの選手がこんな発言するなんて信じられない」と激しく抗議した。

二人のプロ・フットボーラーがゲイについて語ったのは、引退したＮＦＬの名ディフェンス、エセラ・トゥアオロが今年、ゲイであることをカムアウトしたからだ。

トゥアオロはハワイ出身のサモア系で、両腕のサモアン伝統のタトゥーがトレードマーク。ミネソタ・ヴァイキングスで五年間活躍した後、アトランタ・ファルコンズに移籍し、98年にはチームをスーパーボウルに導いた。大きな試合で開会の国歌を歌わされるので日本のＮＦＬファンにも顔を知られている。

「スーパーボウルのゲストはシェールだったね」とトゥアオロは笑う。

「僕はベット・ミドラーの大ファンなんだけど」

シェールもミドラーもゲイの人々が大好きな歌手だ。

たくましい男たちが全裸で行き交うフットボールのロッカールームはゲイにとってストレートの男が女湯に入るような天国じゃないの？　ゲイ雑誌『Advocate』のインタビューで、そう聞かれたトゥアオロは「そんな余裕ないよ」と言う。

「ロッカールームではゲイをネタにしたジョークが飛び交うからね。それを黙って聞きながら〝お前らは知らないけど、オレもゲイなんだぞ〟って心の中で叫んで唇を噛んでたよ」

フットボールはあらゆるスポーツの中で最も「男らしさ」の強迫観念にとりつかれている。試合前のハドルでは「キンタマ（Balls）ついてんのか？」「オカマじゃないところ見せてやれ！」と叫んで気合を入れる。「やつらのケツ（Ass）をいわしたれ！」というゲイなフレーズもあるが。

ゲイ雑誌『Advocate』の表紙になったエセラ・トゥアオロ

「男らしさとゲイであることは矛盾してないと思うよ」と言うトゥアオロだが、

「さすがに現役中はカムアウトできなかった。自分のキャリアを失うのが怖くてね。でもデイブ・コペイの本を読んで以来、いつかは言わなくちゃと思っていた」

デイブ・コペイは史上初めてカムアウトしたNFL選手だ。元ワシントン・レッドスキンズのラインバッカーのコペイは二十七年前の1975年、新聞のインタビューで自分がゲイであることを明かした。その後、現在までプロ・フットボールと大リーグでカムアウトした選手は六人（NBAではゼロ）。

「本当にガッツのいることだ」

現在六十歳のコペイは言う。

「カムアウトしたら父親から『恥かかせやがって殺してやる』って言われた」

コペイは人気選手だったにもかかわらず、引退後にコーチの仕事は得られず、結局、叔父の経営するフローリングの会社で働くしかなかった。

「でも、差別のために辛い思いをしている人々に少しでも勇気を与えられたからいいのさ」

多くの選手は隠し続けている。ワシントン・レッドスキンズのジェリー・スミスは86年にエイズで死亡したことで初めてゲイだと判明した。当時のスミスの恋人は同じチームのフルバック、レイ・マクドナルドだった。

「NFLの選手の10パーセントくらいはゲイだと思うよ」

多いと思う？　いや、その数字はアメリカの人口全体のゲイの割合なのだ。ゲイ差別発言をしたハーストたちはすぐに謝罪したが、誰に対して謝罪するのかが問題だとNGLTFのジーンは言う。「謝るべきなのは、自分がゲイだと言えなくて苦しんでるアスリートたちに対してよ。ハーストは知らないだけで、前からずっとゲイの選手とシャワーを浴びてるはずなんだから」

日本は？　まあ、ゲイの前に在日韓国人や被差別部落出身の選手がカムアウトするほうが先だな。

（03年2月）

## 燃え尽きたストーン・コールド
### スティーヴ・オースティンの崩壊

ガッシャーン！

2月23日、WWEの会場に八カ月ぶりにガラスの砕ける音が轟いた。〝ストーン・コールド〟スティーヴ・オースティンが帰ってきたのだ。

去年の6月、WWEのトップ・レスラー、オースティンは解雇された。3月以来三回目の「無断欠勤」をして、万事にスリー・ストライク制をとるアメリカでは自動的にクビになった。さらに解雇が発表された五日後、オースティンは妻デブラを殴って逮捕された。彼は有罪となり、一年間の執行猶予、八十時間の地域奉仕、および禁酒（！）を言い渡された。デブラとは離婚した。オースティンはマスコミから消えた。

それから半年あまり、エースなきWWEの人気低迷は続いた。ECWに続いてライバルのＷＣＷをも併合して、プロレス界統一を成し遂げたＷＷＦだが、ＷＷＦの名称をめぐる世界自然保護基金との戦いには負け、ＷＷＥに改名してから、急激に視聴率と観客動員数が減り始めた。そこにザ・ロックの映画界入りとストーン・コールドの欠場だ。これは痛い。誰もがストーン・コールドの復帰を期待した。日本に限らず「プロレス界に戻れない橋はない」からだ。

そして、ついにオースティンがリングに立った。そして半年間の沈黙を破り、ＷＷＥの公式雑誌『Raw』のインタビューに応じたのである。

「アトランタの試合を放棄したのはブロック・レズナーとぶつけられたからだ」レズナーはＷＷＥの次期エースとして過保護なまでに盛り立てられている若手だが「奴との試合には何のアングル（遺恨）もないし、宣伝されて盛り上げられていたわけでもない。オレはそこらのザコ並みの扱いを受けたんだ。本当はレズナーが最後の最後に挑戦する目標が、このストーン・コールド様であるべきなのに」。

要するに「格」を無視したマッチメイクに「オレはレズナーのかませ犬じゃない！」とキレたわけだ。しかしレスラーとしてのオースティンははっきり言って終わりかけている。両膝は壊れ、金属製のサポーターなしでは歩けない。しかも頸椎は全身が麻痺する寸前まで痛んでいる。つまり脚と頸を使う技は使えないのだ。

「こうなったのも会社のために身を捧げたからだ。俺は、どんなレスラーよりもキャラクター商品を売った。誰よりも会社を儲けさせた。もっと敬意を払ってくれてもいいだろう」

しかしレズナー戦以前から彼はＷＷＥの「作家制度」にも不満を募らせていた。

「『このセリフを言ってください』ってシナリオを渡されるんだぜ。オレは俳優じゃねえ！　レスラーなんだよ！　プロレスってのは事前に決まってるのは勝敗だけで、試合展開やマイク・パフォーマンスはレスラーの好きなようにやらせるもんなんだ。オレ様の名フレーズはみんなオレが考えた言葉だ。そのオレ様にクソみてえな台本を読ませるんじゃねえよ！」

たしかにこの記事はＦ××ｋだのＰｕ××ｙだの伏字だらけでいつものマイク・パフォーマンスのまんま。雑誌のインタビューではインテリで紳士的な素顔を見せるＨＨＨやザ・ロックと違って、オースティンはリングの中と外でキャラクターに差がない。でも、そこが問題かも。彼は傲慢な経営者ヴィンス・マクマホンに反抗する「不良社員」として人気を得た。しかしヴィンスが一線から退いた今では、なんか待遇改善ばかり訴えるわがままな組合員みたいで……。

復帰第一戦は元ＷＣＷの副社長エリック・ビショフ。ＷＣＷ時代のオースティンに「お前は絶対に人気が出ない」と断言した男。するとＷＷＥはヴィンスの代わりにビショフにストーン・コールドの宿敵を演らせる魂胆か？　ビショフに務まるのか？

「復帰はしたが、マッチメイクや作家との問題は何も解決してない。ＷＷＥとの契約はたった半年だ。この先どうなるかな」

とはいえ、かつてのように他の団体に行く道は残されていない。ＷＷＥの独裁体制が確立された今、他にレスラーの生きる場所はない。

ちなみに失業中のオースティンはパソコンでインターネットを始めたそうな。「無断欠勤や女房への暴行は酒乱やアル中のせいだって書いてる奴が多いんだ。オレはビールは大好きだがアル中じゃねえ。今は裁判所命令で禁酒してるし、リングでがぶ飲みして見せてるのはノンアルコール・ビールだ。ガキどもが知ったような口きいてんじゃねえ！」

ビショフより、ネット厨房をリングで制裁するってアングルはどうでしょう？

（03年3月）

★オースティンは案の定、ＷＷＥに復帰した。プロレスに戻れない橋はない。

## ダラス・カウボーイズに10ドル近づいたわ！
### ポルノの古典がミュージカルに

「あたし……ジュンとしちゃうんです。ボールを握ると」

というわけで、金子修介監督のスポーツ・ポルノ映画『濡れて打つ』（84年）が最近日本でリバイバルされて再評価されたそうだ。

『濡れて打つ』は高校のテニス部が舞台。オタクな金子監督は宇能鴻一郎の原作を無視、勝手にヒロインをひろみと名付けて『エースをねらえ！』のパロディにしてしまった。お蝶夫人の金髪縦ロールを実写で再現するコテコテぶりには悶絶した。

同じ84年、にっかつは同じ山本奈津子主演で『美少女プロレス／失神10秒前』という映画も作っている。こっちは高校のプロレス部（？）が舞台だが、巨匠ロバート・アルドリッチの遺作『カリフォルニア・ドールズ』に捧げられたマジメなスポ根感動ドラマ。『ビー・バップ・ハイスクール』のケンカ描写で評価された那須博之監督と高瀬将嗣の技斗による試合場面はスケベ気分も吹っ飛ぶ迫力だった。

スポーツ・ポルノには傑作が多い。アメリカには『Debbie Does Dallas』がある。この場合の〝Does〟は日本語の「ヤる」と同じ意味。NFLの名門、ダラス・カウボーイズのチアリーダー「カウガールズ」に憧れる女子高生デビーがヒロイン。78年の映画だが『ディープスロート』や『グリーンドア』と並ぶポルノ史上の古典とされ、ビデオ時代になっても数え切れないほどリメイクが作られた。そしてついに去年、オフ・ブロードウェイでミュージカル化されてヒットした。先日発売されたCDを聴いてみたが、70年代風サウンドにのせた歌の数々が実にアホらしくも楽しい。

「とあるアメリカの田舎町に、デビーという名の少女がいました。彼女は高校のチアリーディング部のキャプテンで、伝統あるカウガールズに憧れていました」

デビーにダラスから手紙が届く。二週間後にダラスで開かれるオーディションへの招待

ミュージカル『デビー・ダズ・ダラス』のポスター

状だ。

♪私は田舎町の女の子
これは人生に一回きりのチャンス

有頂天になるデビーだが、両親は許さない。ダラスまでの旅費はない。お金を稼ぐため、デビーはスポーツ用品店で働く。でも時給は2ドル90セント（二十五年前の話なので）。しょんぼりするデビーの肩を叩いたのは店の主人グリンフェルトさん。
「おっぱい見せてくれたら10ドルあげよう」

♪ああ、私、10ドルだけダラスに近づいたわ！

「触らせてくれたらもう10ドル」

♪これで合計20ドル近づいたわ！

こんなに儲かるバイトはない。他のチアガールたちもデビーを応援し、みんなで宅配サービスを始める。しかし期限は迫り、目標額には達しない。グリンフェルトさんが言う。「夢をかなえたいなら私がお金をあげよう。私の夢をかなえてくれたらね」デビーはリクエスト通りカウガールズのユニフォームを着て、カウボーイズのユニフォームを着たグリンフェルトさんにヴァージンを捧げる。

♪脚を開いたほうがいいかしら
おしっこ出そうにならないかしら
あんな大きいの　壊れちゃう
ああ、私、いっちゃう
いっちゃう
ダラスに！

『Debbie』が名作になったのはチアガールというアメリカ人にとって日本人のセーラー服にあたる性的アイコンを初めてポルノ化したからだと言われている。チアガール同士がロッカールームでキャットファイトするうちに気持ちよくなってレズってしまう定番シーンもちゃんとある。
もちろんこれは女性差別的なひどい話だ。21世紀ニューヨークのミュージカル版では当然、歌で物語自体に疑問を投げかける。「女の子が成功するには金髪でニコニコするしかないの？　あたしの体は見世物？　女はバカな方がいいの？」。またフットボール部の選手たちが「やりてー！」くらいしかセリフのない脳ミソ筋肉野郎なのも笑える。『Debbie Does Dallas』のミュージカル版の舞台では残念ながらブラくらいしか見せない。その代わりCDにはこう書いてある。「Recorded Naked（全裸で録音しました）」。

（03年4月）

## 中学生の数学バトルがスポーツ？
## ESPNが放送する『マスカウンツ』

ビン底眼鏡をかけた青白くて痩せっぽちの選手ばかりが出場する競技が、スポーツ専門のケーブルTV局ESPNで大人気だ。スペリング・ビー Spelling Bee―全米スペル大会である。

ナソニック gnathonic（おべっか使い）とか、クレプシドラ clepsydra（水時計）といった、そこらの辞書には載ってないし、ワープロが「そんな単語知りません」と警告するような英単語のスペルを言い当てていく競技で、出場者は中学生以下に限られている。

動かす筋肉はスペルを考える時の眉間の皺くらい。歯に矯正ブレスをしたニキビ面の中学生たちがマイクに向かって立つだけの、スポーツとは最も縁遠いこのスペル大会がESPNで視聴率を稼ぎ続けるのは、一回でもミスしたらその場で退場させる情無用のサドンデス形式で二百人以上の選手を三時間以内に一人の優勝者に絞り込むスピーディでスリリングな展開のせいだろう。

ESPNは2003年から、スペリング・ビーに続く新しいブレイン・スポーツの放送を開始した。マスカウンツ Mathcounts――「数学のスーパーボウル」と呼ばれる大会の中継だ。

これも中学生向けの競技なので出題はそれほど難しくはない。

「ある鯨は出産時に3トンで、生後十日で4トンに成長した。この成長率のままだとすると生後四十五日で何トンになるか？」

「現在は8時半。百分後は何時？」

誰でもちょっと考えたり、筆算すれば答えられるだろう。でも、マスカウンツは早押しだから「秒殺」の世界だ。全米各地から選抜された二百二十八人の精鋭たちはスクリーンに映った質問が全部読み上げられるまで待っちゃいない。たとえば先の鯨の質問では、出題者が「ある鯨が」までしか読んでないのにボタンを押してしまう。

でも視聴者にはちゃんと解説者がペンを使って解法を説明してくれる。ちょうどフットボール中継で解説者がフォーメーションをペンで説明するように。決勝が近づくとカメラは選手たちの地元中学を中継する。体育館では全校生徒がポンポンを持ったチアリーダーに煽動されて「Go! Go!」と応援している。Brain（ガリ勉）たちの晴れ舞台だ。

激戦の末、数人に絞られた選手たちは一対一で対決する。五問に対して先に三問先取したほうが残る勝ち抜き選。

「5セント玉を百個積み上げた高さは6・25インチである。高さ8フィート（1フィートは12インチ）の5セント玉は合計いくら?」

「それ自身以外のすべての正の約数の合計よりも小さな整数を豊数と呼ぶ（例えば12）。25よりも小さな豊数はいくつある?」

そして最後の質問「144平方メートルの四角形がある。この四角形と周囲の長さが同じ六角形の一片の長さは何メートル?」。これに正解したシアトルの中学生アダム・ヘスターバーグ君（十三歳）が2003年度のチャンピオンに輝いた。

「アダムは二歳で絵本のページ数を読むことができました」と両親は言う。五歳で十進法の数字を二進法に置き換えるようになり、円周率は小数点以下二百五十ケタまで覚えているアダム君の趣味は三つ。

「数学の問題を解くこと。数学の問題を作ること。それを他の人に出題すること」

アダム君はユダヤ系だが、このマスカウンツとスペリング・ビーの選手に共通するのは圧倒的な白人の少なさ。いちばん目立つのは数学発祥の地インド、パキスタン系の子供たち。アダム君の数学コーチもインド系。続いて多いのは中国、韓国、メキシコ、プエルトリコ、中南米、そしてアフリカ系の子供たち。機会均等の国と言いながら実際は白人に資本を独占されたアメリカでは、移民やマイノリティは勉強かスポーツ、音楽で戦うしかない。だから数学やスペル合戦も『ロッキー』と同じく感動のスペクタクルになるのだ。

アダム君は現在は政治に興味があって「思想的には極左」だそうな。まあ、スペルも学校の成績もボロボロだった金持ちバカ息子が大統領やってることを知れば左翼にもなるわな。

（03年5月）

★最後の行は当時のブッシュ大統領のこと。

## 噛みつき魔が語った猪木アリ戦の真相

### 銀髪鬼ブラッシー、死の直前に自伝発表

6月2日、銀髪鬼フレッド・ブラッシーが腎不全で亡くなった。八十五歳だった。日本では力道山への噛み付き攻撃をテレビで観ていた人が心臓発作で死んだことであまりに有名だが、本国アメリカでは「タレント・レスラー」の草分けとして評価されている。奇しくも自伝『Listen, You Pencil Neck Geeks（ヒョロヒョロ首のヘナチョコども聞きやがれ）』

ブラッシーの自伝は日本でも翻訳された

が出た一カ月後だった。

自伝によれば、ブラッシーの両親はドイツに併合されたハンガリー・オーストリアからの移民で、やはりハンガリアンだった鉄人ルー・テーズと共にレスリングを学び、正統派としてデビューした。ところが売れなかったのでブラッシーは悪役に転向、トップレスラーになる。

ブラッシーをスターにしたのは嚙み付き以上にマイク・パフォーマンスの圧倒的うまさだった。それもキャッチフレーズの〝Pencil Neck Geeks〟でわかるように、相手レスラーではなく客を罵り倒す。ピカピカのガウンを四十着も持ち、自らを〝Classy（高貴な）ブラッシー〟、〝Hollywood Fashion Plate（ハリウッドのお洒落カタログ）〟、〝King of Men（男の中の男）〟と呼び、客に向かって「安い服着やがって無学な貧乏人の田舎者め」と本当のことを言ってしまう。

怒った客は次々にブラッシーを襲った。ブラッシーは客に通算二十一回も刺され、塩酸さえかけられた。ブラッシーを襲った客に裁判所は罰金115ドルを言い渡したが、被告人は「その程度で済むんなら、もっと刺しておけばよかった」と笑った。

恐れを知らぬブラッシーの罵倒芸に深く影響されたのはモハメッド・アリだ。それが理由でアリは猪木戦の時にブラッシーをアドバイザーに指名したのだが、ブラッシーはこの仕事を自伝の中で後悔している。当時アリをブッキングしたWWFのヴィンス・マクマホン・シニアは「レフェリーのジーン・ルベールが二人の間に入ってアリの額をカットし、流血を理由に試合を中止させる」というシナリオを描いていたが、猪木側はシュート（真剣勝負）をするつもりだったそうだ。事態を察したアリは試合直前まで帰りたがった。アリにプロレスの裏を教える役目だったブラッシーは、マットから起き上がらない猪木に馬乗りになろうとするアリを「ダメだ！　関節技の餌食になるぞ！」と止め続けた。そのためブラッシーは「プロレスを裏切りやがって」と親日の若手から袋叩きにされたという。

しかし、プロレス外の世間を巻き込む「猪木イズム」にもブラッシーの影響はあるようだ。71年、ブラッシーは「レスラー・オブ・ジ・イヤー」授賞式の壇上でレスラーのジョン・トロスから血液凝固剤を目に投げつけられ、失明の危険があると救急病院に担ぎ込まれた。もちろんトロスとの因縁作りのためのイベントなのだが、新聞はこの「事件」を社会面で扱った。猪木が新宿伊勢丹前でタイガー・ジェット・シンに自分と倍賞美津子夫人を襲撃させる二年前の出来事である。

膝を壊した後のブラッシーはマネージャーとしてWWFで活躍する。そのステッキ姿も「悪のマネージャー」の定番になった。そして83年、ブラッシーは映画に主演する。その名も『ブラッシーとの朝食』。これはルイ・マル監督『アンドレとの夕食』（81年）のパロディで、オリジナルは舞台俳優のウォレス・ショーンが演出家のアンドレ・グレゴリーとニューヨークの高級レストランで食事をしながら演劇や政治、哲学について難解極まりない対話を続ける唾棄すべきインテリ映画だが、『ブラッシーとの朝食』のほうは、映画『マン・オン・ザ・ムーン』でジム・キャリーがその生涯を演じたコメディアン、アンディ・カウフマンが安ダイナーでブラッシーと語り合う。シナリオも演出もなしのダラダラ撮りで内容に脈絡はないが、ブラッシーは妊娠中のタイ系ウェイトレスに「安産のまじないだ」と優しくお腹をさすったり、日本製の携帯用濡れナプキンで上品に手をふいたり、クラッシーな素顔を見せる。

ブラッシーの妻は日本人だ。新幹線の駅ですれ違った二十八歳も年下のミヤコさんに一目惚れした彼は一方的にラブレターを送り続けた。ミヤコさんは大学教授のお嬢さんでブラッシーが誰かも知らず、親に相談した。「外人に求婚されてるの」「どんな人?」「ブラッシーっていう人。レスラーですって」。親にとって最悪の事態。結局二人は駆け落ち同然に結婚した。生涯ミヤコさんだけを愛したというブラッシーは自伝を彼女に捧げている。「冷酷非情の悪役稼業だったが、もう一度やれと言われたら、オレは喜んでやるぜ。もっとえげつなくな」と書くブラッシーだが、自伝には親友だったミスター高橋のこんな言葉が引用されている。

「二人で話していて、ふと力道山との試合をTVで見たせいで亡くなった人の話題になった時、ブラッシーは『今も申し訳ないと思ってる』とつぶやいた。その目に涙が光るのを私は見逃さなかった」

(03年7月)

## CMも精子も売るスポーツ・エージェント
### TVコメディ『Arli $$』が暴くプロ選手の幼稚さ

我らが神戸大使のコービー・ブライアントはレイプ疑惑ですっかりジョークになってしまった。悪いのは自分が神戸ビーフが好きだからって息子にKobeなんてつけた彼の親父だ。なにしろBeefは「セックスする」という動詞で、Meatは「いいカモ」というスラングなのだ。「Kobe beefed!」「Kobe was a easy meat!」なんてダジャレがすぐにトーク・ショーや新聞のマンガで飛び交った。

しかもこの親父、自分がNBAの選手だった時のニックネーム〝ジェリービーン〟からBeanを息子のミドルネームにしたから「牛肉と豆？　お前はドイツ人か？」と突っ込まれた。

レイプ被害者の白人女性の写真がタブロイド紙やインターネットで出回ると、それも肉ネタに。

「コービーの超ド級美人妻と比べるとはっきり言って格段に落ちるなあ。なんでこんなイモ姉ちゃんを？」

「高級ステーキだけじゃなくてたまには安いハンバーガーも食べたかったのさ」

まあ、被害者は夜の11時過ぎに自分からコービーの部屋に行ったからレイプなんてあり

エージェントの知られざる世界を暴いた『Arli $$』

えないが、コービーのイメージはすでに地に落ちた。ナイキやマクドナルドと何十億円ものCM契約を取り付けたコービーのエージェントは卒倒したに違いない。アーリスだったらどうするだろう?

　アーリスはアメリカの人気TVドラマ『Arli $$（アーリス）』（HBO）の主人公。名前のSSが$$になっているのは、彼がプロスポーツのエージェントだから。エージェントはスポーツ界最大の悪役だ。彼らが選手の契約金を途方も無く吊り上げたせいで入場料が高騰しただけではない。ローカル企業がプロチームを維持するのが困難になり、コングロマリットの寡占支配を促進させたのだ。

アルマーニのスーツを着て詐欺師の微笑を絶やさないアーリス（演じるは番組の企画者でもあるロバート・ウール）は自家用ジェットで全米を飛び回って、弱小チームの選手を巨大企業が経営する大都市のチームに引き抜いて回る。

　企業とのタイアップも大事なビジネスだ。あるクライアントはカレンダーの莫大な売れ行きを誇る美人テニス選手。彼女は実はレズビアンで、恋人の女性との間に人工授精で子供を作って引退したいと言い出す。彼女をイメージ・キャラクターとして企業にセールス

していたアーリスは引退を思いとどまるよう彼女を説得する。ところが、彼女は頭脳明晰なアーリスの精子が欲しいと言い出した。アーリスは一つ条件を出す。「生まれた子供が男なら名前はマルボロ、女ならセーラムにしてくれ」雑誌以外の広告を一切禁じられているタバコ会社に「生きた広告塔ですよ」と赤ん坊を売り込むのだ。

そんな鬼畜のアーリスも時には金にならない仕事もする。アーリスは競馬場で、世間から消えていたかつてのホームラン王を発見する。無職で貧しいホームラン王のエージェントをかって出るアーリス。まずはテレビの解説者をやらせるが、口汚い差別用語の連発で放送できない。ドサ回りのサイン会をさせると昼間から酒を食らって仕事にならない。困ったアーリスは例のテニス選手の件を思い出した。「あなたの息子もホームラン王になれる！」。アーリスは彼の精子をテレフォン・ショッピングで売り出して大成功する。

廃馬同然のアル中OBを救うためにアーリスが駆けずり回ったのは、彼が少年時代のアーリスのヒーローだったからだ。アーリスは運動神経ゼロだったが、だからこそ誰よりもスポーツ選手を崇拝し、カードを集め、記録を暗記した。そして選手の少しでもそばにいられればと願ってエージェントになった。だが、その仕事はスポーツ以外では凡人にも劣るクライアントたちの子守りと尻拭いだった。酒、ドラッグ、ステロイド、セックス、家庭内暴力、浪費による破産。実際のスポーツ・エージェントへの取材から書かれた脚本は、プロ選手にかなりの割合で文盲がいる事実をも暴き出す。アメリカのスポーツはプロからカレッジまで含めてあまりに巨大な産業になってしまったので、最近のアスリートは子供の頃から大事にされ、勉強しなくても一流大学に進み、欲しいものは何でも与えられてきた。何しろ練習がキツイと文句を言えば、コーチのほうが解任されるか、別のチームや大学に引き抜かれるから、嫌なことなどしたことない、精神年齢はまるで成長しない。「他の選手はオーナーからポルシェをプレゼントされた。俺も欲しい」とダダをこねるクライアントにさすがのアーリスも「ガキじゃあるまいしいいかげんにしろ！」とキレることもある。スポーツ選手を知れば知るほど幻滅していくアーリスだが、今日も選手の浮気相手の口を金でふさぎ、離婚を言い出す奥さんを説得して、ハリボテのアメリカン・ドリームを守るために奔走する。コービーが奥さんに謝罪として400万ドルのパープル・ダイヤモンドを贈ったのもアーリスみたいなエージェントの入れ知恵かもね。

（03年8月）

## カリスマ・スケーターの「自由落下」
### 80年代のスター、ゲイターのレイプ殺人

『STOKED（ストークト）』という映画がアメリカで話題を呼んでいる。プロのスケートボーダー、マーク・〝ゲイター〟・ロゴウスキの栄光と転落を描いたドキュメンタリーだ。

現在三十歳くらいの男性なら高校の頃、VISIONというスケボー・ファッションのブランドが流行ったのを覚えているだろう。あのVISIONのイメージ・キャラGATOR（ゲイター）が彼である。

ゲイターは1980年代スケボー・ブームのヒーローだった。当時スケボーはフラフープやツイスターゲームのような過去の遺物だったが、サンディエゴの少年たちがベニヤ板でランプを自作し、それを使って宙に飛んで型を決めるスポーツへと発展させていった。その幼い革命家たちがトニー・ホーク、クリスチャン・ホソイ、そしてゲイターだった。

80年代はレーガン政権によるニュー・コンサバティブの時代だった。若者もジーンズを脱いで自分からスーツとネクタイを着るようになり、スポーツやロックやファッションは産業として巨大化し、管理され、お行儀良くなった。やり場のない鬱憤を抱えた少年たちは、スラッシュメタルの爆音と共に危険な技に挑むスケボーに魅了された。そしてサンディエゴの中学生たちの名は世界に知れ渡った。

なかでもゲイターはスーパースターになった。恐れを知らぬワイルドで危険なスケート、「ゲイト・エア」などのオリジナル技で観衆をStoke（熱狂）させた。そのうえルックス

ゲイターの転落を描くドキュメンタリー映画『STOKED』

はアイドル風、ファッションも派手、反抗的で不良っぽく、ロックスター並みのカリスマがあった。スケボー大会を止めさせようとした警官を殴って逮捕された時、人気は頂点に達した。

ゲイターはVISIONと契約し、自分のブランド商品を売り出した。ゲイターの名前が入ったデッキ（ボード）は何十万台も売れ、実際にスケボーをしない「ポーザー」たちもゲイター・ファッションを求めた。彼は十代で億万長者になり、豪邸を建てた。ロゴウスキというユダヤ系の姓を恥じて「アンソニー」と名乗るようになった。

男ばかりの世界だったスケボーにも女の子のグルーピーが集まるようになった。そのうちの一人、ブランディにゲーターは惚れこみ、口説き落として豪邸で同棲を始めた。彼はどこへ行くにもブランディを連れて行き、彼女はスケボー界のファースト・レディになった。

ゲイターはＭＴＶで自分の番組を持つほどメインストリームの有名人になった。しかしスケボーと無縁の連中に囲まれて愛想笑いをする彼にかつてのパンクな反逆児の面影はなかった。資本主義に取り込まれてしまったゲイターにがっかりした少年たちは、90年代になると高いブランド品のスケボーとファッションを捨て、管理されたスケート・パークから路上に飛び出した。割れても平気な安いデッキで階段の手すりや道端のベンチにゲリラ的に挑戦する「ストリート・スケート」が始まった。ヘルメットや防具は一切つけず、「スケボー禁止」の看板を乗り越え、警官だって怖くない。

ストリート・スケートにゲイターはついていけなかった。もう違法スケートする立場でもないし年でもない。彼は酒とクスリに溺れ、ファンを殴り、窓から飛び降りて大怪我し、まさにStoked（イカレちまった）。しまいには再誕派キリスト教に救いを求めた。

急に神がかりになったゲイターに幻滅したブランディは他の男に走った。ゲイターは彼女の家に侵入するなどのストーカー行為を繰り返したので、ブランディはとうとう東海岸に逃げ出した。91年3月20日、ゲイターはブランディの代わりに彼女の親友ジェシカを誘い出して車のハンドルロックで頭を殴って気絶させ、用意した手錠でベッドに固定した。そして「SM雑誌で読んだあらゆる方法で」ブランディの代わりにジェシカを陵辱し尽した後、絞め殺して砂漠に埋めた。

たぶんそのままだったら犯人は永遠に不明だったろう。しかしゲイターは聖書を読んでいるうちに良心の呵責に耐えられなくなって自ら警察に出頭した。掘り出されたジェシカの死体はすでに白骨化していた。

『STOKED』で獄中から電話で取材に応えたゲイターは「僕は弱虫だったんだ」と言う。「No Fear」が口癖だった少年が。

人気絶頂だったゲイターとブランディが主役を演じたトム・ペティのミュージック・ビデオ「フリー・フォーリン（自由落下）」は今でも名作として時々MTVで放送されている。

オレは悪い奴
あの娘を傷つけた
無に向かって落ちて行きたい
しばらく、この世とおさらば
落ちて行く　どこまでも

「フリー・フォーリン」トム・ペティ（03年9月）

## 寒くてやることないからカーリング？
### カナダで大ヒットの『裸の石を持つ男』

『裸の銃を持つ男』シリーズの大バカ刑事でおなじみ、レスリー・ニールセンに会った。今回は『最終絶叫計画』シリーズの三作目『最〝凶〟絶叫計画』の取材で、彼の役はアメリカ大統領。大丈夫か？

「安心してくれ、わしゃ絶対に大統領にはなれんから」。ニールセンは笑った。「カナダ人だからな」。

ほとんど北極圏にある人口わずか八十七人の村に森林警備隊員の息子として生まれたと

いうニールセンに筆者は前から思っていた疑問をぶつけた。

「アメリカで人気のコメディアンはカナダ人ばかりです。ジム・キャリー、マイク・マイヤーズ、ダン・エイクロイド、それにあなた。いったい、なぜ？」

「カナダってどんな所か知ってるか？」ニールセンは逆に訊き返した。

「いっぱい雪が降って、寒くて、広くて……」

「それって？」

「退屈」

「だろ？　だから冗談でも言ってなきゃやってられないのさ。何しろカーリングですら楽しめるんだから」

カナダで大ヒットしても日本ではビデオスルー

「カーリング並みに退屈」というのはアメリカでは既に常套句になっているが、カナダではホッケーに次ぐ人気スポーツで、カーラー人口はなんと百万人だという。

「この前、ひさびさに母国の映画に出た。カーリングの映画だ。なんとカナダでは国民的大ヒットになって国産映画の動員最高記録を打ち立てた。ところがアメリカではカナダ国境の町でしか公開してないんだ。カナダ人としては観てやってほしいな」

そう勧められたので、映画『Men With Brooms（裸の石を持つ男）』をビデオで観た。Broomとは、カーリング・ロックが滑っていく氷の上をレレレのおじさんのごとく掃きまくって滑りをよくするホウキのこと。

カナダの雄大な自然の中、ビーバーが巣を作る湖。一隻のボートに乗った老人が湖の底から何かを引き揚げる。カーリング・ロックだ！　古代のエスキモーの遺跡からでも発掘したのか、と思ったら、地元のカーラー、カッターが引退する時に捨てたものだった。老人は心臓発作を起こし、カッターにカーリングに復帰するよう遺言を残して死ぬ。その遺骨を納めたロックを託されたカッターは、一度捨てたカーリングの夢に再び賭けてみる。レスリー・ニールセンはカッターの父親で元チャンピオン。今回はいつものオトボケやギャグを封印して主人公たちをシゴく星一徹役を渋く演じる。キルトをはいて遥かスコットランドに思いを馳せるニールセン。

「16世紀、一人の羊飼いが石を削り、氷の上を滑らせた……」

ただし、カーリングはオランダが起源だとする説もあり、実際、カーリングの大会を意味する「バンスピール」はオランダ語だ。バンスピールの頂点であるゴールデン・ブルーム杯に向けて特訓が始まる。ランニング、腕立て、腹筋……あれ？　なんでカーリングにランニングや腹筋が必要なの？　カーリングには体力よりもTouch（コツ）が勝負だから、主人公たちは歩行器無しでは歩くこともできない老人チームに惨敗したりもする。

笑っちゃうのはライバルの人気スター選手、ジャガーノート（破壊神）。ピカピカの衣装と派手な花火で登場し、いつもセクシーな美女をはべらせ……って、カーリングってモテるのか？

それはわからないが、この映画、やたらとセックス・シーンが多い。男も女もセックスばかりしてる。やっぱりカナダでは寒くて他にやることないのか。北欧がセックス先進国だったのもそのせいか。

そういえばソルトレイク・オリンピックの時、イギリスのカーリング・チームに夫婦がいて「優勝するまでセックスを断つ」と宣言したが、ＴＶのコメディアンに「セックスよりカーリングのほうがいいよね」とからかわれていた。「カーリングは覚えなきゃならないフォーム（体位）は一つだけだから」

セックスと並んで異常に多いのが酒を飲むシーン。スイーパー（ホウキ係）の一人は、ホウキの柄の中に酒を隠して試合中でも飲み続けるし、カッターと恋に落ちるヒロインはアル中でリハビリ中だ。カナダの女子オリンピック選手カリ・エリクソンによると、一般の人はビリヤードのように酒を飲みながらカーリングを楽しむそうだが、アルコール依存症はカナダの大きな問題でもあるという。やっぱり寒くて他にやることないから……。

（03年11月）

★その後、バンクーバー冬期五輪の取材でカーリングを体験したが、街中のカーリング場はバーがついていてみんな本当に酒をガバガバ飲みながらカーリングするのだった。

## 元祖ロッキーの人生は映画より奇なり
### アリを倒した男チャック・ウェプナー

映画『ロッキー』のモデルとなった元ヘビー級ボクサーのチャック・ウェプナー(六十五歳)が、シルベスタ・スタローンに、総額1千5百万ドル(約十六億五千万円)の損害賠償を求めている。

ウェプナーは77年、日本武道館でアントニオ猪木と戦って逆エビ固めで敗れている。76年のアリ対猪木戦の後、再戦を求める猪木に対してアリが送り込んだ「刺客」(笑)という筋書きだった。

猪木戦時の資料では、ウェプナーは「ニューヨークのスラム街生まれ」となっているが、実際はニュージャージー州バイヨン生まれ。強盗や強姦で少年院に入ってボクシングを覚えたという梶原一騎的な経歴も創作。ウェプナーは青春期を海兵隊で過ごし、酒場の用心棒として働きながら、二十四歳で初めてグローブをはめた。

トレイナーのアル・ブレイヴァーマンは「あんな喧嘩屋は見たことがない」と言う。ウェプナーはまったくガードをせず、「さあ、打ってみろ」と顔を突き出す。

「で、いくら打たれても表情も変えず、絶対倒れない」

ウェプナーは1969年にジョージ・フォアマンとマジソン・スクエア・ガーデンで、

1970年にソニー・リストンとニュージャージーで戦ったが、どちらのチャンピオンにも倒されなかった。大量出血によるTKO負けだったのだ。特にリストン戦では百針も縫うほど顔をズタズタに切られ、リングは文字通り血の海。人は彼を「バイヨンの流血男」と呼んで恐れた。

1974年、モハメッド・アリが世界チャンピオンになった。プロモーターのドン・キングはウェプナーを挑戦者に指名した。当時三十五歳でファイトマネーはたった二百ドル、昼間は酒のセールスマンで夜は工場の警備員として働くウェプナーがアリにとって「肩慣らし」に過ぎないのは明らかで、誰もが3ラウンドも持てばラッキーだと思った。ウェプナー自身以外は。

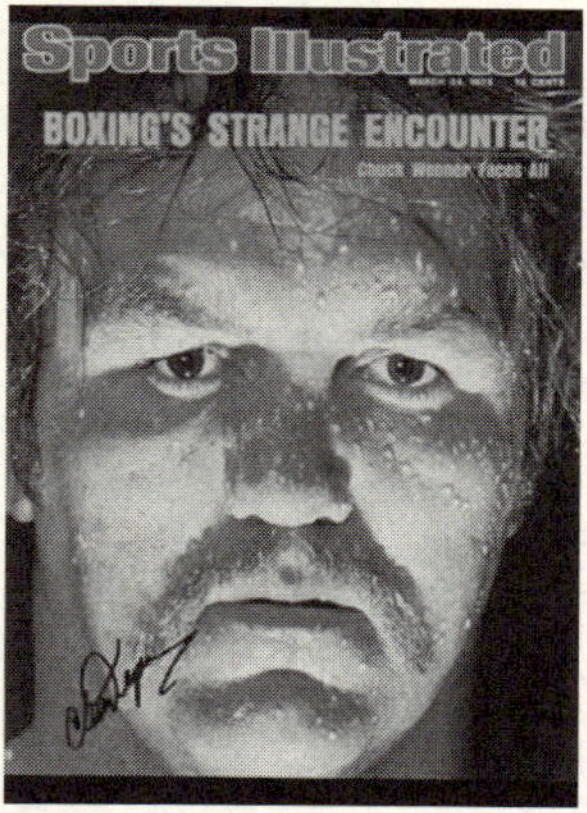

表紙になった流血男ウェプナーのボコられ顔

彼はキャッツキル山中に七週間山ごもりして特訓した。

「フルタイムでトレーニングしたのは初めてだった。奇跡が起こる気がした」

当時の『スポーツ・イラストレイテッド』誌でウェプナーはこう語っている。

「たいていの人間は決して陽の目をみることもなく生きている。でも、オレはパンチ一発で億万長者になれるかもしれない」

試合の前日、ウェプナーは郵便局の夜勤として働く奥さんを高級ブティックに連れて行き、赤いネグリジェを買ってあげた。

「明日の夜はチャンプと寝るかもしれないからな」

それはハッタリではなかった。75年3月、ウェプナーは「ザ・グレーテスト」と互角に戦った。そして第9ラウンド。「アリがバランスを崩したところに、俺のボディブローが入った」。アリは倒れた。アリ側はウェプナーに足を踏まれたと主張した（ウェプナーは反則が得意だった）。しかし、ビデオを見ればわかる。これはアリのプロ入り後三回目の希少なダウンだ。

最終15ラウンド終了直前にレフェリー・ストップでウェプナーは負けたが、判定を避けるためのレフェリーの「政治的判断」だった。

これを見て感動したのが、当時三十歳の売れない俳優シルベスタ・スタローンだった。彼は三日間寝ないで映画のシナリオを書き上げた。中年の無名ボクサーが世界チャンピオンと最終ラウンドまで戦い抜く物語『ロッキー』だ。映画会社はこのシナリオに飛びついた。

ウェプナーはモデル料として7万ドルか興行収益の1パーセントかどちらかを選ぶよう言われたが、「こんなにヒットするとは思わなかったので」7万ドルを取ってしまった。

また『ロッキー2』でスタローンはウェプナーのためにロッキーのスパーリング・パートナーの役を用意した。単なる顔見せではなく三十二行もセリフがあった。

「ところが俺は酔っ払って、二人の売女を両脇に抱えて現場に現われた。セリフなんか入っちゃいなかった」

スタローンが与えたチャンスを二度もフイにしたウェプナーは「3万ドル積まれたから」、WWFが主催する猪木対アリ戦テレビ中継の前座でアンドレ・ザ・ジャイアントとも戦った（これが猪木戦につながった）。

85年、友人に頼まれてコカインの密輸を手伝ったウェプナーは逮捕され、囮《おとり》捜査への協力を断ったため、十年の刑を食らった。模範囚として二年で釈放になったウェプナーは警察などの慈善試合に六十歳を過ぎた今でも参加し、地域に貢献している。

「（スタローンと）裁判で争いたくない。欲しいのは金じゃないんだ」というウェプナー。彼のキャディラックのナンバー・プレートは〝CHAMP〟。自己申告ではなく世間にそれを認められたいだけなのだ。

ちなみに五十七歳のスタローンは現在『ロッキー6』を構想中。今度は、四十五歳でチャンピオンに返り咲いたジョージ・フォアマンが「モデル」になるそうだ。（03年12月）

★『ロッキー』六作目は『ロッキー・ザ・ファイナル』の邦題で06年に公開された。

## 素人ボクシング大会の悪夢

### 死者続出のタフマン・コンテスト

「タフマン・コンテスト」は「おらが村ボクシング大会」である。十八歳以上の男女なら誰でも出場できる。あのボブ・サップも出たことがある。試合は一分1ラウンドの3ラウンド制。1979年に始まって以来、各地の腕自慢が殺到し、全米で毎年百以上の大会が開かれ、なんと通算七万五千試合が行われている。そして、その間に十二人が死に、十人が脳障害を受けた。この一年だけですでに四人が犠牲になっている。

2003年1月、ミシガン州のイーグル・カジノの大会で、三十一歳のカーペット洗濯業スコット・ウッドが判定でジェイソン・パイルズを下して賞金1千ドルを獲得したが、ウッドは直後に気分が悪いと訴え、昏睡状態に陥り、十六日後に死亡した。

スコット・ウッドは試合場から1千4百マイルも離れたテキサス州サンアントニオから自動車を飛ばして着いたばかりだった。試合前の血圧は170を記録している。アマチュア・ボクシングの規定では150以上だとリングには立てないのだが、タフマン・コンテストはアマ、プロ、どちらのコミッションも受けていない。

また、対戦相手のパイルズはウッドよりも体重が100ポンド上回っていた。タフマンには重量級と軽量級の二階級しかない。また「オープン」と称して経験者と素人が対戦させられる。つまり、あなたはいきなりボブ・サップと闘わされるかもしれないのだ。パイルズによれば、試合中、ウッドは体調の悪さから、少なくとも二度、レフェリーにギブアップを訴えたが無視された。レフェリーは元タフマン優勝者で、五試合しかレフェリングの経験はなかった。

リングサイド・ドクターもストップをかけなかった。調べによればタフマンのドクターはカイロプラクティック師にすぎなかった。

その半年後の6月、フロリダ州サラソータのタフマン・コンテストで、また死者が出た。今度は女性だ。三十一歳の検眼士ステイシー・ヤングは3ラウンドでKOされた。二人の幼い娘がリングに駆け寄って「ママ、起きて」と泣いたが母親は動かなかった。脳死したヤングは、家族の同意で生命維持装置を外された。対戦相手のサラ・コビー（二十一歳）は過去にタフマン女子部門で五戦全勝しているが、死んだヤングはグローブをつけるのも初めてだった。彼女の夫（四十歳・溶接工）はタフマン主催者を訴えた。

タフマンの創立者アート・ドレはボクサー志願の建設作業員だったが、二十五年前、地元の高校で最初のタフマンを開催した。それ以後、不景気で閉鎖された工場町を回って、鬱憤のたまったブルーカラーを熱狂させ、徐々に規模を拡大していった。億万長者になったドレは、会場にタキシードで現われ、巨大な指輪が輝く指でマイクをつかんで選手を煽る。

「とことん闘え！　判定になんか持ち込むな！　ジャッジだって賭けに参加してるんだか

らな！」

ドレは今まで一度も死者への法的責任を取っていない。試合前に選手に「損害は自己負担、何があっても訴えない」という誓約書にサインさせるからだ。

各州政府やボクシング協会は、これ以上の犠牲者を防ぐため、タフマンを止めさせようと手を尽くしたが、ドレは巧みに彼らの攻撃をかわしてきた。たとえばタフマン・コンテストは表向きには「ボクシング」の言葉をどこにも使っていない。ボクシングは許認可制スポーツなのでコミッションを受けない試合は違法なのだが、「これはボクシングとは似て非なるタフマンというスポーツです」というわけだ。

また、タフマンはほとんどインディアン・カジノで開かれる。インディアン自治区の内部は「独立国」なので州の規制が適用されない。

ドレは「タフマンの死亡率はアメフトなど他のスポーツと比べてもそれほど高くない」と主張するが、何の準備も練習もなしに、いきなり死ぬ危険性のある試合をさせるスポーツなど他にあるだろうか？

「ウッドさんの死後、なんとか家族や友人に支えてもらっている」と語るのはスコット・ウッドの対戦相手ジェイソン・パイルズ。彼は「人殺し」になったショックから立ち直れない。わずか三分間、たった1千ドルの賞金にかけたブルーカラーのアメリカン・ドリームは、生涯の悪夢と化したのだ。

（04年1月）

## ネットで半合法化したスポーツ賭博
### 巨大産業となったオフショア賭博サイト

「リングにかけろ！」とか、「この一戦にかけてます」というとカッコいいが、漢字で「賭ける」と書くとヤバいことになる。

1月8日、ピート・ローズが自伝『格子なき牢獄』で、十四年前に野球賭博に参加したことをついに認めた。「ヒット・キング」と呼ばれ、通算四千二百五十六安打の大リーグ記録を持つピート・ローズは1989年、自分が監督をしていたシンシナティ・レッズの試合に賭けたとして、球界を永久追放されていた。ローズ自身は一貫して自分の試合には賭けていないと容疑を否定してきたが、このたび「野球の殿堂」入りする最後のチャンスを賭けて懺悔したと言われている。しかしコミッショナー側は「謝罪の言葉がない」とローズの告白に冷ややかな態度で応えた。

しかし、それから数週間後、アメリカで最大のスポーツ賭博が行われた。スーパーボウルである。マーケティング会社クリスチャンセン・キャピタル・アドヴァイザーズは、全米で4億ドルが試合の勝敗に賭けられたと概算している。

スポーツ賭博もラスヴェガスでは合法だ。ヴェガスのカジノに入ると、壁一面に並んだ巨大なスクリーンに、野球、フットボール、競馬、ありとあらゆるスポーツが映し出されている。その光景はNASAかNORAD（北米防空司令部）の管制室のようで圧倒されるが、スーパーボウルへの賭け金4億ドルのうち、ヴェガスの占める割合は四分の一ほどに過ぎないという。

それ以外はすべて非認可のギャンブルである。たいていはブッキーズ（ノミ屋）に電話することで賭けている。マフィアの重要な資金源だと言われる連邦犯罪だ。しかし最近、急激に拡大しているのはインターネットによるオンライン・ブックメイカーだ。『USAトゥデイ』紙によればオンライン・スポーツ賭博の去年の売り上げ総額は65億ドルにのぼるという。

なかでも世界最大手のスポーツ・ギャンブル・ブックメイカー「BetOnSports」は中米コスタリカに巨大な本社を構えるオフショア企業（日本からも賭けられる）。しかし、彼らは米議会に対して正面からスポーツ賭博合法化のロビー活動を続けている。NYの市バスに「Bet On Sports（スポーツに賭けよう）！」と書いた広告を出したり、ワシントンで合法化を求めるデモを組織したり、実に堂々としたものだ。CEOのデヴィッド・カルーザースはオンライン賭博業界のオピニオン・リーダーとしてマスコミで以下のように訴えている。

「スポーツ賭博はイギリスやオーストラリアでは合法だ。賭博禁止法は禁酒法と同じくアメリカのピューリタニズムが生んだ愚法だ。これは被害者の存在しない犯罪だ。何よりも、スポーツ賭博を認可制にして政府が監視すればマフィアから資金源を奪うことになる」

議会も数年前から調査委員会を設けて検討している。プロスポーツ界は八百長を恐れて当然反発しているが、契約金がこれだけ莫大になった今日では過去のブラック・ソックス事件のように買収されることはないという意見もある。

しかしBetOnSports の賭けの対象はプロスポーツだけではない。カレッジ・スポーツ賭博もプロに匹敵する人気である。NCAAの調査によると大学のスポーツ選手の25パーセントがスポーツに賭けたことがあり、4パーセントは自分が出場する試合に賭けたことがあるという。実際、ここ数年でボストン・カレッジ、アリゾナ州立大学、ノースウェスタン大学の選手がNCAAから資格を剝奪された。

また、アメリカ心理学協会のナンシー・M・ペトレイ博士の報告によると、ネット・ギャンブラーの平均年齢は三十一・七歳で年収4万ドル以下。カード破産する例も多く、大学生の多くがギャンブル中毒でカウンセリングを受けているという。

2003年6月にはフロリダ州立大学フットボール部のクォーターバック、エイドリアン・マクファーソンが自分の試合に賭けて起訴された。当然、彼も選手生命を絶たれ、ピート・ローズと同じく「格子なき牢獄」に繋がれてしまった。被害者は存在するのだ。

（04年2月）

## 美人キッカーを汚した名門アメフト部
### コロラド大学レイプ事件

2002年12月28日のラスヴェガスボウルに、ニューメキシコ大学はUCLAに27対3で惨敗した。追加点のキックも入らなかった。しかし、それは歴史に残る快挙だった。カレッジ・フットボールの頂点である1-Aの試合に始めて出場した女性選手のキックだからだ（翌年には見事得点）。

キッカーの名はケイティ・ナイダ。97年に初めてカレッジの試合に出場したリズ・ヒーストン、去年、1-AAで得点したアシュレイ・マーティンに続く三人目の女子選手だが、マスコミのする質問は決まっている。

「ロッカールームではどう？ セクハラはないの？」

ケイティはニューメキシコ大では何の問題もないと言う。しかし、その前に在籍したコロラド大学は……。今年2月、ケイティは『スポーツ・イラストレイテッド』誌で、コロラド大（以下CU）を辞めたのはチームメイトのイジメが原因だと告白した。

コロラド生まれのケイティは当時のコーチ、リック・ニューヘイゼルからCUバッファローズに迎えられた。しかし、すぐにニューヘイゼルは別の大学に移り、イジメが始まった。

「ヘイ、ケイティ、これを見な」選手たちはロッカールームで彼女にペニスを見せびらかした。

「勃起したペニスをお尻にこすりつけられたこともあったわ」

セクハラは試合中も続いた。ハドルを組むと他の選手が尻や股間を触りまくった。ヘルメットを被ってない頭にいきなりボールを投げつけられることもあった。「男のスポーツ」の頂点であるアメフトを女にやられるのはムカつく、という理由だ。

そしてついに選手の一人に、試合のビデオを見せるからと部屋に連れ込まれ、レイプされた。

「必死に抵抗したけど、相手はわたしより百ポンドも重くてどうしようもなかった」。当時十九歳のケイティは処女だった。男が挿入した時、偶然電話のベルが鳴り、力が抜けた隙に彼女は男を押しのけて逃げ出した。

これらの被害をケイティは警察や大学に訴えなかった。後任コーチのゲイリー・バーネットは他の選手と同様にケイティを追い出そうとしてイジメを黙認していたから、もみ消されると思ったからだ。しかし、なぜ彼女は今になって告白したのか？

「ニュースを見て、悪夢が蘇ったの」

今年1月、三人の女性がCUバッファローズのパーティに呼ばれてレイプされたと訴えたのだ。そのパーティとは有望な新人をCUに勧誘するための接待パーティであり、以前からセックスをエサにしていたことがわかってきた。

さらに地元警察はここ最近、CUの選手にデート・レイプされたという訴えが相次いでいた事実を明らかにした。最新の一件ではDNA検査の「証拠」も採取されていた。

この二年間で六件のレイプ事件が浮上し、マスコミはコーチのバーネットに迫ったが、彼は「接待パーティなんて聞いたこともない。100パーセント選手の味方だ」と断言し、逆にケイティを「彼女はお荷物だった。この騒ぎのおかげで二人の新人を他校に取られた」と非難した。

この発言が元でバーネットはクビになったが、何も解決したわけではない。筆者は、CUのあるボウルダー市に二年間住んでいたが、CUは夜毎の乱痴気騒ぎで悪名高い「パーティ大学」だ。しかもデンヴァー・ブロンコスで知られるコロラドではアメフト選手は貴族扱いで、何をしても許される土壌がある。CUの近く、ケイティの故郷リトルトンには銃撃事件で有名なコロンバイン高校があるが、銃撃犯の二人はアメフト部員から執拗なイジメを受けていた。両親が学校に訴えても教師は大事な選手をかばうばかりだった。「イジメっ子」のアメフト部員エヴァン・トッドは二人に撃たれたが、運良く命をとりとめ、今や学校や市で講演を行うなど地元の英雄になってしまった。トッドは「犯人たちはヘナチョコだったからイジメられて当然」と公言し、銃撃の原因を作ったことに反省ゼロだが、誰も彼を責めない。

今回の事件でもCUアメフト部の選手や両親、それにOBは選手を擁護する署名運動を始めている。レイプのつもりはなかったというのだが、ずっと甘やかされてきたから、女が自分を拒否するはずがないと思っているのだろう。もちろん問題はCUだけではない。全国の大学で、プロ・スポーツ界で暴行事件は頻発している。いいかげん、健全な精神は云々なんてタワゴトはやめようぜ。
（04年3月）

## 現役レスラー65人が7年間に連続死
### 痛みと戦うレスラーたちの薬物漬け事情

ついにホームラン王バリー・ボンズの名前まで挙がって、NFLから始まったステロイド疑惑は全米スポーツ界全体に拡大しそうな勢いだ。そこでケーブルTV局HBOと全国紙『USAトゥデイ』が、ステロイド天国との悪名高いプロレス界を調査したのだが、発覚したのは、この七年間に六十五人もの現役レスラーが死んでいるという恐ろしい事実だった。

プロレスラーの総人口は、売れない末端まで含めて約千人と言われている。すると六十五人の死亡者は約7パーセントにあたり、これはスポーツ界最高である。2000年に死んだゲイリー・オブライトのようにリングの上での事故死もあるが、直接の死因で最も多いのは心不全だった。2001年には人間魚雷ことテリー・ゴディ（四十歳）が心不全で、去年10月には、暴走戦士ロード・ウォリアーズのホークことマイケル・ヘグストランド（四十五歳）も心臓麻痺で死亡した。レスラーが心臓病で死亡する率は、一般に比べると十二倍になるという。

心臓病はやはり筋肉増強剤ステロイドが原因だという。ステロイドは心臓肥大を引き起こすからだ。プロレスラーのステロイド摂取は1991年に問題化し、業界最大のWWF（現WWE）の社長ヴィンス・マクマホンは選手に無理矢理ステロイドを投与していると追及された。マクマホンは裁かれなかったが、その後、選手の薬物検査を義務づけると発表した。マクマホンは「昔はともかく、今はボディビルダーみたいな見かけだけの選手は必要ないんだ」と、筋肉強化剤の必要性を否定している。

しかしステロイドは筋肉増強だけでなく、試合で傷んだ筋肉を早く治癒させる効果もあるので、レスラーは使わざるを得ないという。

「薬はレスラーの仕事の一部さ」

そう語るWWEのレイヴンことスコット・レヴィ（三十九歳）はステロイドの他に、毎日二百粒もの痛み止め薬を飲んでいた（現在は中毒を克服）。

「体を大きくすること、激痛のなかで連日戦うことが嫌ならレスラーにはなれないよ」

97年、WWFでスティーヴ・オースティンと抗争していたブライアン・ピルマン（三十五歳）が心臓の停止した状態で発見された。ピルマンは喉頭癌や交通事故の後遺症で全身に痛みを抱えていた。死体の横には痛み止めの薬の瓶が転がっていた。

99年にはラビッシング・リック・ルードことリチャード・ルード（四十歳）が、02年にはブリティッシュ・ブルドッグことデイヴィー・ボーイ・スミス（三十九歳）が共に心臓麻痺で死亡したが、両方とも筋肉増強剤と痛み止めの「カクテル」の過剰摂取が原因といわれている。

プロレスは見世物だ。だから、技を避けてはいけない。わざと技をくらい、自分の体を痛めつけるのが仕事だ。だからすべてのレスラーがいつも体のどこかを故障している。特に最近は、金属のハシゴで殴りあい、コンクリの床にダイブする「ハードコア」路線がエスカレートし、事態は悪化している。WWEの「ハードコア王座」に君臨していたクラッシュ・ホーリーことマイケル・ロックウッド（三十二歳）が去年変死したが、検死解剖で体内から大量の痛み止めが検出された。自殺の可能性もあるという。

「俺たちはいつも声にならない叫び声をあげているんだ」

レスラー生活三十年、アイルランド風キルトでおなじみ「ラウディ」ロディ・パイパー（四十九歳）は、他のスポーツと違ってほとんど毎日試合があるレスラーの巡業生活を次のように回想する。

「試合の後、ホテルの部屋に一人で帰る。全身が痛くて、ベッドから起き上がれない。メシを食いに行く気にも、下の階のバーで一杯飲む気にもならない。でも痛くて眠れない。そのうちに壁が迫ってくるような恐怖に襲われ、惨めな気持ちになってすすり泣くんだ」

それでも泣いてるわけにはいかない。星条旗の覆面レスラー、パトリオットとしておなじみデル・ウィルクスは、ボリボリ痛み止めと睡眠薬をむさぼって眠り、翌日は起きて仕事に行くためにコカインを吸って気合を入れたという。2002年には空中殺法で人気のジェフ・ハーディがコカイン中毒の治療を拒否したためWWFを解雇されたが、後ほど別の団体が彼と契約した。中毒でもかまわないというわけだ。コカイン他、薬物の過剰摂取で、去年カート・ヘニング（四十四歳）が死亡した。これも自殺ではないかと言われている。ヘニングは「ミスター・パーフェクト」と呼ばれるほどの人気レスラーだったが、WWEから「これ以上君のキャラクターに発展性はない」という理由でクビにされて落ち込んでいたのだ。

WWEが厳しくリストラを行っているのは、人気がどん底にあるからだ。99年から2001年にかけてWCWやECWを乗っ取り、世界最大のプロレス団体になったWWEだが、最盛期には一試合平均一万二千人もいた観客が、現在は三分の一の四千人まで落ちている。増えすぎたレスラーを切り捨てなければならないのだ。

デル・ウィルクスは試合で腕の筋肉を断裂したが、WWFに解雇されるのが怖くて痛み止めで抑えて試合に出続けたという。その痛み止めを入手するためにニセの処方箋を使ったため二十回も逮捕され、ついには三カ月の懲役になった。

「ム所入りでクスリが抜けなきゃ、いつか死んでたよ」

そう語るウィルクスはプロレスを引退し、今は自動車のセールスマンとして第二の人生を歩んでいる。

（04年3月）

# 『スラップ・ショット』はどこ行った？

## 人気を失い殺伐化するNHL

「Bad boy（いけないんだ）！」

夕飯食べながらTVのニュースを観ていたら四歳の娘が思わず叫んだ。

アイスホッケーのリンクで一人の選手が敵の選手の背後から忍び寄って顔面を殴った。殴られた方はデク人形みたいに顔から氷に落下し、首が異様な方向に折れ曲がった。

3月10日、カナダのヴァンクーヴァーで、地元のNHLチーム、カナックスのフォワード、トッド・バーツッジが、相手チーム、コロラド・アヴァランチのフォワード、スティーヴ・ムーアにサッカー・パンチ（死角からのパンチ）を食らわせた。ムーアは殴られた時点で意識を失った。バーツッジは倒れていくムーアに100キロ以上の体重をかけた。ムーアは顔から氷に激突して頸椎が折れた。ムーアはルーキーだが今後の選手生命が危ぶまれている。

「氷上の格闘技」アイスホッケーはラフなチェックが人気の大きな要素だが、この場合、プレーの最中ではなく、試合の直後、ムーアの緊張が解けた一瞬を狙った悪質な暴行だ。

バーツッジの動機は復讐だった。一カ月前の2月16日、ムーアは試合中にカナックスのキャプテン、マーカス・ナスランドに激突し、ナスランドは脳震盪で三試合欠場したが、ムーアはペナルティすら取られなかった。そのため、カナックスはチーム全体でムーアへの復讐を誓い、事件のあった試合でもムーアに集中攻撃をかけた。しかし、ムーアがこれを全部かわしてしまったので、鬱憤のたまったバーツッジが試合後に襲い掛かったのだ。NHLはカナックスに対して二十五万ドルの罰金を課し、バーツッジには今シーズンおよびプレーオフへの出場停止を命じたが、警察は傷害事件として調査に乗り出した。

新聞やTVは、あるNHL選手のこんな言葉を引用した。

「こんな卑怯な暴力は見たことない。吐き気がするぜ」

言った人は……バーツッジ本人だ。これは2000年2月にカナックスのドナルド・ブラッシャーが、ボストン・ブルーインズのマーティ・マクソーリーにスティックで殴られた時のコメント。マクソーリーはタイムアップ二・七秒前にブラッシャーにトマホーク(スティックで頭を殴ること)しようとした。ブラッシャーは避けようとして転倒。後頭部を強打して失神した。十七年目のベテラン選手だったマクソーリーは傷害罪で起訴されて執行猶予付きの有罪となり、二度とNHLには戻れなかった。

しかしマクソーリーの襲撃はもともとブラッシャーのラフプレイが原因。脳震盪のせいで襲われたことを何も覚えていないブラッシャーは、フィラデルフィア・フライヤーズに移籍した今も各試合で乱闘を繰り返している。バーツッジの事件の直前にも三十四分ものペナルティを食らったブラッシャーは地元紙『フィラデルフィア・インクワイラー』で、「バーツッジは殴る前にひとこと声かけりゃあよかっただけさ」とコメントした(ホッケーの歴史を見ると背後からの襲撃事件が実に多いのだが）。ブラッシャーはホッケーに暴力は不可欠だという。

「この稼業はナメられたらおしまいだ。やられたらやり返すんだ」

なんかやくざみたいな物言いだが、NHL全体にやさぐれたムードが漂っているのは事実。

「凡庸な試合ばかりだ」。コロラド・アヴァランチのスター、ティム・セラニは嘆く。

「みんな同じことを繰り返しているだけで、何も変わり映えしない」

攻めるより守るホッケーが支配的で、得点が少ない。乱闘は多いが試合そのものはパッとしない。客席が満員になることは稀で、いくつかのチームが破産した。NHLを五年間放送してきたケーブルTV局ESPNは来年の契約をしなかった。NHLは放送局を探しているが、まだ見つかっていない。

ちなみにバーツッジとブレッシャーはカナダ人で、NHLに限らず、アマチュアや国際的なホッケー試合で血みどろの事件を起こすのは圧倒的にカナダ人だ。映画『ボウリング・フォー・コロンバイン』では家の鍵をかけないのんびりした国民と言われ、カーリングを楽しめるほど退屈な国と言われているカナダの人々がホッケーとなると血の気が多くなるのは、やはり他に発散しどころがないのか？

（04年4月）

★ESPNは契約金を半額に値下げしてNHLの放送を継続した。ムーアとバーツッジの裁判は2011年現在も続いている。

## インドア・フットボールが取り戻したもの
### 金よりファンを取ったAFL

大邸宅のドアを誰かがノックする。「どなた?」とドアを開けたのはボン・ジョヴィのジョン・ボン・ジョヴィだ。訪問客はNFLの伝説的クォーターバックだったジョン・エルウェイ。

「やるかい?」

すると突然フットボール・ギアに身を固めた巨大な男たちがなだれ込み、ボールを取り合って大邸宅を徹底的に破壊する!

これはNBCテレビが先日放送した屋内アメフトのコマーシャル。ボン・ジョヴィはAFL(アリーナ・フットボール・リーグ)のフィラデルフィア・ソウルの、エルウェイはコロラド・クラッシュのチーム・オーナーなのだ。

NBCは去年からAFLの試合中継を放送開始した。すると視聴率はNHLを上回り、NBCは2006年まで契約を延長した。TV放送のおかげで観客動員数も急上昇中だ。

NBCは2000年にも第二のアメフト・リーグXFLを放送したが、わずか1シーズンで消滅した。AFLは急ごしらえのXFLと違って、発足以来十八年もの歴史がある。

創始者ジム・フォスターはマジソン・スクエア・ガーデンでインドア・サッカーの試合を観ている時に「これをアメフトでできないか」と思いついた。AFLは、ホッケーやバスケットボール用の会場で試合を行う。最初に目を引くのは、エンドゾーンに天井まで張られたネットだ。ここにキックされたボールが当たって落ちるのをキャッチして攻撃が始まる。両サイド・ラインはクッション付きのウォールで囲まれており、そこにボールが跳ね返ってフィールド内に戻れば、試合は中断せずに続く。また、パントは禁止で、代わりにドロップキック（一回地面に落ちたボールを蹴る）が使われる。

こうしたルールのおかげで試合はホッケーのように途切れなく進み、バスケットのように大量に得点が入る。アメフト特有の断続的でスローな試合運びは改善された。

また、巨大スタジアムで行われるNFLの試合は選手が豆粒みたいにしか見えないが、AFLなら目の前で選手の表情がわかる。サイドウォールに激突した選手が壁を越えて客席に転がり込んで来るのも楽しみの一つ。客席に飛び込んだ青いライン入りのAFL認定ボールは、拾ったファンにプレゼントされる。また毎試合後に、選手は必ずサイン会を行う。「AFLファンの権利章典」にそう定められているのだ。

コミッショナーのデヴィッド・ベイカーは「お客さんが主役なんだ」と言う。「NFLと違ってスーパースターがいないからね」

ＡＦＬの選手はたしかにＮＦＬの「負け組」だ。十三年前、ＮＦＬのニューオリンズ・セインツとの契約が切れたダリル・ハモンドはＡＦＬから誘いの電話を受けた。

「ギャラは一試合たった５００ドルだというんだ。でも車のローンが二カ月も滞っていたんで引き受けたのさ」

ＡＦＬ選手の年収は平均３万５千ドル。同じくセインツからＡＦＬに「落ちて」きたハンキー・クーパーは「ここではＮＦＬのように億万長者にはなれないさ」と言う。マイナー・リーグのＡＦ２ではさらにギャラは一試合２００ドルに下がる。ロチェスター・ブリゲードのドゥエイン・カーペンターは生活のためバーガーキングでバイトしながら奮闘した結果、ＮＦＬのサンフランシスコ49ナーズに抜擢された。

「ＮＦＬは諦めた」と言うクーパーも、試合のない時は建設会社の現場監督をしている。しかし彼は三十七歳。ＮＦＬならとっくに引退させられている歳だ。

「アメフトだって普通の仕事と同じ気持ちで働けばいいのさ」

ファンも「普通の」労働者だ。ＮＦＬのチケットは大都会のヤッピーしか手が届かない値段に高騰してしまったが、アルバニーやロチェスターなど工業や農業に支えられた地方都市にもあるＡＦＬはブルーカラーの家族でも観られるようにチケットは最低５ドルからだ。

「ギャラが上がれば上がるほどスポーツはダメになる」

ＡＦＬアリゾナ・ラトラーズのコーチ、ダニー・ホワイトは言う。入場料だけではない。

選手は傲慢になり、セックス、ドラッグ、暴力で事件を起こす。

「NFLは本来のファンであるブルーカラーの共感を失ってしまった」

ラトラーズの副社長ジーン・ヌドーも「AFLには、FA制以前のNFLみたいな良さがあるね」と言う。

「NFLが莫大な金と引き換えに捨ててしまったファンとの一体感を、私らは代わりに取り戻そうとしてるんだ」

（04年5月）

## 激論！　ドッジボールはイジメの温床か？
### 小学校で禁止されて大人の遊びに

潰れかけたスポーツ・ジムのオーナーが5万ドルの借金返済のため、賞金目当てでラスヴェガスのドッジボール大会に出場する。しかし集まったのはダメ人間ばかり。予選ではガールスカウトの女の子たちにも負けてしまう……。映画『ドッジボール／本当の負け犬物語』は、まったく新味のない『がんばれ！　ベアーズ』の焼き直しで、大スターも出てない低予算コメディだが、なんとスピルバーグとトム・ハンクスの黄金コンビの映画『ターミナル』を押さえて全米ナンバーワン・ヒットになってしまった。なぜ？

今、アメリカではドッジボールがブームになりつつあるのだ。

現在、NADA（全米アマチュアドッジボール協会）他、いくつかの団体がドッジボールのリーグを始め、全米でのプレイヤー人口は一万人を超えるという。まだルールは団体ごとにバラバラだが、だいたい共通するところをまとめると……バスケットボールと同じくらいの大きさのコートで二チーム（各五～六人）が戦う。ただしボールは二つ、もしくはそれ以上。だから一つのボールを持っていればそれで飛んできたボールを弾くことができる。ただし手に持っているボールを弾かれたらアウト。また日本と違ってキャッチされたらアウトになるだけでなく、キャッチした側のアウトになっていたメンバーが一人復帰できる。

ドッジャーたちを集めて試合をさせるテレビ番組も始まった。その名も「エクストリーム・ドッジボール」。何がエクストリームかと言えば、参加チームのアホらしさである。ワイシャツにネクタイがユニフォームの「CPA」は「公認会計士」ならぬ「公認暗殺者」。税金もボールもダッキングというわけ。「鉄の曲線美」チームはグラマー美女軍団。「女投げ」で弱々しいが、やっぱり美女には強いボールを投げにくいのが人情。「バーベル・マフィア」はボディビルダー集団。破壊力はあるが、的がデカいので避けるのは不得手。逆に身長160センチ以下の競馬のジョッキーを集めた一番当てにくいチームが「スタリオン・バタリオン」。そうそう、小学校の頃、ドッジボールで最後まで残っていたのは小さくてすばしっこい奴だった。

ドッジボールはアメリカの小学校で体育の教諭が発案した遊びだった。それが今では大人たちのスポーツになったのは、子供たちがドッジボールをしていないからだ。

1992年、東コネチカット州立大学のニール・F・ウィリアムズ教授が「ドッジボールは成長過程の子供に精神的トラウマを残す」と発表したのが最初の反ドッジ・ムーブメントだった。「弱い者、遅い者を狙い撃ちにする戦術はイジメの精神的風土を作る」。そして、ドッジボールはしばしば弱い子供に寄ってたかってぶつけるBombarding（集中爆撃）に発展しやすい、と指摘する。

本格的な反ドッジ運動が湧き起こったのは、1999年のコロンバイン高校銃撃事件からだ。コロンバインに影響されて、全国の学校でイジメられっ子たちがイジメっ子を射殺する事件が次々に発生すると、全米体育教育委員会が本格的にドッジボールの是非を検討することになった。いち早く公立学校でのドッジボールを禁止したテキサス州オースティンのカリキュラム担当官ダイアン・ファーは「ドッジボールはもはや学校で教えるべきものではありません。この危険な現代社会では」と宣言した。これを追ってフロリダ、ユタ、バージニア、メイン、マサチューセッツ、

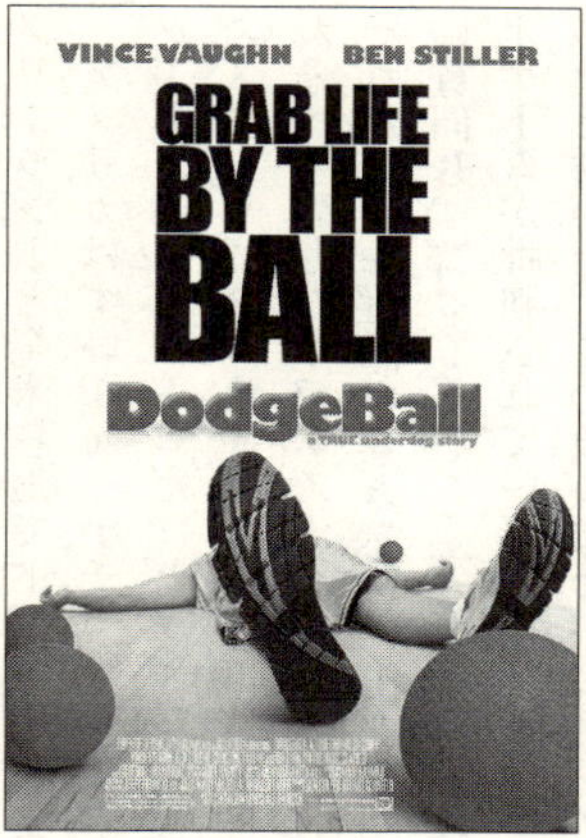

映画『ドッジボール』ポスター

メリーランドと全米各地でドッジボールは小学校から消えていった。「アメリカはずいぶんヘナチョコになっちまったもんだ。まるで冷蔵庫にしまい忘れたバターみたいにトロトロだ」と反発したのは『スポーツ・イラストレイテッド』誌のコラムニスト、リック・ライリー。彼は2001年5月号に「弱虫どもに体育の授業を乗っ取られる」と題したコラムで、ドッジボール禁止の流れをリベラル的教育の弊害だと批判した。それが新聞や雑誌を巻き込む「ドッジボール論争」に発展した。『タイム』誌もライリーに賛同し、『ワシントン・ポスト』は「痛々しい校庭」と題するコラムで「暴力的なビデオゲームが批判されているのに、暴力的なボールゲームを公立学校が奨励するのはおかしい」と書いた。この論争はついにテレビでも取り上げられ、「どうするどうなるドッジボール」という公開ディベートも放送された。

ところが、ある日突然、すべては終わった。9月11日、世界貿易センターに飛行機が突っ込むとドッジボール論争どころか校内射撃事件までピタッと終結した。あまりにも凄まじい殺戮と恐怖に、ガキどもの暴力衝動など吹き消されてしまったのだ。そして、アメリカによるイラクへの文字通りの Bombarding（猛爆撃）が始まった。ドッジボールが弱い者イジメ精神を育てるという説はどうやら正しかったようである。

（04年7月）

## 「120キロのシンデレラ」がシューズを脱いだ日
### やんちゃレスラー、ルロン・ガードナー

アテネ五輪レスリング・グレコローマン120キロ級の三位決定戦。イランのサハド・バルジを下したルロン・ガードナーは自分で設計に参加したアシックスのレスリング・シューズ「インテンシティ」を脱ぐと、マットの上に並べて靴下だけで立ち去った。それは引退の儀式だった。

「牛乳飲んだ？」の広告。本人も牧場育ち

前回2000年のシドニー五輪でガードナーは「人類最強」と呼ばれたロシアのアレクサンドル・カレリンの四個目の金メダルを阻んだ。三百戦負け知らずのカレリンは冷蔵庫を片手で投げ捨てる超人。相手を真っ逆さまにマットに叩きつけるカレリンズ・リフトはまさに必殺技で、99年には前田日明の引退試合で彼をリングに沈めた。その誰にも破られたことのない技をガードナーは決めさせなかった。カレリンは焦ったが時間切れ、一回の反則のため、初めての負けを喫した。大金星を上げたガードナーは跳んだり跳ねたり逆立ち

したりで子供みたいにはしゃいだ。

「マットの奇跡」を起こしたガードナーは「120キロのシンデレラ」として凱旋した。故郷のワイオミング州アフトンは人口わずか千八百人の田舎町だが、史上初めて全米の注目を浴びた。

ルロン・ガードナーは酪農家の九人兄弟の末っ子に生まれた。毎朝6時半に起きると兄弟そろって六十頭の牛に餌をやり、灌漑水路を直し、干草の束を運び、日が暮れても仕事は終わらない。楽しみといえば貯水槽での水遊びと兄貴たちとのレスリングだけ。勝った者が明日の農作業をサボれるのだ。

高校に進んだルロンはアマレスで注目されるが、ほとんど読み書きができなかった。家族の助けでなんとか学業をこなし、大学に進学した。

貧しく、学のない、五歳のわんぱく小僧のような笑顔をした金メダリストはTVやCMに引っ張りだこになった。突然転がり込んだ名声と金に彼は浮かれ、ハメを外した。オリンピックからわずか数カ月後、妻に離婚された。慰謝料と浪費癖でルロンの手元にはわずかな金しか残らなかった。彼は言った。

「オレはいつまで経ってもガキなのさ。でも、だから何だってんだ」

ルロンのやんちゃは自分をも殺しかけた。2002年2月、ロッキーの山奥でスノーモービルで遊んでいた彼は湖に落ちた。湖面の氷の上に雪が積もっていて見えなかったのだ。ズブ濡れのまま零下二十五度の雪中で一晩過ごしたルロンは十七時間後に飛行機に発見された時、体温は三十度を下回り、凍傷で右足の中指を失った。

引退もやむなしと報道された彼にWWEが誘いをかけた。ルロンは金に困っていたが十六億円の契約金を蹴った。

「アテネ五輪に出るためさ。いったんやり始めたことは最後までやれってのがお袋の教えだからね」

ルロンは驚異的なスピードで指の欠損を克服し、2004年、ついに五輪の出場権争いに臨んだ。ところがその直前、大好きなハーレー・ダヴィッドソンを飛ばすルロンの前に、老婦人の運転する乗用車が飛び出した。その横腹にハーレーは突っ込み、ルロンはくるくると宙を舞った。試合の直前なのにノーヘルだった。ルロンはヘルメットなどかぶったことがなかったからだ。ところが、ルロンは得意の受身で見事に着地し、無傷で立ち上がったのである。

しかしルロンを救い続けた運命の女神もその二日後に匙を投げたろう。彼はバスケットボールで遊んでいて、手首を脱臼したのだ。手の指の背が腕にくっつくほどひどい脱臼だったと報道されたが、彼はテーピングしてマットに上がった。

決勝でぶつかったのは世界チャンピオンでもあり、ルロンのスパーリング相手でもある親友ドレミエル・ベイヤーズだった。ルロンは勝った。そしてメダルを取ったらその賞金の半分を必ずベイヤーズにプレゼントすると約束してアテネに向かった（賞金は銅メダルで1万ドル）。

アテネでルロンはカザフスタンのゲオルギ・ツルツミアとオーバータイムにもつれ込んだが、クリンチからバランスを崩した。アメリカ・チームのスティーヴ・フレイザー監督は「やっぱり中指が弱点だ」とくやしがったが、ルロンは満足だった。凍死寸前を経て五輪に再出場できたのは、カレリンに勝つより奇跡的なことだから。

アメリカ人は金メダルを獲ったどの選手よりも熱い喝采を、この童顔の三十三歳に送った。彼のベビーフェイスは同じように私生活がデタラメだったベーブ・ルースを思い出させる。二人は科学的トレーニングと管理が作り上げる現代のオリンピック選手のなかでは異端だ。誘惑に弱く、金に疎く、自由奔放で、まるで神話時代の英雄のようだ。そして民衆が愛するのはもちろん、優等生よりやんちゃ坊主、科学よりも神話なのだ。（04年8月）

★ガードナーは04年12月、PRIDEに出場し、バルセロナ五輪の柔道金メダリストの吉田秀彦と戦った。結果は3R判定3―0でガードナーの圧勝。

## 身長231センチの競馬騎手？
### 元NBA選手マヌート・ボルの迷走

身長231センチの人のための車椅子を想像してみよう。膝下だけで60センチもあるから、巨大な車輪が必要になるのでは？　と思ったが、実際に見たら車輪は普通でフットレストが前方に1メートル以上突き出したドラッグレーサーのような形だった。

座っているのはマヌート・ボル。ルーマニア出身のジョージ・ミュアサンと並ぶ、プロ・バスケットボール史上「最大」の選手である。『死亡遊戯』でおなじみジャバールも218センチ、今をときめくヤオ・ミン選手も226センチにすぎない。

そのボルのためのチャリティ・イベントが筆者の住むオークランドで10月に開かれる。彼が在籍したNBAチーム、ゴールデンステイト・ウォリアーズの選手会がかつてのチームメイトを救うために集まったのだ。ボルに何が起こったのか？

背が高すぎて伝記の表紙に全身が入りません

ボルは1962年、アフリカのスーダンで、ディンカ族の族長の息子として生まれた（両親の身長は普通だった）。草原でライオン狩りをしていたボルは従兄弟に勧められて初めてバスケをしてみたが、ゴールのリングに前歯をぶつけて折ってしまったという。

彼は十八歳でアメリカにバスケ留学し、1985年にドラフト二位でNBAのワシントン・ブレッツに入団した。体重100キロ足らずで「マッチ棒」と呼ばれるほどヒョロヒョロのボルは肉弾戦に弱かったが、手を伸ばせばジャンプなしで3メートルを超える長身で敵のシュートを弾き、リーグ史上二位のブロック率を誇った。攻めれば他の選手の頭越しに悠々スリーポイント・シュートを放った。

「存在自体が反則」のセンター、ボルはウォリアーズをはじめ、いくつかのチームで十年にわたって活躍した。最も小さなNBA選手マグジー・ボーグス（160センチ）と同じチームだった時もある。

その一方でボルは飢餓と貧困と内戦に苦しむ母国スーダンのために尽力した。スーダンに寄付した額は350万ドルに及ぶという。95年にNBAを引退したボルは母国に帰り、父の後を継いでディンカ族の族長になった。そしてスーダン政府の要職に就こうとしたが、イスラム教の政府はクリスチャンであるディンカ族を弾圧した。

十年間NBAで働いたボルの手元には何も残らなかった。母国への寄付の他に、ワシントンDCで始めたナイトクラブも失敗した。また部族の伝統通り一夫多妻で、スーダンに三人、アメリカに一人の妻を持っており、二十人近い家族を抱えていた。NBAの年金は四十五歳になるまで支給されない。

2002年、弾圧に耐えかねてボルはスーダンを出た。スーダン政府は家族を連れ出すことを禁じた。

アメリカに戻ったボルは金のため、まず「有名人ボクシング」に出演して元NFL選手ウィリアム・ペリーと戦った。ボルがリングに立つとロープ最上段が膝までしかなかった。試合は自分のヘソより上にパンチが届かないペリーを上から殴りつけて判定勝ち。

続いてなんとホッケー選手に転向した。マイナー・リーグのインディアナポリス・アイスのメンバーとしてベンチ入りしたのだ。デビュー戦にはチーム始まって以来の六千人の観衆が集まったが、ボルは一度もスティックを握らなかった。特注のスケート靴が足に合わなかったからだという。

これだけじゃない。ボルは競馬のジョッキーになろうとしたのだ。インディアナでライセンス・テストを受ける姿はTVで放送されたが、馬に乗る姿は見ていない。おそらく足が地面についただろう。

「スポーツ冒険家」という肩書きが思い浮かぶ読者も多いだろう。実はボルはリウマチで手首と膝が動かなくなっており、どれも客寄せパンダの仕事だった。ボルは荒れ、今年2月には娘を殴って逮捕された。そして最悪の事態が起こった。6月30日、乗っていたタクシーが高速道路で路肩の崖に激突し、運転手は即死、ボルは頸椎、頭部その他全身を骨折する重傷を負ったのだ。健康保険に入っていないボルに治療費を払う術はない。

そこでウォリアーズのエグゼクティブ、クリス・マリンがチャリティを主催した。彼は現役時代、ボルと無二の親友だった。自分の息子にクリスと名づけたボルは「ウォリアーズ時代が自分の人生で一番幸福だった」と言う。

「誰だってどこかに居場所はあるはずだ」。マリンは言う。

「マヌートがそれを見つけられるように手助けするだけさ」

スーダンでは政府による虐殺が続いている。

（04年9月）

★2010年6月、マヌート・ボルは腎不全で死亡した。

# TOWNS

## Chapter 3

## 『ゾンビ』とウォーホルは同郷だった
### ピッツバーグと製鉄所戦争

ピッツバーグに行ってきた。ゾンビ映画の天皇、ジョージ・A・ロメロの自宅を訪問したのだ。

「ピッツバーグといえば鉄鋼の街で、製鉄所が黒い煙をモクモク噴き上げてるイメージがあるけど、それは何十年も昔のこと。今のピッツバーグはきれいだろ?」とロメロが言う通り、オハイオ川と深い森に囲まれた、ライン川上流を思わせる美しい街だった。

このピッツバーグで、ロメロは『ナイト・オブ・ザ・リビング・デッド』などほとんどの映画を撮り続けてきた。『ゾンビ』のロケ地として有名なショッピング・モールはピッツバーグ郊外にあって、今も健在だ。

「みんないい人ばかりだよ。そこらじゅうにロシア正教の教会が立ってるだろう。ここの住民のほとんどはロシアや東欧の移民で、貧しくて苦労した労働者の孫だから、素朴で飾らない気質なんだ」

でも、ロメロがピッツバーグ市民をエキストラに使って撮った映画は、ゾンビと化した一般市民(女子供含む)を、軍隊や警察や民兵がバンバン撃ち殺す映画ばかり。なかでも『ザ・クレイジーズ』は、細菌兵器に感染して凶暴化したピッツバーグ市民が(老婆含む)

武装蜂起して米軍と内戦状態になり、最後は原爆で街ごと吹き飛ばされるという超アナーキーな話だった。

「似たようなことが、本当にあったのさ」

　１８９２年、ピッツバーグで、鉄鋼王カーネギーは全米で使われる鉄の大部分を精製していたが、「解放前の黒人奴隷以下」の低賃金と過酷な条件でこき使われた労働者は賃上げ要求のストを起こした。ところが、経営者側は三百人の傭兵を雇って武力でストを潰そうとした。そして労働者側は、母ちゃん、爺ちゃん、婆ちゃん、それに子供までが傭兵軍団の前に立ちはだかり、ついにオハイオ川を血に染める「戦争」が勃発。大量の死傷者が出た。

ピッツバーグ鉄鋼労働者武装蜂起の研究書『ホムステッドの戦い』

「生活を守るためなら婆ちゃんだって権力に立ち向かう。アメリカ的だね」

　そう言うロメロの家を出た後、地元のもう一人の偉人、アンディ・ウォーホルの博物館に寄った。「ポップアート」というバカバカしいほどアメリカ的な芸術を生んだウォーホルの両親もチェコからピッツバーグにやってきた。博物館でいちばん印象に残ったのはキャンベル缶でもマリリン・モンローの肖像でもなく、貧しい移民労働者一家以外の何者にも見えないウォーホル親子の古びた小さな写真だった。（01年5月）

## マーク・トゥエインがルポした奴隷市場
## チャイナタウンが阿片窟だった頃

同時多発テロの後、ゴールデン・ゲート・ブリッジがテロの標的に！　と発表されたせいでサンフランシスコでも観光客が激減。普段の混雑がウソのようにガラガラのチャイナタウンを、生粋のチャイナタウンっ子の編集者アルヴィン・ルーに案内されてブラついた。

「こんな空いてるのは77年の乱射事件以来だなあ」

彼はそう言って「ゴールデン・ドラゴン」というレストランを指差した。

「そこで食事中のギャングが敵対するギャングにマシンガンで襲われたんだ」

巻き添えで十六人の客が死傷し、チャイナタウンにはしばらく誰も寄り付かなかった。

「この辺は面白いよ。ちなみに、向こうの角の金山銀行は昔は病院で、ブルース・リーが生まれた場所だし」

なんと、信者にとってのベツレヘムではないか！　でも、どこにも記念碑の類はないね。

「うーん。別の碑ならあるけど」

彼は薄暗い路地に曲がって古い煉瓦造りの壁に埋め込まれたプレートを示した。「19世紀末、このジャクソン通りの両端の路地は無法地帯だった」と書かれている。

アルヴィンは地下の雀荘を指して言う。

「そこは非合法の賭場、向かいのダンコム小路には阿片窟があった」

中国人が世界に広がったのは阿片のせいだ。イギリス製の阿片で中毒患者を増やされた中国（当時は清）はイギリスと戦争したが敗北。中国の経済状態は悪化し、仕事を求めて外国に出ざるを得なかったのだ。

サンフランシスコのチャイナタウンの阿片窟を描いた当時のイラスト

「あっちのジェイソン小路は売春窟だった」
当時、中国人の増加を恐れたアメリカ政府は中国からの移民を男だけに制限したので女性は希少だった。娼館の前にはいつも長蛇の列ができたという。
「そして、セントルイス小路の行き止まりには奴隷売り場」。そこでは貧しい両親に売られ、密輸された少女たちが売買されていた。
「1864年6月11日、香港から十九人の奴隷を載せて来た船が摘発された。彼女たちは十四歳から二十歳で、

150ドルから400ドルで売買される予定だった」。当時、サンフランシスコの新聞記者だった文豪マーク・トゥエインもそう書いている。

「すげえ! ここって、アメリカ人のイメージする〝暗黒のチャイナタウン〟そのものじゃん! そう宣伝して観光客を呼べばいいのに」と言うとアルヴィンは「そんな話をここでしないほうがいいよ」と笑った。

彼が指差すかつての奴隷売り場には〝Family Association〟の看板が。つまりチャイニーズ・マフィアの事務所である。(01年10月)

## ヘルズ・エンジェル発祥の地
### わが町オークランド

近所の本屋の前にハーレー・ダヴィッドソンが何十台も群がっていた。ドンドンドンドン、下腹に響く独特のエンジン音。乗っている男たちの両腕にはびっしりタトゥー、革ジャンの背には翼の生えたドクロのマーク。ヘルズ・エンジェルズがバーやバイク屋じゃなくて本屋に集まるなんて……。おそるおそる店を覗き込むと、「ソニー・バーガー来店」の告知が。悪名高いエンジェルズの「プレジデント」である。二冊目の著書『ライディン

ソニー・バーガー著『ヘルズ・エンジェル』。邦訳もあり

グ・ハイ、リビング・フリー』の出版記念のサイン会が開かれていたのだ。

ここオークランドは60年代はエンジェルズのメッカだった。最初は退役軍人のバイク同好会だったエンジェルズは、次第に全国規模に脹れ上がり、世間に怖れられた。リーダーのソニーは六十三歳の現在まで、銃の不法所持、麻薬密売、それに抗争相手の暴走族を爆殺しようとした罪などで合計十二年間も獄中で過ごしたという。

「自由に生きることの代償だね」

喉頭ガンを切除したソニーは人工発声機で笑った。

ソニー率いるエンジェルズは、ハンター・トンプソンの有名な体験ルポに協力したり、ピーター・フォンダ主演の映画『ワイルド・エンジェル』などの撮影に参加したが、特に有名なのは1969年12月、オルタモントで開かれたローリング・ストーンズの無料コンサートの警備を担当したことだろう。ところが警備のエンジェルズが観客をナイフで刺し殺してしまった。「カウンター・カルチャーの自滅」と言われる大事件だが、ソニーによれば「ムカつく奴がいたから刺した。エンジェルズの日常さ」。

どんな「日常」か。ソニーは著書を朗読する。彼のバイクを盗んだライバルの暴走族を捕まえたときの回想だ。

「奴らに犬の首輪をつけて、鞭で叩きながら四つん這いで歩かせた。ハンマーで指を一本ずつ潰した。『どうしてひと思いに殺さないんだ！』と泣きわめくので言ってやった。『エンジェルズに逆らうとどうなるか、みんなに宣伝してほしいからだよ』」

質疑応答で「ガンで生死の境を体験したそうですが、神を信じますか？」と聞かれたソニーははっきりと答えた。

「NO」

アメリカの暴走族は日本の珍走団とは違う。このサイン会直前の4月26日、ラスヴェガス近くのカジノでヘルズ・エンジェルズとライバル組織モンゴルズが銃撃戦を始め三人が死んだ。そのことについてバーガーは静かにこう言った。

「もめ事は嫌いだが、やらなきゃいけない時があるんだよ」

（02年5月）

## ストリート・チルドレンからの脱出
### フィービー・グロックナーとテンダーロイン

サンフランシスコの中心部ユニオン・スクエアから西に4ブロックほど歩いたあたりを

「テンダーロイン」と呼ぶ。

テンダーロインというのは牛肉の柔らかい部分だが、その地区の警官は腐敗して賄賂で毎日高級なテンダーロインが食べられるからそう呼ばれるようになったという説がある。

ここは全米で最悪のホームレス地帯だ。

ご存知のようにニューヨークとロサンジェルスは大浄化作戦で、施設に収容したり、住む家を世話するなどでホームレスを激減させた。しかしサンフランシスコ市はホームレス対策が遅れ、全米で最大のホームレスを抱える都市になった。彼らのほとんどが麻薬中毒か精神病、もしくはエイズ感染者である。

フィービー・グロックナー著『ある子供の生活』

テンダーロインのポーク・ストリートを歩くと、老人だけでなく少年少女までも路上に座り込み、麻薬中毒患者独特のうつろな目で通行人を見上げて言う。

「お金ちょうだい」

２００２年にはこの路上で百七十四人の未成年少女が売春で逮捕された。彼女たちの大部分は白人の家出少女だ。調査によると彼らが家出したのは、家庭内での性的虐待から逃げてきたのだという。

この状況は四十年前から変わっていない。

1970年代、テンダーロインの路上にフィービー・グロックナーという少女がいた。フィービーの両親は離婚し、母親はフィービーと妹を連れてサンフランシスコに引っ越して来た。母の再婚相手は、十五歳のフィービーの処女を奪った。継父は母が見ていないところでフィービーに性行為やフェラチオを迫った。継父にイジメられ、嫌われるのが怖くてフィービーは言われるままになった。そんな継父の行為に気づかない母に絶望したフィービーは家を出てテンダーロインの路上で暮らし始めた。

わずかな食べ物と、その夜寝る場所を得るためにフィービーは何でもした。

人間以下の日々。

そこで彼女は同じ家出少女のタバサと親友になった。

重度のヘロイン中毒のタバサは麻薬目当てでフィービーを売人に売ったりもした。売人たちに輪姦されながらも、フィービーはタバサと離れなかった。身を寄せ合う相手が他にいなかったからだ。

しかし、十八歳になった時、フィービーはハッと目覚めた。

「このままじゃ野垂れ死にだわ」

でも、どうする？

フィービーには売れない画家だった実の父から受け継いだ絵の才能があった。路上生活の中でも彼女は日々の出来事をマンガに描き続けていた。彼女はアダルト・スクール（市民は無料）に飛び込んで本格的に絵を学び、奨学金を得てカレッジに進み、ついには医学図解の修士号を獲得した。

人体図解の画家として成功したフィービーは、自分の体験を『ある子供の生活』というコミックに描いた。医学美術のように緻密で正確なタッチと、醜いものも隠さない冷酷なリアリズムで自分の近親相姦、レイプ、麻薬、ピンプとの恋愛体験を描き切った。

あまりに強烈な内容を見て印刷所が作業を拒否する事件まで起こったが、『ある子供の生活』はコミック界を越えて全米にセンセーションを巻き起こした。

『ある子供の生活』は、画家になったフィービーが久しぶりに通りかかったテンダーロインの路上で、エイズで死にかけたタバサと再会するところで終わっている。（03年1月）

## 「テキサスの黄色いバラ」は建国の女神だった
### アラモの影に消えた黒人女性

またテキサスに行ってきた。今回はオタキング岡田斗司夫さんのNASA取材の通訳だったんだけど、ヒューストン空港に着いて、「ああテキサスだなあ」と思うのは、カウボーイ・ハットの男たちと、あちこちに飾られた黄色いバラだ。黄色いバラはテキサス州のシンボル。日本人でも「テキサスの黄色いバラ」という唱歌を聴いたことがあるだろう。

アラモの砦を訪れた筆者。オジー・オズボーンはここで立小便して永遠にテキサスに来られなくなった

♪テキサスの黄色いバラに会いたいな
黒人のおいらが知る限り最高にスイート
テネシー美人もかなわないぜ

そう、「黄色いバラ」とは花じゃなくて美女のこと。

彼女こそは「テキサス独立の女神」なのだ。

彼女の本名はエミリー・D・ウェスト。黒人と白人の混血だった。当時は褐色の肌を指してYellow（黄色い）と言った。エミリーは１８３５年に東部からテキサスにホテルのメイドの仕事を求めてやって来た。「テキサス共和国」は独立を宣言したばかりだった。もともとテキサスはメキシコの一部だったが、独裁者サンタ・アナ将軍の圧制に耐えかねて住民が蜂起したのだ。

叛乱を鎮圧するため、サンタ・アナ将軍は自らテキサスに攻め込んだ。エミリーは捕虜になり、彼女の美しさに目をつけた将軍に手籠《てご》めにされた。ところが将軍は逆に彼女の虜になってしまったのである。

4月21日、テキサス叛乱軍はメキシコ軍の野営陣地を奇襲した。いつも勇敢に陣頭指揮を取るサンタ・アナ将軍はなぜかテントから現われず、メキシコ軍は総崩れとなった。叛乱軍に捕えられた将軍は負けを認め、テキサスは正式に独立国になった。

サンタ・アナは捕まった時、軍服を着ていなかった。民間人に変装して逃げるためかもしれないが、テキサス人たちはこう噂した。エミリーの体にメロメロになった将軍はその日も夜通し燃えまくって裸のまま眠りこけ、奇襲されても腰が抜けていたのだ。その前からエミリーは将軍からピロー・トークでメキシコ軍の動きを聞き出し、叛乱軍に情報を伝えていたのだ……。

これは噂であって、真実はわからない。テキサスはそもそも黒人奴隷制度に賛成する白人たちが多かった。メキシコから独立した後、白人たちは共に戦ったメキシコ人や黒人を差別し、弾圧し始めた。エミリーは東部に帰って消息を絶った。今も歴史家たちは彼女の記録や写真を探し続けている。その後、テキサス共和国は住民投票でアメリカ合衆国に合併した。しかし、テキサスの親たちは「独立の女神」の活躍についてどう子供に説明するんだろう。

「お前も仕事の前の晩は二回までにしときなさい」とか？


（03年6月）

# シャンハイ・トンネルの伝説
## ストリップの町ポートランド

映画『エデンより彼方に』の監督、トッド・ヘインズのインタビューで彼の別荘があるオレゴン州ポートランドに行ってきた。美しい湖沼地帯と針葉樹林に囲まれたポートランドは、レンガ造りの古い倉庫とヴィクトリア風の家が並ぶ、西海岸には珍しい落ち着いた町だ。ヘインズとは市の中心部を南北に貫くウィラメット川のほとりで会ったが、ちょうどコットンウッドの白い綿毛が空一杯に舞い散っていて、真夏の雪のように幻想的だった。

「でも、ここは結構変な人たちが住んでるんだよ」

ヘインズは笑った。映画監督では他にガス・ヴァン・サント、作家では『ファイト・クラブ』のチャック・パラニュークが暮らしている。パラニュークが書いたポートランドについてのエッセイ『逃亡者と亡命者たち』のタイトルが示すようにワケアリな人たちが逃げてくる町らしい。

ワケアリといえば水商売だが、この町にはストリップバーが五十軒もある。それだけあるとたいていのバーでストリップをやってる感じだ。各店に十人のダンサーが在籍しているとすれば、五百人もの現役ストリッパーがいる計算になる。しかもアメリカでは「全スト」の店にはアルコールや食事販売の許可が下りないが、ポートランドだけは何でもアリになっている。ちゃんとした料理を出すレストランで特出しストリップをやっているのだ。それって食欲湧くのかな？

　ポートランドが風俗産業に甘いのは、その名の通り港町としての歴史が長いからだ。古い船乗り相手の酒場のいくつかは今もバーとして営業しているが、奇妙なことに店には隠しドアがあって地下のトンネルで連結し、それが港まで続いている。これが悪名高い「シャンハイ・トンネル」である。百年ほど前、中国との貿易が盛んになったが、太平洋を渡る航海は長く過酷なので、いつも水夫が不足していた（当時の水夫は一回ごとの日雇いだった）。困ったポートランドの手配師は、酒場で水夫の酒に阿片を混ぜて眠らせて船に乗せることを思いついた。誘拐した水夫を上海行きの船に乗せる行為をShanghai（動詞）と呼ぶが、これに使われたのがシャンハイ・トンネルなのだ。しかし、それでも水夫が足りない時、手配師は路上で寝てる浮浪者や行き倒れの死体を布で包んでシャンハイし、それも見つからない時はタバコ屋の看板の木彫りのインディアン人形を水夫と称して渡していた（笑）。

パラニュークのポートランド・ガイド。表紙はダンサーの乳首飾り

　現在もシャンハイ・トンネルは残っている（一部で観光ツアーも行われている）。ス

トリップに見惚れてるうちに目が覚めたら遥か洋上なんてことないよう気をつけよう。（03年7月）

## 市庁舎で銃撃、飛び降り自殺、アメリカン・サイコ
### マンハッタンの奇怪な1日

7月23日、作家ブレット・イーストン・エリスの自宅訪問のためマンハッタンにやって来た。昨日から続く雷雨が昼過ぎにやっと止んだので、とりあえずグラウンド・ゼロの跡地がどうなっているか見に地下鉄に乗った。駅を出るといきなり警官に尋問された。

「服とカバンの中身を全部チェックさせろ」

周囲を見渡すとものすごい数のパトカーと警官。空をヘリが飛び交い、ＳＷＡＴまで防弾チョッキと狙撃銃を持って待機している。

「何があったんです？」

「そこのＮＹ市庁舎で銃撃があって市会議員が死んだ」

犯人が逃亡中らしいので検問しているという。報道陣と野次馬が道にあふれて身動きがとれないので、仕方なくミッドタウンに引き返す。紀伊國屋書店で娘にアンパンマンの絵

本でも買ってやろう。

紀伊國屋の隣のNBCスタジオの街頭テレビの前に黒山の人だかり。

「何があったんです？」

「市庁舎銃撃の犯人は撃たれた市会議員の政敵だと判明したんだ。奴は警官と撃ち合って射殺されたってさ」

ブロードウェイ方面に向かって53番街を西に歩く。6番街のヒルトンホテルの横に入ると道はモデル級の美男美女数百人で溢れていた。なぜか全員似たような黒のドレスを着ている。

「何があったんです？」

「今日は全米でも最大規模のモデル・エージェンシーのコンヴェンションなんだよ」

「きゃあああああああ！」

モデルたちが悲鳴をあげた方を見ると、ヒルトンのタワーの下にあるレストランのカフェテラスに血まみれの人間が倒れている。

「何があったんです？」

「見ればわかるだろ、死んでるんだよ」

日本人の老紳士がビデオカメラを掲げて言った。

右側奥に見えるのが死体。この事件はなぜ抹殺されたのか？

「上のほうでガラスが割れる音がしたんで、思わずそっちにカメラを向けたんだ」。ビデオを巻き戻すと男がタワーの窓から落ちていく瞬間が！　ABCテレビのクルーもそのビデオを覗き込んだが「これはモロすぎて地上波では放送できない。CNNの人を紹介しよう」と老紳士を連れ去ってしまった。

その夜から朝にかけてテレビや新聞、ネットを見張ったが昨日の事件は一切放送されなかった。飛び降りくらいじゃニュースにならないのか？　ブレット・イーストン・エリスに会って証拠の死体写真を見せると「まるで僕の『グラマラマ』みたいだな」と言った。『グラマラマ』はファッション・モデルたちが国際テロリストとして暗殺や破壊を繰り返すという陰謀小説。それにしても、死んだのはいったい誰だったんだ？（03年7月）

## ドライブ・スルーでブリトニー結婚
### アメリカの「縮図」ラスヴェガス

今回の冬休みは三泊四日の家族旅行で、エッフェル塔に昇って、ゴンドラに乗ってカンツォーネを聴いて、リオのカーニバルを見て、ピラミッドに泊まって、中世の騎馬戦を見て、ついでにマシンガンをフルオートで撃ってきた。

なんだか妄想みたいだが、これは全部ラスヴェガスで体験した事実。つまりエジプトやパリ、ヴェニスを模したテーマ・ホテルが並んでいるのだ。スフィンクスと自由の女神とエッフェル塔がワンショットに収まった風景を見て四歳の娘は「イッツ・ア・スモール・ワールドって本当だ！」と思ったことだろう。

そんな豪華なホテルの裏側に回ると、荒涼とした砂漠が広がり、ホームレスのテント村と安モーテル以外に何もない。安モーテルは娼婦とアル中、ジャンキーの巣になっている。サンフランシスコからヴェガスに移り住んだ友人のウィルは、このハリボテ・タウンについてこう言った。

「何もかも派手で、バカでかくて、実は全部にせもので、裏側はカラッポ。This is very, very American（実にアメリカ的だ）」

ラスヴェガスの教会は24時間オープン。思いついたらすぐ結婚できる

1月3日、このラスヴェガスでブリトニー・スピアーズが結婚した。花婿がジェイソン・アレクサンダーだと報じられると全米は「ブリトニー狂ったか？」と驚いた。なぜならジェイソン・アレクサンダーといえばTVコメディ『隣のサインフェルド』でセコくてチビでハゲでデブの中年男を演じる俳優だから。けっきょく同姓同名の別人だったわけだが。

こっちのジェイソンはブリトニーの幼馴染で、ひさしぶりにラスヴェガスで出会って盛り上がっているうちに「結婚しよう」ということになったそうな。新郎ジェイソンは高校のフットボール選手だったがプロの夢かなわず、今は親の家で暮らす無職の二十二歳。彼の暮らすルイジアナ州ケントウッドという人口わずか二千人の田舎町には全米のマスコミが殺到した。

さて、ラスヴェガスには誰でも予約ナシで結婚式ができるファストフード式教会がいっぱいある。ブリトニーが式を挙げたリトル・ホワイト・チャペルでは、車に乗ったままできるドライブ・スルー結婚式もやっている。ブリトニーの花嫁衣裳は野球帽にTシャツにジーンズ。わずか数分で終わったこのマクドナルドな結婚式は案の定、たった一晩のハネムーンの後、二人の同意で取り消され、たった五十五時間というスピード離婚の記録を打ち立てた。Very, very American.　（04年1月）

★ブリトニーはその後、自分のバック・ダンサーと結婚し、二人の子どもをもうけた後、離婚した。

## ハードコア・ポルノ生みの親の惨劇
### オファレル劇場とミッチェル兄弟

筆者が住むオークランドから橋を渡った対岸、サンフランシスコで、ストリッパーが警察に勝った。

去年、警察が客に変装して店に入り、ラップダンスを誘ったダンサーたちを「売春行為」として逮捕しまくった。ストリップ・クラブではダンサーが客のひざ（ラップ）の上で踊るラップダンスをしてBGM一曲三分踊って20ドルもらう。彼女たちは店に雇われているのではなく、逆に店に場所代を払って「踊らせてもらっている」ので、ステージの上で踊るだけでは食えない。ラップダンスは重大な収入源なのだ。必死のダンサーたちは法廷で「ラップダンスは売春ではない」と主張し、見事に勝った。

ミッチェル兄弟をエステヴェス兄弟が演じた『キング・オブ・ポルノ』（邦題）

サンフランシスコはストリップのメッカである。

フランシス・コッポラの映画会社ゾートロープがあるブロードウェイあた

りは風俗店が集中して小さな歌舞伎町みたいになっていて、そこにある「コンドール・クラブ」というバーは、アメリカで最初のトップレス・バーだ。それ以前もストリップ小屋はあったが、ブラジャーを取った瞬間に手で胸を隠しておしまいか、乳首に飾りをつけて隠していた。しかし1964年にキャロル・ドーダというダンサーがコンドールのピアノの上でブラを取って見せた。警察はキャロルを捕まえたが、あっという間にコンドールをマネしたトップレス・バーが乱立して、いちいち逮捕することはできなくなった。

もう一つ、この町から始まったものがある。

ハードコア・ポルノだ。

サンフランシスコ市庁舎の北、ジャンキーとホームレスが道端にあふれるテンダーロイン地区のオファレル通りにある「オファレル・シアター」は、ポルノ解禁の歴史的名所である。

「オファレル・シアター」のオーナーはジムとアーティのミッチェル兄弟。彼らの両親は道路で車に轢かれた小動物を拾って家で食べるほど貧しかったが、ジム・ミッチェルは写真や映画の撮影技術を学び、素人女性のヌードを撮って地道に稼ぎ、69年にその金で倉庫を借りてポルノ映画館「オファレル・シアター」をオープンした。

最初は男女のカラミのないヌード映画や、擬似のカラミのソフトコアを上映していたが、もともと映画監督になりたかったジム・ミッチェルは71年、自ら長編ポルノ映画『グリーンドア』を作った。俳優たちに本当にセックスをさせて撮影した「ハードコア」だった。

それをオファレルで上映すると、ミッチェル兄弟は警察に公然わいせつ罪で逮捕された。ところが彼らは合衆国憲法修正第一条「表現の自由」を盾に法廷で争い、結局、裁判に勝った。その時、アメリカでポルノが解禁されたのだ。

製作費わずか6万ドルの『グリーンドア』は全米で公開されると、たちまち3千万ドル以上を稼ぎ出した。ミッチェル兄弟以外もハードコア製作に乗り出し、『ディープスロート』が大ヒットして、ハードコア・ブームがやってくる。60年代末からハリウッド映画は史上最悪の低迷期にあったので、ポルノはアメリカの映画興行界を底から支えることになった。

ミッチェル兄弟は億万長者になったが、当時流行し始めたコカインに溺れていく。80年代になるとホームビデオが普及し、ポルノ映画館は一気に衰退する。ミッチェル兄弟はオファレル・シアターをストリップ劇場として再オープンした。彼らが支配人として雇ったのは、『ラスベガスをやっつけろ』を書いた「ゴンゾ・ジャーナリスト」のハンター・S・トンプソンだった。トンプソンはオファレルを「ポルノのカーネギー・ホール」と宣伝して観光客を集めたが、世間は次第にミッチェル兄弟のことを忘れていった。

そんな彼らの名前がひさびさに新聞の一面を飾ったのは91年。兄ジムが弟アーティを射殺したのだ。ジムは犯行の動機を、弟に追い詰められたせいだと主張した。アーティが麻薬中毒のため疑心暗鬼がひどくなり、オファレル劇場の権利をジムが独り占めにしようとしていると妄想し、拳銃で脅すようになったというのだ。結局、ジムの言い分が認められ、第一級殺人ではなく故殺（偶発的殺人）と判決された。ジムはわずか三年の懲役で保釈されたが、残されたアーティの子供たちは今も、ジムはオファレルを独り占めするために父を殺したのだと世間に訴えている。

この裁判を元にしてジャーナリストのデヴィッド・マッカンバーは『Rated-X（成人指定）』というノンフィクションを書いた。それの映画化が『キング・オブ・ポルノ』（00年）だ。わざわざ髪の毛を剃ってハゲのミッチェル兄弟を演じるのはエミリオ・エステヴェスとチャーリー・シーン。実の兄弟である。エステヴェスはこの題材に惚れこんで自ら製作、監督を担当した。なぜなら、アーティはポルノ女優と乱交し、麻薬に溺れ、銃を振り回すが、彼を演じるチャーリー・シーンも、ジンジャー・リン他のポルノ女優たちとセックス・パーティを毎晩のように開き、あらゆる種類のドラッグを試して一度は心臓が止まって死にかけた。拳銃をもてあそんでいるうちに、うっかり当時の婚約者ケリー・プレストンの手を撃ち抜いたこともある。アーティの狂気は演技ではないのだ。そして、弟の尻拭いに追われて精も根も尽き果てるジム役のエステヴェスも演技には見えない。きっとマジでバカ弟を撃ち殺したかったこともあるんだと思うよ。

チャーリー・シーンはすっかり更生してデニス・リチャーズと結婚、良きパパに落ち着いた。オファレル・シアターは今も、何度も警察の手入れを受けながらも営業を続けている。中にはミッチェル兄弟を記念した小さな博物館がある。

（04年6月）

★07年、ジム・ミッチェルは心不全で死亡。故郷の町アンティオークで弟の隣に埋葬された。09年、ジムの息子ジェームズ・R・ミッチェルは恋人を野球のバットで殴り殺して逮捕された。その日は二人の間に生まれた娘の一歳の誕生日で、殺される瞬間、彼女は娘を抱いていた。チャーリー・シーンは05年にデニス・リチャーズと離婚。その後もう一度結婚するも、再びセックスとドラッグに溺れ、人気番組『ハーパー★ボーイズ』もクビになった。

# GOSSIP

Chapter 4

## 『ビューティフル・マインド』という奇麗事
### 何でも単純化するハリウッド方式

天才数学者だが精神分裂症のジョン・ナッシュが、献身的な妻アリシアに支えられてノーベル賞を受賞するまでの愛と感動の物語『ビューティフル・マインド』。この映画は3月24日のアカデミー賞で作品賞他を独占した。

「この映画はウソっぱちだ」。アカデミー賞前後にそんな批判が噴き上がった。シルヴィア・ネイサーによる原作には、ナッシュが公衆便所で性器を出して男を誘ったことで逮捕された事実が書かれていた。また、MITの研究員たちはナッシュがジャック・ブリッカーという男性とキスする姿を毎日のように目撃していたという。しかし映画では彼のバイセクシャル傾向については丸っきりカットされている。

「あたしの存在が映画から消えている！」。抗議の声を上げたのはエレノア・スティアという女性。ナッシュは最初の子供をエレノアに産ませたが、自分の教え子アリシアと結婚するために、彼女をボロ雑巾のように捨てた。映画のナッシュは女性に奥手で純情な数学オタクとして描かれているが「あんなに女に冷酷な男はいない」とエレノアは言う。

さらにナッシュがライバルの研究員に「ユダヤ小僧」と差別用語を並べた嫌がらせの手紙を送っていたことや、アリシアとの間に生まれた息子もまた精神分裂症を病んでいることも、映画からは削除されていた。そういったダークな部分を映画は全部切り捨てている。そして、ビューティフル・マインド（素晴しい頭脳）を持つナッシュと妻の純愛物語に美化したのだ。

たしかに事実通りに描いたら観客がナッシュに共感するのは難しい。そこで脚本家は「純粋な心ゆえに社会と相容れない悲劇の英雄」に単純化した。彼がアカデミー脚色賞に選ばれたのは、ハリウッドの大多数が「映画は娯楽だ。事実と違ってもいいじゃないか」と思っている証拠だ。

だからダメなんだよ！　本物のナッシュは複雑怪奇な人間だった。それを単純化したら意味ないだろ！　彼に限らず人の心は複雑なんだから。現実だって同じ。善人がマジメに努力しても幸福になれるとは限らない。愛が必ず勝利するとは限らない。そんな人間の業を描くのが芸術だろ？　その意味で『フランダースの犬』も『人魚姫』も『ノートルダムのせむし男』も子供向けとはいえ立派な芸術だった。ところがそれを最近のハリウッドは片っ端からハッピーエンドの映画に作り変えている。『ビューティフル～』もそれと同じ。誰か止めろ！

（02年3月）

## スカーレット・ヨハンソンはコビッチだ
### ハリウッド一嫌な女優は誰か？

人は面と向かって会ってみないとわからない。ミラ・ジョボヴィッチといえばロレアルのスーパーモデルだし、あのツンと尖った鼻のせいで気取った女かと思ってたけど、先日『バイオハザード』に主演した彼女にインタビューしたら、ものすごく気さくなお姉ちゃんなので驚いた。日本向けに一生懸命に『料理の鉄人』の話をしてサービスするし、和ませようと気軽にこちらの体を触ってくれる。さすが七歳の頃から子役で働いて貧しい一家を支えてた苦労人だ。

同じ子役出身でもスカーレット・ヨハンソンは大違い。『モンタナの風に抱かれて』の交通事故の後遺症で心を病む少女や、『ゴーストワールド』の世間の流行を軽蔑する少女など、暗く内向的で繊細な役が多いヨハンソンに『スパイダー・パニック』という巨大蜘蛛が大暴れする怪獣パニック映画の取材でインタビューしたら、繊細どころか態度のデカいこと。ガムをクチャクチャ嚙みながら記者団の前に現われ、脚をドカっとテーブルの上に乗っけて、ダルそうに「朝から十本もインタビューこなして、同じこと何度も聞かれたから疲れちゃってさあ」と言って小鼻に付けたピアスを指で弾いた。共演のデヴィッド・アークエットが代わりに「すいませんね、躾《しつけ》がなってなくて」と謝っていた。

「NYU（ニューヨーク大学）の面接受けたらさあ、落とされちゃったのよ」とスカーレットはボヤいた。「頭来ちゃうわ。何が悪かったのかしら」

わかんないのかよ！　態度だよ！

取材後、メキシコの記者が肩をすくめて言った。「彼女はまだガキだからね。大人になれば利口になるでしょ」。するとフランスの記者が反論した。「そうとは限らない。ジュリア・ロバーツに会ったことあるかい？」。するとオーストラリアとイタリアの記者が激しく同意した。「そうそう！　彼女は最悪のビッチよ」。筆者はびっくり。「ジュリアってピープルズ・チョイスを受賞したアメリカ人の好感度ナンバーワン女優でしょ？　それが本当にビッチなの？」。「この目で見たのよ。あのね……」ある取材で記者の一人がジュリアのネックレスが不思議な形なので、ちょっと見つめてたら「あたしのオッパイに触りたいの？　一生無理よ」と鼻で笑われた。別の取材で当時彼女がつきあっていたベンジャミン・ブラットについて質問したらこう言った。「余計なお世話ね。あたしのプッシー（×××）が何しようと勝手でしょ」。

最近は他人の夫を金で略奪して顰蹙買ってるジュリアですが、テレビや映画で観ただけの好感度なんてアテにならんな。日本のタレントもね。

（02年3月）

## メグ・ライアンの姉が破産
### スターの兄弟はつらいよ

好きな男性から言われる言葉で最悪なのは「君のお姉さん（or妹）、紹介してくれる？」だという。ならばハリウッド・スターを姉妹に持った人は本当に辛いだろう。

先日、ミシェル・ファイファーの妹で売れない女優のディーディーが『プレイボーイ』誌でオールヌードになった。脱いだ動機はアイデンティティ・クライシスだという。

「私は〝ミシェル・ファイファーの妹〟としか覚えてもらえないの。それだったら〝ヌード女優のディーディー〟になったほうがマシだわ！」

ディーディーは姉ミシェルとよく似ている。ダンゴ鼻以外は。たぶんミシェルの細い鼻は整形だろう。ディーディーは整形したくてもしにくいだろう。姉と同じ顔になったら、姉のスタンドインになるか、そっくりさんとしてデパートの屋上でショーでもやるしかないもんね。

双子のようにそっくりなのがメグ・ライアンの姉ダナ。彼女はメグの九カ月年上（どうして？）で学校ではずっと同じ学年。昔からよく間違われたという二人の現在の境遇は大きく違う。映画一本で十五億円のギャラを稼ぐメグに対して、姉のダナは田舎町のスーパーマーケットのレジ打ちとして週給二万七千円で働いている。

メグのビバリーヒルズの豪邸は時価九億円だが、ダナが居候している部屋の家賃は月三万円。それでも生活は苦しくて、自己破産手続きをして生活保護を受ける必要がある。ダナはメグに助けてほしいが、ここ十年ほどは電話してもマネージャーが取り次いでくれないし、手紙を書いても返事は来ない。そこでマスコミを通じて妹にSOSを出したのだ。

「妹と会えるのは映画の中だけよ」と哀しげに語るダナは、みすぼらしい服とツヤのない茶色い髪、苦労が滲み出た表情で、四十代の疲れたオバサンにしか見えないが、よくよく見ると、丸い鼻、大きなタレ目、大きな口、何もかもメグ・ライアンとまったく同じなのである。この人もキチンとお化粧してブロンドに染めればメグと同じ……いや、メグ・ライアンも化粧を取れば、こんな普通のオバサンなんだろう。いったい何が二人の運命を分けたのか。「根性」らしい。ダナは言う。

「メグはものすごい努力家で、一所懸命勉強して特待生として名門ニューヨーク大学に行った。私は普通の女の子だっただけよ」

そう、女優になるかどうかは美しさで決まるわけじゃないのだ。ミニ・ドライバーのマネージャーは姉のケイトで、ミニの映画のプロデュースも姉がやっている。才能あるビジネス・ウーマンとして評価も高いケイトは元モデルでスタイルは抜群。顔も妹みたいにエラも張ってないし、妹みたいにソバカスもないし、目もパッチリと大きい。早い話、ルックスは女優である妹よりも抜群にいいのだ。ミニ・ドライバーは、マット・デーモンをウイノナ・ライダーに盗られたのをはじめ、ジョン・キューザックをネーブ・キャンベルに盗られ、ハリソン・フォードをカリスタ・フロックハートに盗られ、去年は婚約したジェームズ・ブローリンからも一方的に婚約破棄され、すっかりハリウッド一モテない女になってしまったが、姉さんのケイトはモテるだろうな。ミニは昔から「ところで、君の姉さん、紹介してくれない？」ってさんざん言われてきたに違いない。ハリウッド女優なのに（涙）。（02年4月）

★かつて好感度ナンバーワン女優だったメグ・ライアンは『プルーフ・オブ・ライフ』の共演者ラッセル・クロウと不倫関係になり、デニス・クエイドと離婚。それで世間の支持を失い。今も低迷している。

## お尻の大きなシンデレラ
### ジェニファー・ロペスの下積み時代

ジェニファー・ロペスを有名にしたのはヴェルサーチのガウンだった。99年度のアカデミー賞授賞式に彼女がこれを羽織って、つまりほとんど裸同然で現われてから数週間は、アメリカ中の新聞、雑誌、ニュース、インターネットにその姿があふれた。それから今まで、ジェイロー（彼女の愛称）旋風が吹き荒れ続けている。

ジェニファーは映画出演料が100万ドルを突破した初めてのラテン系女優だ。男性雑誌『STUFF』の表紙撮影料も史上最高の24万ドル。映画と音楽とグラビアを同時多発的に制覇したジェニファーは女性からも人気で、美容整形医トーマス・ロバーツによれば、安産型のジェニファーに憧れてヒップ増大手術（4200ドル）が大流行しているという。「お尻の小さなモデル体型」を過去のモードにしてしまったジェニファーのお尻には300万ドルの保険がかかっているとさえ噂された。

「保険なんてタダの噂よ。だってコンプレックスだったもの」

ジェニファーはインタビューの度にそう言う。ギターラ（スペイン語でギター）と呼ばれるほど豊かなヒップを気にして、小さく見えるよう苦労してきた。

「それに私、鼻がペチャンコだし」

十三歳の時、母親が運転していた車がトラックと衝突して助手席に乗っていたジェニファーは鼻を骨折してしまったのだ。

おまけに学校の成績は最低。高校の全国統一学力検査のときは試験中「爪磨いてたわ」と言う。その代わりダンスには打ち込んだ。ブロンクスの

フランク・フラゼッタの絵みたいな
『ローリング・ストーン』誌カバー

プエルトリコ系コミュニティからマンハッタンのダンス・スタジオまで毎日地下鉄で通い、練習に熱中し過ぎてスタジオの床に寝てしまうことも多かった。高校卒業後はロサンジェルスに移り、ダンサーを目指した。90年には大阪花博のミュージカルで「出稼ぎ」していたこともある。ミュージック・ビデオのバック・ダンサーだった頃のギャラは一回50ドル。コメディ番組『イン・リビング・カラー』のレギュラー・ダンサーに選ばれた後も、アパートの家賃と食費で精一杯だったという。

ブレイクのきっかけは、ファンに射殺されたメキシコ系シンガーの伝記映画『セレーナ』(97年)だった。歌って踊れるラテン系ということでセレーナ役に抜擢されたジェニファーは、この主演第一作でいきなりゴールデングローブ賞にノミネートされた。

そして、例のアカデミー賞「ガウン事件」となるのだが、本当の事件はその後に起こった。アカデミー賞に彼女をエスコートしたラッパー、パフ・ダディがNYのクラブで拳銃を発砲して逮捕されてしまったのだ。現場にいたジェニファーも警察に収監され、彼女のキャリア最大の危機となったが、今年の初めにはパフ・ダディとの別離を宣言。その十カ月後には自分のバック・ダンサー、クリス・ジャッドと二度目の結婚。彼女を有名にしたヴェルサーチの豪邸でハネムーンを過ごして公私共に幸せの絶頂。ちなみにジェニファーの最新CDは、彼女がバック・ダンサーをしていたジャネット・ジャクソンのそれより売れている。

フリーダ役をめぐるサルマ・ハイエックとの「ラテン女優バトル」ではサルマ・ハイエ

ックに敗れたものの、ジェニファーは気にしてないだろう。次回作『ジーリ』の出演料はなんと1200万ドルを記録。もはやラテン系という枠はとっくに超えてしまった。2002年には、ホテルの貧しいメイドがイギリスの大金持ちに見初められる現代版シンデレラ物語『メイド・イン・マンハッタン』に主演するそうだが、もうとっくにジェニファーは女王様なのだ。先日イギリスのTVに出演した彼女は九十人のスタッフと六十六個のスーツケース、およびニューヨークから運んできたお気に入りの家具7トンでホテルを占拠したという。ハリウッドの大スターがイギリスのホテルのボーイと恋に落ちる話のほうがいいのでは?

（02年12月）

★その後、ジェニロペは『ジーリ』で共演したベン・アフレックと恋に落ちてクリス・ジャッドと離婚。だが、『ジーリ』は「03年で最もくだらない映画」としてラジー賞を受賞。ベン・アフレックはこれで俳優として終わってしまった。だがジェニロペは歌手マーク・アンソニーと結婚して双子を産んだ後、2010年に『アメリカン・アイドル』の審査員として人気を回復した。

## いちばんヒゲの似合う女優
## 『フリーダ』に賭けるサルマ・ハイエック

「このスケベ親父！」

あのサルマ・ハイエックに怒鳴りつけられてしまった。それも世界中から集まったジャーナリストたちの前で。

ここはメキシコ・シティのチュルブスコ・スタジオ。「映画の父」エイゼンシュタインやルイス・ブニュエルも活躍した歴史的な撮影所だ。そこで『フリーダ』撮影中のサルマ・ハイエックを訪ねたのだ。

「本物のサルマは小さいんでビックリするよ」

撮影所まで行く途中、タクシーの運転手はメキシコが誇る世界的女優についてそう言った。

フリーダの自宅のセットで、サルマは手紙を書く場面を演じていた。監督のジュリー・テイモアがOKを出しても、自分の演技に納得いかないサルマは撮り直しを要求する。

「この映画はサルマのベイビーだから」

テイモアは笑った。サルマはこの映画を企画し、何年もかけて資金を調達したプロデューサーであり、スタッフもキャストも彼女自身が直接交渉して集めた。ところがその過程でジェニファー・ロペスもフリーダの生涯を演じたいと言い出した。

ハリウッドを代表するラテン系女優がフリーダを競作か？　マスコミは面白がって騒ぎたて、サルマは「フリーダはメキシコ人だけど、ジェニファーはプエルトリカンで、スペイン語もしゃべれないじゃない」とライバルを攻撃。いっぽうジェニファーは巨匠フランシス・コッポラをプロデューサーにして企画を進めたが、サルマはフリーダの遺族を口説き落として彼女の絵を独占的に使用する許可を獲得。絵が使えなくなったジェニロペ版フリーダは潰れた。サルマの情熱の勝利だった。

昼休み、スタジオの中庭でメキシコ風ランチを食べながらインタビュー。サルマは現われるなりさっきのシーンで妥協しなかった理由を語った。

サルマ・ハイエックのワンマン映画『フリーダ』

「手紙を書くシーンはとっても重要なの。フリーダはものすごく手紙が好きで、それがフリーダ研究の対象になってるの。とにかく辛らつで皮肉に言いたいことをズバズバ書いてるから。ものすごくおかしい手紙なのよ」

話しながらサルマはスパスパ煙草をふかす。

「タバコ？　これは役作り。フリーダが吸

うから。あと、この長い耳たぶは特殊メイクだから触らないでね。つながり眉毛は本物だけど（笑）」

この時は眉毛と並んでフリーダのトレードマークである口ヒゲは生やしていなかった。

「若い頃の場面だから。年を取るに従って濃くするわ。でも、フリーダの絵の口ヒゲは誇張されてるの。あれは彼女の願望だと思うわ。たとえば彼女は左足が不自由だと日記に書いてるし、絵でもそう描いているけど、実際に障害があったのは右足なの。きっと、本当は傷ついている右足を健康だと思い込むことで〝痛み〟を克服しようとしたのよ」

サルマは幼い頃フリーダの絵が大嫌いだったという。

「ゲーッ、これ描いた人頭ヘンじゃない？　って感じ。まだ子供だったのよ。でも、大人になっていくにしたがって、彼女の痛みがだんだんわかってきて夢中になったわ。フリーダの作品と人生にね」

フリーダは幼い頃、ポリオで足に障害を持ったうえに、交通事故で体を文字通り引き裂かれ、さらに流産も体験した。夫のディエゴ・リベラは浮気を続け、その相手にはフリーダの妹も含まれていた。

「彼女の一生は苦痛の連続だったけど、その痛みを隠すことなく絵のなかに表現したの。彼女の愛のキャパシティは時代のはるか先を行っていたわ。当時だけでなく今もね」

夫に負けず、フリーダも恋多き女だった。彫刻家のイサム・ノグチ、ソビエト革命の指導者トロツキーなど世界的有名人と次々と関係を持った。しかもフリーダの恋の相手は男性だけではなかった。

「私はフリーダの unconditional（無条件）な恋を描きたいの」

そこで筆者はよせばいいのに「レズビアンも、ということ？」と口走ってしまった。

「私はフリーダとディエゴの夫婦愛のことを言ってるのよ！　フリーダといえばあたしがレズ・シーンを演じるかどうか、そんなことばかり気にしてるスケベ親父が多くて困るわ！　あのねえ、フリーダはね、人生を思いきり生きただけなの！　植木に水をやるように楽しんだのよ。Painting（絵画）と Fuck をね！」

Fuck という言葉をハリウッド女優から直接言われたのは初めてだ。

「フリーダは障害にもめげずに、毎日お祭りみたいな派手なドレスを着て世界の社交界に飛び出して、言いたいことを言ったのよ。あまりにキツくて嫌われることも多かったけどね」

サルマがフリーダに入れ込むのは単に同じメキシコ系だからではなく、その「強さ」に魅せられたのだろう。

レバノン人の父はメキシコで石油ビジネスで成功した富豪で、サルマを「お姫様のように」育てた。

「それが私という人間を作ったのよ。良かれ悪しかれ」とサルマは言う。彼女は学生時代にスカウトされて出演したテレビの昼メロで大スターになるが、そんな「小さな」成功に満足できないサルマはスーツケース二つでハリウッドに旅立った。英語学校に通い、演劇教室でシェイクスピアを一から勉強しながら彼女はオーディションを受けまくった。しかし、メキシコではスターでも、アメリカでは無名だった。

「当時はラテン系は軽蔑されてたから、私のようにチビで肌が浅黒くて訛りのキツい女優を雇おうと思う人はいなかった。それにエージェントにも所属してなかったし」

セリフのない端役で細々と暮らしながら四年経ったある日、サルマはメキシコ系住民向けテレビにチラっと出た。それをたまたま見ていたロバート・ロドリゲスが『デスペラード』のアントニオ・バンデラスの相手役に抜擢。以後はスター街道をまっしぐらだが、彼女はまだラテン系の仕事の場は狭いと言う。

「ラテン・ブームといっても、せいぜい六人くらい有名になっただけなのよ。ラテン系アメリカ人は三千万人以上いるのに」

それにしてもサルマ以上にヒゲの似合う女優はいないだろう。普段は太い葉巻をふかし、「私みたいなBalls（男気）を持つ男を探してるの」と言ってのける彼女は、アラブの超富豪アリ・モドハッサンと九十億円もするヨットでデートして話題になったが、現在の恋人はエドワード・ノートン。彼は『フリーダ』に大富豪ロックフェラー役で出演、脚色にも参加している。というか、プロデューサーのサルマがやらせてるんだけど。（02年12月）

★エドワード・ノートンとはその後ケンカ別れ。ハイエックは09年にフランソワ・アンリ・ピノーと結婚した。グッチ、イヴ・サンローラン、バレンシアガなどを傘下に収めるファッション・コングロマリットPPRのCEOである。

## 007の秘密兵器は火吹き

### ハリウッド・スター細腕繁盛記

007シリーズ第二十（！）作目『ダイ・アナザー・デイ』。いつもながらピアース・ブロスナンのタキシード姿がダンディだ。それに真っ向から挑戦するのが『タキシード』。007みたいなスーパースパイの秘密はアクションからダンスまでプログラムされた高性能タキシードだというコメディ。平凡な男がそのタキシードを手に入れてヒーローになるのだが、タキシードなしでも強いジャッキー・チェンが演じるのがミソ。

さて、この二本をハリウッドで取材したのだが、タキシード以外にも共通点があった。主演俳優たちがみんな苦労人なのだ。

ピアース・ブロスナンの母親は十代でシングルマザー。彼女が看護婦として一人前になるまでブロスナン少年は親戚の間をたらい回しにされて育つ。しかも彼は中学を出てすぐに独立し、なんとサーカスの火吹き芸人として暮らしていたそうだ。

大英帝国のエージェント役のブロスナンは実は生粋のアイルランド人なのだが、今回のボンドガール、ハル・ベリーの母親はイギリス人だった。彼女も看護婦で、アメリカに渡ってアフリカ系男性と結婚してハルを生んだ。しかし、夫の暴力に耐えかねすぐに離婚。ハル・ベリーは父についていい記憶はまるでないと言う。

「私は白人の母にイギリス流に育てられたのよ」

それなのに肌が黒いという引き裂かれたアイデンティティに苦しんだそうだ。しかも過去の恋人（ウェズリー・スナイプスだという）に殴られたせいで今も片耳が聞こえない。男運の悪さは母譲りか？

ジャッキー・チェンも、七歳のとき香港からオーストラリアに移民する両親から捨て子同然にして京劇学校に預けられた話は映画にもなっているほど有名だ。『タキシード』のヒロイン、ジェニファー・ラブ・ヒューイットはなんと三歳からテキサスの畜産品評会で歌を歌わされていたという。生後六カ月で両親が離婚。ステージママに連れられて幼いジェニファーは世界中を回って働いた。十二歳のときに日本に来て、スキーのヴィクトリアのCMで王貞治と共演もしている。まともに学校に通ったことがないので同じ年頃の友達は持ったことがないそうだ。

四人とも大変だったね。ちなみにブロスナンのジェームズ・ボンドも孤児院から引き取られてスパイに育て上げられたという過去があるのだ。

（02年12月）

## 黒人と白人の狭間を走る8マイル
### ホワイト・トラッシュの星、エミネム

「よいこのみんな、暴力は好きかい？」

そんな挨拶で始まる「マイ・ネーム・イズ」で99年にデビューしたエミネムは三枚のCDを全世界で二千万枚以上売り尽くし、ラップ史上最大の売り上げを記録した。

大成功にもかかわらずエミネムは狂犬のように誰彼かまわず噛み付いて回った。歌詞でクリスティーナ・アギレラ、ブリトニー・スピアーズなどの女性アイドルを売女呼ばわりし、イン・シンクやモビー、ウィル・スミスを「ヘナチョコ野郎」「ぶん殴ってやる」「死ね」とディス（挑発）しまくった。「オカマ野郎、刺してやる」などと歌って全米のゲイ団体から猛烈な抗議を食らった。さらに「オレみたいな問題児がいないとみんな退屈だろ？」と歌の中で開き直った。

けれども彼はいたずらに過激な言葉を弄んでいるわけではない。自分がやたらと攻撃的なのは白人貧困層、いわゆるホワイト・トラッシュに生まれたコンプレックスのせいだと認めるエミネムが、最も激しくディスするのは自分の身内なのだ。

「僕の父さんに会ったら伝えてよ。その喉を切り裂いてやりたいって」

エミネムことマーシャル・マザーズ三世の父は、マーシャルが赤ん坊の頃に家出してそ

のまま帰らなかった。十代だった母は職につこうとしなかった。そればかりか薬物に溺れるようになった。

「ウチのママは僕よりいっぱいクスリをキメてるんだ」

マザーズ母子は二、三カ月ごとに家賃滞納でトレイラー・ハウスを追い出された。母は次々と男を替えて、彼らの家を転々とした。絶え間なく転校するマーシャルに友達はできず、貧乏で貧弱な彼は行く先々の学校でひどいイジメにあった。

妻のキムも居場所のない少女だった。彼女は十三歳で家出してマザーズ家に転がり込んだ。役立たずの母のうえに恋人まで抱えて、十四歳でマーシャルの人生は早くも行き詰まった。ここでどうにかして一発逆転するしかない。それがラップだった。

「君は意味も無く憎まれたり、差別されたことはあるかい？　僕はずっとそうだった」

黒人が差別や貧困から生み出したラップは白人社会の底辺でもがく彼の心に響いた。マーシャル・マザーズはイニシャルのM&MからエミネムとM名乗り、黒人が支配するラップ界に挑戦していった。

エミネム主演の『8 Mile』は、そんな彼の自伝的映画だ。8マイルとはデトロイトの白

『8Mile』はラップ版『ロッキー』だ

人居住区と黒人のスラム街を隔てる道路の名前で、エミネムはその道沿いに暮らしていた。この道は白人と黒人の狭間に育った彼自身を象徴している。

ジミーは自動車のプレス工場で働く青年。カバンを買う金も無くて黒いゴミ袋に荷物を入れているほど貧乏なのに、別れたガールフレンドが妊娠してることを知らされて目の前真っ暗。

トレイラー・ハウスに暮らす母親（キム・ベイシンガー）は仕事を探しもせずに毎日ビンゴに通い、年が十歳以上若いジミーの高校の先輩を引っ掛けて真昼間からサカっている。ジミーの唯一の心の支えは年の離れた妹。これはエミネムの六歳になる娘がモデル。彼は腕に娘の顔を大きく刺青するほど溺愛している。歌詞でも「ツアーばかりで娘に会えなくて寂しいぜ」など何度も歌っているが、自分の歌は過激すぎるので決して娘に聞かせないそうだ。ジミーは妹のためにも何とかこのどん底から抜け出そうと考える。

「オレに出来るのはラップだけだ」

そして地元のヒップホップ・クラブでのラップ・バトルに挑戦する。もちろん出場者も観客も１００パーセント黒人。「白んぼ引っ込め！」とヤジられながらのステージはエミネムがデビューのきっかけを摑んだラップ・オリンピックの再現だ。

『8 Mile』を観るとシルベスタ・スタローンの『ロッキー』を思い出さずにいられない。ロッキーは三十路を迎えてうだつのあがらないボクサーで、負け犬人生から抜け出すために黒人チャンピオンとの試合に命をかける。それは女房子供を抱えて仕事がなく、自分で自分のためにシナリオを書いてチャンスを摑もうとしたスタローン自身の姿だった。『8 Mile』の生々しい映像も『ロッキー』に似ている。自然光で撮影して増感した、色褪せてザラついた画質と、手持ちカメラで捉えた荒れ果てた町の風景。それは青空の下でプールに美女をはべらす最近の黒人ラッパーのゴージャスなMTVとは正反対だ。今の黒人ラップが歌っているのはファッションと女と車と金のことばかり。リアルな現実と赤裸々な自分自身を描いているのは白人のエミネムだけなのだ。それこそが彼が人種や国境を越えて人々の心を摑んだ理由だろう。

(03年1月)

## 「1通10万円でどんな処方箋も書きます」
### ハリウッド・ドクター、海外に高飛び

ドラッグといえばコカイン、ヘロインはハリウッドではもう古いというお話。

万引きで捕まった当初「役作りのためなの」とバカげた言い訳をしていたウィノナ・ライダー。ム所行きは免れたが(檻の中で手ぐすねひいて待っていたレズの皆さんにはお気の毒様)、三年間もの保護観察とカウンセリングが科せられた。

裁判では、万引きそのものより、逮捕時に彼女が八種類もの処方箋薬を所持していたこ

とが問題になった。持っていたのはデメロール、ジアゼパム、ヴィコプロフェン、パーコダン、ベイリウム、エンドセットなど。舌を噛みそうな名前だがどれも鎮静剤や精神安定剤、いわゆるダウナーばかり。どれも医師の処方箋があったので犯罪ではないのだが、ウィノナが持っていた処方箋は合計なんと三十七！　これは「中毒」というしかないでしょう。

大量の処方箋を手に入れるため、ウィノナは二十人もの医者とつきあっていたが、なかでも彼女の主治医ジュールス・ラスマンは悪名高い「ハリウッド・ドクター」だった。彼は一回十万円出せばすぐにどんな処方箋でも書いてくれると評判で、お得意様の一人、コートニー・ラブは時には処方箋一通に三十万円も出したという。これじゃ医者というよりヤクの売人だ。ラスマン医師はウィノナの処方箋は自分が発行したものではなく、ウィノナに盗まれたのだとバカげた言い訳をしていたが、結局当局の追及に耐え切れず南アフリカに逃亡してしまった。

いかにも神経質そうなウィノナが精神安定剤にハマるというのは何となくわかるけど、わけわからないのが、クスリでラリって運転して捕まったニック・ノルティ。タフガイとして知られるノルティが服用していたのはＧＨＢだった。鎮静剤ＧＨＢは、多量に摂取すると、意識が朦朧とし、他人のされるがままになる。しかもその間の記憶がなくなる。そこで、ディスコやバーで女の子の飲み物にこっそり入れて「デート・レイプ」する不届き者が続出。アメリカでは90年以降、販売が禁じられた。しかし、何でそんなものをニック・ノルティは飲んだのか？　警察に尋問されたノルティは「知らない間に誰かに飲み物に入れられた」と言った。

何のために？　ニック・ノルティをレイプしようと企む奴ってどんなんだ？　ゴジラか何か？　（03年4月）

★09年、マイケル・ジャクソンが死亡したが、彼の専属医師コンラッド・マーレーが過失致死で起訴された。危険な麻酔薬プロポフォールを過剰投与した疑いである。

## 人魚姫は対人恐怖症
### ダリル・ハンナの復活

誰もがダリル・ハンナに恋をした。

84年の映画『スプラッシュ』のことだ。ダリルはニューヨークの若者（トム・ハンクス）に一目惚れして、陸に上がった人魚姫。ダリルは長身の金髪グラマー美女にもかかわらず、子供のようにシャイで子犬のように無邪気な人魚を絶妙に演じて世界の観客を魅了した。

それは演技ではなかった。ダリル・ハンナは自閉症の境界領域と診断されたほどの対人恐怖症だった。しかも広所恐怖症で、少女ダリルはいつも部屋の隅でうずくまっていた。それを克服しようと演技の道に進んだのだが、病的な内気さのせいでオーディションに落ち続けた。だから初めての人間世界に囲まれて怯え、戸惑う人魚役は万に一つの適役だったのだ。

『スプラッシュ』は大ヒットし、トム・ハンクスはオスカー最多受賞の名優に成長し、監督のロン・ハワードも巨匠になった。しかし、ダリル・ハンナの女優人生はここからずっと下り坂だった。

あこがれの人魚姫（明らかに嫌がってる）と記念写真

「画面の飾りみたいなブロンド美女の役ばかり。やり手の弁護士とか、男を滅ぼす悪女の仕事は来ないのよ」

俳優として評価されたのは唯一『マグノリアの花たち』（89年）の内気で本ばかり読んでいるメガネ娘役だけだった。

「あれが本当の私だから」

そんなダリルが王子様に見初められた。アメリカのプリンスといわれるジョン・F・ケネディJRと恋に落ちたのだ。ダリルはそれまで同棲していたフォーク歌手ジャクソン・ブラウンに殴られ、顔に青アザを作ったままニューヨークのJFKジュニアのもとに走った。ところが彼の母ジャクリーンは、ケネディ大統領とマリリン・モンローの浮気で苦しんだので、息子とハリウッド女優との結婚を決して許さなかった。ママズ・ボーイのJFKジュニアはダリルと別れて他の女と結婚し、飛行機事故で死んだ。

傷心のダリルはハリウッドに戻らず、ニューヨークで映画学校に通い、二十歳下の学生たちと一緒に手作りの映画を撮り始めた。「お金はないけど、初めて映画作ってて楽しいと感じたわ」。

アート系の小品『ブルーイグアナの夜』(00年)で女優業にカムバック。彼女はストリッパー役で自分のセリフは全部自分で書いた。こんなセリフだ。

「ジョン・トラボルタは人気スターだったけど、その後、仕事の選び方を間違えて落ち目になった。でも低予算映画『パルプ・フィクション』で返り咲いたの。人生にセカンド・チャンスはあるのよ」

そして今年、ダリルは『パルプ・フィクション』のタランティーノ監督作『キル・ビル』でメジャー映画に帰ってきた。取材で会ったダリルは、ずっと欠けた手の指をセーターの袖で隠していたので、まるで小さな女の子のようだった。「この十年間、大変でしたね」と言うと、彼女は「そうね」とつぶやいてちょっと下を向いたが、すぐに顔を上げて笑った。

「でも、おかげで強くなったわ。『キル・ビル』では生まれて初めての完璧な悪女役なの。クンフーと日本刀を操る最強の女戦士だから、期待しててね！」（03年10月）

★ダリルは『キル・ビル』のプレミアで劇場前で役になりきって暴れて警察に捕まった。

## ネバーランドと顔面崩壊
### マイケル・ジャクソン逮捕

2003年11月20日、マイケル・ジャクソン（四十五歳）が十二歳の少年に対する性的虐待容疑で逮捕された。手錠をかけられたマイケルは警官に言った。

「これ、けっこう便利だね。子供用のもあるかい？」

おっと、これはアメリカの国民的トークショー『トゥナイト』の司会者ジェイ・レノのジョークだった。アメリカでは毎晩11時を過ぎると各TV局がトークショーを放送し、その日の出来事を冗談で振り返るのだが、その夜は少年レイプ・ギャグだらけになった。

「マイケル・ジャクソンとビニール袋の共通点は何？」

「両方ともプラスチック製で、小さな子供の手の届かない場所に置かないといけない」

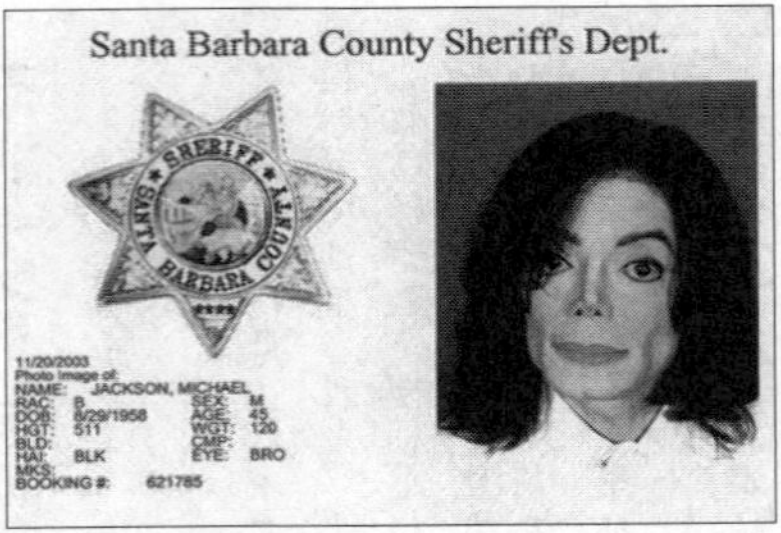

サンタ・バーバラ警察に逮捕された時のマヌケな写真

11月18日、カリフォルニア州サンタバーバラ郡にあるマイケルの自宅、通称「ネバーランド」に令状を持った捜査官六十人が押し寄せた。ラスヴェガスで新曲のプロモーション・ビデオを撮影していたマイケルは、20日にチャーター機でサンタバーバラに飛び、保安官事務所に出頭した。彼は写真と指紋を取られ、海外逃亡を防ぐためにパスポートを押収され、約一時間後に保釈金300万ドルを支払って保釈された。アメリカはしばしイラクの泥沼も忘れて、マイケル談義に夢中になった。

「ネバーランド捜索はブッシュ大統領の命令だったらしいよ。『これだけオサマ・ビン・ラディンを探して見つからないなら、残りはあそこしかない！』って」

面積は甲子園球場の三百倍というネバーランドの門は、マイケルに選ばれた者以外に開かれなかった。入園者は中で見たことを生涯、口外しないという誓約書にサインさせられる。そんな謎に包まれたネバーランドから警察はトラック数十台分の証拠物件を押収した。

現代アメリカの最大の奇人の正体が、ついに暴かれようとしている。

マイケル・ジャクソンは1958年、インディアナ州で、九人兄弟の七人目として生まれた。ギタリストの夢破れた父は子供たちに歌と踊りを教え、そのうち男の子五人を「ジャクソン5」として売り出した。リードボーカルは当時五歳のマイケルだった。彼らは黒人だけのレコード会社モータウンからデビューし、シングルが四枚連続で全米ナンバーワンに輝き、たちまち世界的なアイドルになった。日本でも彼らの真似をしてフィンガー5が結成されたほどだ。

グループを解散してソロになったマイケルは、1979年にアルバム『オフ・ザ・ウォール』を発表、全世界で千五百万枚を売る大ヒットとなる。しかし、これはマイケルにとってイントロにすぎなかった。

82年、二枚目の『スリラー』は前人未到の五千万枚以上を全世界で売りつくした。この記録は将来も破られないだろうと言われている。マイケルが手にした印税だけで1億1500万ドル以上。マイケルの名声と莫大な財産はこの『スリラー』が築いたと言っていい。

しかし、すでにその時点で奇行と転落、それに「変形」は始まっていた。『スリラー』のジャケットのマイケルの顔は、その前の『オフ・ザ・ウォール』のジャケットと別人に見えた。他の黒人と比べても大きく横に広がった鼻は細く高くなり、目は大きく、顎は鋭くとがった。これ以来、マイケルの顔は新しいアルバムが出るたびに変わっていく。

87年、ソロ三作目『バッド』のジャケットのマイケルは、白くなっていた。肌の色が明らかに薄くなっていたのである。肌を漂白なんかして、黒人の誇りはどうしたんだ？ 同胞からも非難されたマイケルは「これは皮膚の病気なんだ」と答えた。この頃からマイケルは外出するときは顔をベールや包帯で完全に隠し、インタビューや記者会見を避けるようになる。

『バッド』のバッド・ニュースは、前作『スリラー』の半分しか売れなかったことだ。マイケルの肌の色はさらに白くなり、鼻もさらに細く高くなり、奇行も異常さを増していくが、それに反比例して、アルバムの売れ行きは急激に落ちていく。

88年、マイケルはロサンジェルスの北100マイルにある広大な土地を自宅として購入した。それまでディズニーランドを一人で借り切って遊んだこともあるマイケルは、この敷地内にメリーゴーラウンドや観覧車を備えた遊園地を築いた。さらにライオンや虎、キリン、象まで揃えた動物園も加え、「ネバーランド」と呼んだ。ネバーランドとは、童話『ピーター・パン』で大人になりたくない子供たちが住むおとぎの島の名前。「僕はピーター・パンなんだ」と言うマイケルは、ネバーランドに引きこもりがちになった。そこには幼い子供だけが招かれ、マイケルの添い寝で「お泊まり」する……。

91年、世界最大のレコード会社ソニーは、マイケル・ジャクソンと史上最高の6千5百万ドルで契約した。しかし、彼らの期待に反して新作『デンジャラス』はやはり『バッド』と同じ程度しか売れなかった。

その頃、マイケルは刺青でアイラインを入れ、彼が憧れる女優エリザベス・テーラーのような顔に変形を遂げていた。蚊の鳴くような裏声、女性的な仕草のせいで、マイケルは同性愛者に違いないと噂された。それを裏付けるように、93年、十三歳の少年がマイケルに性的いたずらをされたと訴えた。被害者の少年へのインタビューは本として出版直前まで進んでいたが、マイケルは示談金（金額不明）を払って和解に持ち込んだ。そのため、世間は「いたずら」は事実だと確信した。

ところが94年、世界はアッと驚いた。マイケルが女性と結婚したのだ。それも「キング・オブ・ロック」エルビス・プレスリーの娘リサ・マリーと。彼女は後に「彼と正常なセックスをした」と発言しているが、世間は同性愛疑惑を隠すための偽装結婚ではないかと疑った。大方の予想通り、結婚はわずか十六カ月で終わった。

この結婚をきっかけにマイケルは「キング・オブ・ポップ」を自称し、誇大妄想的になっていく。95年のアルバム『ヒストリー』のプロモーション・ビデオでは、空高くそびえる彼の石像に人民たちが感涙に震えながらひれ伏すという金日成も真っ青の自己神格化を見せて顰蹙を買い、売り上げはさらに落ち込んだ。また、後にはステージで、キリスト教、イスラム教、仏教、ヒンズー教など、世界中のあらゆる宗教を信じる人々が戦争や飢えに苦しみ、神に救いを求めると、後光の差したマイケルが降臨するという演出をして、宗教家たちを激怒させた。人は彼を「キング・オブ・ポップ」ではなく、「Wacko（イカレた）Jacko」と呼ぶようになった。

96年、マイケルは二度目の結婚をする。花嫁のデビー・ロウは、マイケルが肌の治療（漂白？）の際に知り合った看護婦で、報道された時にはすでに妊娠していたが、今度はリサ・マリーとは別の意味で世間は驚いた。はっきり言って「不細工なおばさん」だったからだ。二人は結婚式どころかデートすらしていない。マイケルが子供欲しさに腹を借りただけなのが明白だった。マイケルが子供を欲しがる理由について、こんなジョークが流行った。

産科医「おめでとう、マイケル・ジャクソンさん、男の子ですよ」
マイケル「で、セックスはいつからできますか?」
産科医「奥さんには休みが必要です」
マイケル「いえ、息子とですが」

97年に長男プリンス・マイケル二世、98年に長女パリスが産まれると世間は怪しんだ。二人とも純粋な白人に見えたからだ。母親のロウは後に精子バンクから買った精子を人工授精したと認めた。子供を生むと彼女はお役御免とばかり、さっさと離婚された。彼女がいくら得たのかは明らかにされていない。2002年にマイケルは三男マイケル三世をもうけるが、その時は偽装結婚すらせず、顔も見たことのない代理母に人工授精で生ませている。

その一方で、マイケルの人気は果てしなく落ち続けていた。97年のアルバム『ブラッド・オン・ザ・ダンス・フロア』はすぐにチャートから消えた。2001年には同時多発テロの遺族へのチャリティCDをマイケルが企画し、イン・シンクなどのアイドルを集めてレコーディングしたが話題にならずにお蔵入り。同年、再起を賭けて、製作費4千万ドル、宣伝などのマーケティング費に2500万ドルを費やした超大作『インヴィンシブル（無敵）』を発表するが、売り上げは世界で九百万枚に止まった。『スリラー』の六分の一である。

するとマイケルは「売れなかったのは充分な宣伝を行わなかったせいだ」と、ファンを引き連れてソニー本社にデモをかけた。それればかりか「ソニーは自分を黒人だから差別している」と言い出した。これには誰もが吹き出した。ソニーには黒人ミュージシャンが山ほどいるが別に差別されてないし、マイケルよりも肌の白い者は白人にもいないからだ。

マイケルの肌はついに完璧な純白になり、鼻は厚さ1センチに満たないほど薄く細く高くなった。しかし整形の限界を超え、崩壊が始まっていた。公の場に登場したマイケルの鼻には時々、異常な隆起や陥没があるのが見えた。

おかしいのは顔だけではない。2002年、マイケルは訪問先のドイツでホテルの窓から生まれたばかりの三男を落とす仕草をして見せた。これは虐待行為だと地元の警察が動き、児童保護運動家たちは、子供たちを守るため、マイケルの親権を剝奪すべきだと訴えた。

その声に応えて、イギリスのTV局は2003年2月に特別番組『マイケル・ジャクソンの真実』を放送した。「マイケル・ジャクソンとの生活」という原題で、故ダイアナ妃の単独会見で名を上げたジャーナリスト、マーティン・バシールが八カ月間マイケルと生活を共にし、彼の信頼を得てから、整形や子供についてインタビューした。

肌の漂白について聞くとマイケルは「白人だって日焼けすれば肌が黒くなるのと同じ」と、よくわからない理由で否定。整形については「二回しかしていない」と答え、それにしては変わりすぎでは？　と食い下がると、「成長したんだよ。僕はまだ子供だから」と笑った。

しかし鼻については「子供の頃から父親に鼻がデカいと言われて辛かった」と本音を漏らした。そして「四歳の頃から父親に無理やり働かされ、普通の子供時代を経験できなかったから、それを今、取り戻そうとしているんだ」と、ネバーランドで子供と遊ぶ理由を説明した。

この番組はイギリスとアメリカで合計二千七百万人をテレビに引き付けた。マイケルは「意図的な編集で発言を捻じ曲げられた」と抗議し、反論番組を放送したが、『マイケル・ジャクソンの真実』で最も衝撃的だったのはインタビューそのものではない。マイケルが問題の三男を膝に乗せ、ガタガタガタガタと激しく振動させながら、ベールをかぶせたままの口に無理やりほ乳瓶をねじこむ様だ。それはレイプを連想させた。

また、番組にはマイケルの友人という十二歳の少年が登場する。彼は四十四歳のマイケルの手を握って言う。

「マイケルはまだ四歳なんだよ」。それを聞いて感無量な表情のマイケル。

この番組を見て怒り心頭に発したのはサンタバーバラの地方検事トーマス・スネッドン

だ。彼は93年に十三歳の少年がマイケルを訴えた時の担当だった。

執念のスネッドンは、その番組に出演していた少年に接触した。少年は腎臓ガンで闘病中に不幸な子供の夢をかなえる慈善団体の紹介でネバーランドに招かれたのだった。

少年とスネッドン検事の間でどういう交渉があったのか不明だが、結局、この少年への性的虐待容疑で今回の逮捕になった。ただ少年の母親は「マイケルは何もしていません」と擁護している。逆に離婚した父親は「虐待の噂のあるマイケル・ジャクソンの家に外泊させるなんて」と母親の責任を問うている。

カリフォルニア州法では十四歳未満の子供に対する「わいせつな行為」は、一件で三年から八年の禁固刑となる。スネッドンは被害者は複数だと言っているので、十年以上の刑になる可能性がある。

事実無根と主張するマイケルは、有名な弁護士マーク・ゲラゴスを雇った。ゲラゴスは、クリントン大統領が不正融資を受けたと追及されたホワイト・ウォーター疑惑で、最後まで証言を拒否して収監されていたスーザン・マクドウガルを釈放させたことで一躍有名になった。その後、万引きで捕まった女優ウィノナ・ライダー、女子大生インターン行方不明事件で犯人と目された下院議員ゲイリー・コンディットなど、話題の事件を次々に担当してきた。勝ち目がない被告人の弁護をあえて引き受けるゲラゴスは、現在、マイケルと同時に、妊娠中の妻を殺した容疑で逮捕されたスコット・ピーターソンの弁護にもあたっている。

しかし裁判が行われるサンタバーバラ郡の住民は中産階級以上の白人が多い。そこから選出される陪審員は、黒人の少年愛好者に対して厳しい判定を下すだろう。もし有罪になったら、精神的にも肉体的にもガラスのように脆いマイケルが刑務所暮らしに耐えることができるだろうか？

しかし、有罪無罪にかかわらず、マイケルはもう終わりだろう。

これまで見てきたように、マイケルの人気はドン底にある。『インヴィンシブル』の製作費が4千万ドルもかかったのは、ティンバランドなど人気のアーティストを大量に雇ったからだ。逮捕のせいで発売されたばかりのベスト・アルバム『ナンバー・ワンズ』は突然売れ始めたが、一時的現象にすぎない。

実は最近のマイケルの最大の収入源は、ビートルズの曲に支払われる使用料だ。85年、マイケルは『スリラー』で稼いだ利益でビートルズの曲二百五十一曲の権利を買い取った。この資産価値は3億5千万ドルと言われ、これを担保にマイケルは95年に大手銀行バンク・オブ・アメリカから2億ドルの融資を受けた。しかし、このままでは曲の権利を失うのは確実と言われる。

それにマイケルは大量の裁判を抱えている。ドイツでコンサートをキャンセルしたのでプロモーターに訴えられて賠償金530万ドルの支払いを命じられた。93年に少年に払った示談金は2千万ドルと噂されている。さらに98年からマイケルに融資した1千2百万ドルと利子の返済を求めてユニオン・ファイナンスと韓国インベストメント・グループが訴えを起こしている。

それでもマイケルの浪費は止まらない。支出は毎月75万ドル、そのうちネバーランドの維持費が25万ドルだ。『マイケル・ジャクソンの真実』には6万ドルもする大理石のチェス盤を「気に入ったな」の一言で買ってしまう超リッチな日常が捉えられているが、それは莫大な借金が支える砂上の楼閣だったのだ。

経済誌『フォーブス』はマイケルの経済的破綻は確実だとしている。顔面の崩壊も避けられないだろう。しかし、マイケルはそんな現実から目を背けて、おとぎ話の中に逃避し続けている。彼もまた「ババリアの狂王」ルートヴィヒ二世の再来だ。ルートヴィヒは四十歳を過ぎて、自分の容貌の衰えと、経済的な破綻という現実から目を背けるため、城の中の人工庭園に閉じこもり、自殺とおぼしき謎の死を遂げた。

ちなみにマイケルの新曲「ワン・モア・チャンス」は「今こそ僕はベストを尽くすけど、君が味方してくれなきゃ戦えないよ」という歌詞だった。　（03年12月）

★05年6月、陪審はマイケル・ジャクソンを証拠不十分で無罪とした。09年、マイケルは「最後のカーテン・コール」となる世界ツアーを行うと発表。そのスタート直前の6月25日、自宅で死亡した。

# TELEVISION

Chapter 5

## これは『ラブ・アンド・ザ・シティ』ではない
## 『セックス・アンド・ザ・シティ』論争

『セックス・アンド・ザ・シティ』は98年6月からＨＢＯで放送が始まった。ＨＢＯは有料チャンネルなので、実録風マフィアもの『ザ・ソプラノズ／哀愁のマフィア』や監獄ドラマ『ＯＺ』など、普通のチャンネルでは許されない過激なセックスや暴力描写がウリだ。当然、契約者は圧倒的に男性が多い。でも、当時アメリカでいちばん人気のTVドラマは三十代女性のセックス観をリアルに描いた『アリー my Love』だった。「ウチだったらもっと過激にできるぞ！」というわけでＨＢＯは『ビバリーヒルズ青春白書』や『メルローズ・プレイス』の脚本家ダーレン・スターを雇って『セックス・アンド・ザ・シティ』を作らせた。放送が始まると「『アリー』の何十倍も強烈！」と噂が噂を呼び、ケーブルTVのコメディとしては過去最高の視聴率を叩き出した（推定視聴者二百七十万人）。

とはいえ、内容が内容だけに賛否両論が渦巻いた。映画とテレビに関して世界最大のサイト、インターネット・ムービー・データベース us.imdb.com の「ユーザーズ・コメント」をのぞいてみよう。

『セックス・アンド・ザ・シティ』の舞台となるＮＹに住む mini―NY さんは、「私たちの本音が描かれている」と言う。

「私自身ニューヨーカーだからわかるけど、大都会でミスター・ライト（理想の男性）を見つけるのは、そう簡単じゃないの。だから恋愛はあきらめて、セックスだけしてる女性も確かに多いわ。そのせいでこの番組が嫌われてるみたいだけど、次々と恋人を変える男は他のドラマにはよく出てくるじゃない。でも、女が同じことをすると叩くのは差別よ」

一方、ネブラスカ州に住むBrian-65氏（男性）は「ニューヨークに住んでなくてよかった」と言う。

「もし、このドラマが本当なら、男はミスター・ビッグ（主人公キャリーが虜になる〝すべてがビッグな〟男のこと）みたいでないと勝ち目がないんだろ。でも、あんな男は実在しないと思うよ」

ブッシュネル著の原作『セックス・アンド・ザ・シティ』

カナダに住むEmbleyさんも「みんな〝リアル〟って言うけど、私はファンタジーだと思うわ」と懐疑的。

「そりゃ、私もキャリーたちみたいに、ブランド品を買いまくって、オシャレな店で粋な会話して、リッチな男をとっかえひっかえしてみたいけど……本当にこんな生活してる人が実在したら会ってみたいわ」

ところがどっこい、これが実在する。原作者のキャンディス・ブッシュネルだ。四十一歳独身の彼女は『ニューヨーク・オブザーバー』紙のコラムニスト（美女）。彼女の連載コラムをまとめた単行本『セックス・アンド・ザ・シティ』はベストセラーになった。これはブッシュネルの性体験と、女友達とのセックス談議を元にしたエッセイで、ブッシュネルはロイヤルトンでランチをとり、マノロ・ブラニクの300ドルもするサンダルをはき、『ペントハウス』帝国の御曹司ボブ・グッチョーネJRらとウルトラ・ゴージャスなラヴ・アフェアを繰り返す。本の後半はキャリーという名の女性とミスター・ビッグとの物語になっているが、これはブッシュネル自身と『ヴォーグ』誌の元発行人ロン・ガロッティである。

ブッシュネルは世間が憧れるものはすべて手に入れたように見える。だが、インタビューで彼女はこう言っている。

「常に欠乏感を抱えてるの。もっともっと得られるはず、と思ってるのよ」

「それが本当に進歩的な女性の姿なのか？」と嫌悪感を露わにするのはサンディエゴのSanDiego氏（男性）。「『セックス・アンド・ザ・シティ』のヒロインたちの人生の30パーセントはナンパされることに、30パーセントはセックス、残りの40パーセントは女同士のゴシップに費やされる。百年前と変わらないな。井戸端会議の場所がキッチンからカフェに変わっただけだ。彼女たちは誠意ある男がいないとグチりながら男漁りを続けてるけど、男を次々と品定めしているような女と誠意を持ってつき合う男がいると思うかい？」

マンハッタンに住む二十三歳独身のFusskinnsさんは「私はキャリーより若いし、あんなにリッチじゃないし、彼女ほど男性経験ないけど（しかもアフリカ系！）」と前置きしたうえで「それでも『セックス・アンド・ザ・シティ』は真実を描いている」と主張する。

「いい？　女だってセックスは好きだし、愛してない男と寝るくらいできるのよ。〝聖母か娼婦か〟の二元論はいいかげんやめてほしいわ」

『セックス・アンド・ザ・シティ』是か非か？　この論争に割って入ったのは、やはりマンハッタンに住む新進気鋭（こっちは二十三歳）の評論家ウェンディ・シャリットだった。シャリットは著書『しとやかさへの回帰』で「男と同じことをする」女性解放運動を批判した保守派フェミニストなのだが、「男と同じように、ただセックスを楽しみましょう！」の号令で始まる『セックス・アンド・ザ・シティ』に意外にも賛辞を贈った。それは、彼女たちが自由の代償として味わう「孤独」が真摯に描かれているからだとシャリットは言う。

キャリーはミスター・ビッグと「最高のセックス」を楽しむ。でも、自分の物は何ひとつ彼の部屋に置くことを許されない。そして、初めて「歯ブラシ置いてってもいいよ」と許されただけで「結婚してくれるってこと？」と期待してしまう。

また、女友達の結婚式のために愛の詩を書くように頼まれたキャリーは、セックスについては知っているが「愛」の経験はほとんどなかったことに気づいて愕然とする。

『セックス・アンド・ザ・シティ』の最大の魅力は、ミスター・スモール（短小）だのショートカミング（早漏）だの、男に対する四人の女性のキツイ会話だが、なかでもいちばん毒舌のミランダは、昔つき合っていた男を「あのAsshole（ケツの穴）」と呼ぶ。でもキャリーは覚えている。捨てられる前のミランダは彼を「我が生涯最愛の人」と呼んでいたことを。その彼が歩いてくるのを見た前のミランダは思わず物陰に隠れてしまう。「忘れるのに二年もかかるほど辛い恋だったから」だ。

バーテンといきずりの情事を楽しんだ翌朝、電話番号を聞かれたミランダは「また会いたいフリなんてしなくていいわよ」と言ってしまう。もう傷つきたくないから、彼女たちは攻撃側に回っただけなのだ。

「あんたのアソコはニューヨークの観光ガイドに載ってるわよ。『ニューヨークでいちばんホットなスポット。年中無休でオープン』って」と言われるほど、四人のなかで最も奔放な性のプレデター、サマンサですら例外ではない。昔自分を捨てた男に再会した彼女は、今度は自分から彼を捨てて復讐しようとするが、結局またしても捨てられてしまう。

「彼に『I love you』と言われるまで女はフリー・エージェントよ」というセリフが出てくるが、それは裏を返せば「I love you」と言われるのを待っているということ。それは最終回になるだろう。なぜなら、この番組は『ラブ・アンド・ザ・シティ』ではないのだから。

（01年1月）

## 無人島よりつらい誘惑島のサバイバル
### 『テンプテーション・アイランド』

一般から参加した人々が無人島でのサバイバル・テクニックを競い合う番組『サバイバー』（ＣＢＳ）の大ヒットで、アメリカのＴＶには『サバイバー』のバッタモンが次から次に湧いて出てきた。

たとえばＡＢＣの『ザ・モール』は、英語の通じないヨーロッパのド田舎に無一文で放り出された男女五人が目的地を目指すゲームで、猿岩石と違うのは、一人だけＴＶ局に雇われたモール（モグラ）と呼ばれる破壊工作員が混じっていて、せっかく集めた食料を捨てたり、地図を隠したりして疑心暗鬼を生み出す。元ネタは萩尾望都の『11人いる！』か？

そういうハードなサバイバルものと正反対なのが『テンプテーション・アイランド（誘惑島）』（ＦＯＸ）。こっちの舞台になる島はカリブ海に浮かぶ高級リゾート地。泊まるのは一流ホテルで食事は豪華なフルコース。じゃあ何が試練なのか？　セックスだ。

出場者は近い将来に結婚するつもりのカップル四組。女は島の南端、男は北端に引き離され、十三人のセクシーなテンプターズ（ショーケンじゃなくて誘惑者たち）に囲まれて二週間暮らす。たとえば四人の男性出場者は、ヌードモデル、元チアリーダー、ミス・ジヨージアなどで構成された十三人のビキニ美女たちとチークダンス踊って、ホットタブ（何人も一緒に入れるデカいジャグジー）に入って、マッサージを受けて、一緒に寝なければならない。要するにハレムだね。同じように女性陣も、日焼けした顔に白い歯でさわやかに笑うリッキー・マーティンみたいのにチヤホヤされて暮らす。ただし、一部始終はビデオに撮られ、互いのパートナーに見せられる。浮気の誘惑と相手への嫉妬に耐え、愛を維持できるか？

青い空と青い海とおさわり自由のセクシーな異性に囲まれて朝から晩までトロピカルドリンク飲んで脳ミソ溶けてるので、ハメを外すなというのは無理な話。ぬるぬるねっとりとオイルを塗りあったり、お互いの胸にこぼしたチチだかマイタイだかをペロペロなめたりのエロ場面続出。だけど結局、決定的な事態は何も起こらなかったのは、出場者が一線を越えちゃいそうなテンプターを指名して排除できるルールがあるせいだ。おかげで、一番人気のローラちゃん（巨乳の水着モデル・韓国系）は危険物として島を追い出されてしまった。ちぇっ。

同じようにカップルの愛を試すのが今週から始まる『チェーン・オブ・ラブ』（UPN）。男は四人の美女と、女は四人の美男とジャラジャラと鎖でつながれて暮らすのだ。トイレや風呂をどうするのかって？　だからさ、そこが見せ場なんだってば！

（01年4月）

## 最新科学が復元したキリストは白人ではない
## 『ジーザス・トゥルー・ストーリー』

アダムとイブはリンゴを食べなかった。なぜならユダヤ人が聖書を書いた頃、中東にリンゴは存在しなかったから。クリスマス・ツリーの樅《もみ》の木だって雪国にしかない。僕らが知っているキリスト教は全部ヨーロッパで脚色されたものなのだ。というわけで、科学番組専門のディスカバリー・チャンネルが放送した『ジーザス・トゥルー・ストーリー』は最先端の研究を元に「事実としての」キリストの生涯に迫るスペシャル。

たとえば、聖母マリアが処女でキリストを産んだという逸話について、言語学者は、聖書を翻訳する段階で「婦人」を「処女」と誤訳したのが原因と断定し、歴史学者は当時は未婚の女性が妊娠することがタブーだったからでは？　と分析する。そこまではいい。ところが、聖母の処女懐胎を科学的に証明しようとする生物学者がいるから困ってしまう。「単性生殖は生物学上珍しくない。たとえばカタツムリとか」。そんな、マリア様をデンデンムシと一緒にしていいの？

キリストは十字架に磔《はりつけ》にされて死んだのだが、直接の死因ははっきりしない。それをつきとめようとしている医者は、助手を十字架にかけて、心電図や脳波を測って曰く「う～ん、やっぱり磔はストレスがたまるようじゃ」。当たり前だよ！

キリストは死後三日で復活して墓から出ていったと書かれているが、キリストは死んでいなかったと主張する学者がいる。「キリストはマンドレイクという薬草の麻薬物質で仮死状態になっていたのだ」。つまりラリってたってこと？　いくらキリストがヒッピーみたいだからって、ねえ。

なんかマッドな科学者の饗宴みたいだけど、キリストの顔をシミュレートする実験は一見の価値アリ。キリスト像といえば、悲しげなヴィンセント・ギャロみたいな白人として知られるが、あれはヨーロッパで作られたイメージにすぎない。白人、つまりゲルマン人が北欧から南下してきたのはキリストの死後二百年以上後なのだ。番組ではイスラエルで発掘された西暦ゼロ年頃の頭蓋骨から、当時の平均的ユダヤ人男性の顔を再現する。できあがったのは……どう見てもバブル時代に上野公園でハッパ売ってた人、じゃなくてイランとかパレスチナ人の顔だよね。実は、パレスチナ人というのは当時のイスラエル人の直接の子孫なのだ。今のイスラエルの中枢を占めているアシュケナジムは、二千年間ヨーロッパに離散してからイスラエルに帰ってきたので遺伝子的には東欧系。しかもどっちもキリストなんか信じてないんだから、世の中は複雑ですね。（01年4月）

## ミーとケイはアメリカ人のトラウマ
## 『ピンク・レディー・ショー』DVD化

「アメリカはこのまま日本に征服されちゃうんじゃないか。あの頃、僕らは本気でそう恐れていたんだ」。近所に住むジャパニメーション研究家のカール・グスタフはそう言って笑った。

80年代、アメリカの企業や不動産は次々と日本に買収された。当時の映画『ライジング・サン』では、日本人はレーザー光線の代わりに札束でアメリカを侵略するインベーダーとして描かれている。

『ジェフとピンクレディ』。DVD はライノから発売

実際、エイリアンだったのだ。最初にアメリカを襲った日本からの逆黒船は「UFO」を歌うピンク・レディーだったのだから。

1980年3月、全米で『ピンク・レディー・ショー』が放送された。ピンク・レディーは前年にアメリカでもレコード・デビューしていたが、大部分の視聴者にとっては見た事も聞いた事もない存在だった。それが突然、

TV局の最大手NBCのゴールデン・タイムでワンマンショーを始めたのだ。二人は地球のものとは思えぬ衣装を着て、ロボットのような奇怪なダンスを踊りながらワケのわからぬ日本語で歌い出した。わずかに聴き取れる英語は「Monster」のみ。「ジャップ星人にアメリカのTVが乗っ取られた!」。オーソン・ウェルズのラジオドラマ『宇宙戦争』以来のパニックに全米市民が襲われたのも無理はない。

最悪なのは歌の合間のコント。ピンク・レディーの父親役の白人が振袖着てテンプラ食べたり、ジェフという司会者が「ピンク・レディーは日本では一番ビッグなんでしょ」と聞くと二人がカタコトの英語で「日本で一番大きいのはゴジラです」と答えるフジヤマ・ゲイシャな笑えぬギャグの連続。結局「全米TV史上最悪の番組」と呼ばれ、わずか五回で打ち切られた。ドラマ『SHOGUN』で日本ブームが起こり、スシが一般化したのは、その半年後だった。

その『ピンク・レディー・ショー』が今度、アメリカでDVDになる。二十年の間に、当時の録画テープが高額で闇取引されるほどのカルト番組になっていたからだ。DVD発売に狂喜しているファンのウェブサイトを見ると、連中はどうもピンク・レディーのセクシーな衣装と激しい踊りにトラウマを受けたらしい。ミーちゃん（当時二十二歳）はアメリカ人の目には子供にしか見えないから、当時は革命的だったろう。ピンク・レディーなしにはデスティニーズ・チャイルドなんかいなかったかも（ケイちゃんは十代から八代亜紀顔だったけど）。

（01年5月）

## プロレスごっこの危険さを体でわからせる！
### ＷＷＦ『タフ・イナフ』

ＷＷＦブームは社会問題に発展した。小学生がマネをして友達を死なせる事件が続出、中学生の間では裏庭でデスマッチを演じる「バックヤード・レスリング」が大流行。ガキどもが親の留守に屋根からダイブしたり、バットで殴り合うのをビデオで撮って警察に次々と逮捕された。シナリオのある「お芝居」であることを表明しているＷＷＦは「危険な見世物」として世間の批判を浴びた。

そんななかで始まった番組が『タフ・イナフ』（ＭＴＶ）だ。四千人の応募者がＷＷＦデビューを目指して試練を受ける、まあ、『サバイバー』形式の視聴者参加番組だ。ハーバード大卒のインテリや、これで有名になって『プレイボーイ』誌のグラビアで脱ぐことを夢見るストリッパーなど十三人の男女が訓練生に選ばれて、合宿することになった。『リン魂』や「ガンバルマン」みたいに素人がレスラーにシゴかれてヒーヒー泣き叫ぶお笑い番組になるかと誰もが期待したが、違った。

最初にトップ・レスラーのＨＨＨが現われ、静かで礼儀正しい口調で言った。

「レスラーは君たちを憎んでいる。僕らは長い長い下積みの苦労を経て、わずか一握りの人間だけがテレビに出演できる地位を摑むんだ。無料でコーチを受け、最初からマスコミに注目されている君たちは幸運過ぎる。プロを本気で目指していない人は帰ってください。それはすべてのレスラーに対する侮辱だ」

WWFのリングで見られる楽しいお笑いムードはどこにもなかった。さっそく一人目が荷物をまとめて合宿所を出て行った。

訓練はバンプ(受身)から始まる。来る日も来る日もバンプ、バンプ。「バンプできないと半身不随になる。技を覚えるのはその後だ」。毎日ボディスラムを受け続けて椎間板ヘルニアになった男子と、脳震盪の恐怖に怯えた女子が脱落。残った訓練生も全身ボロボロ。

「体に故障のないレスラーはいない。でも、それを決して見せはしない」

コーチたちは「必要なのはリスペクトだ」と繰り返し言う。バカげた見世物だと思われているプロレスがいかに過酷なのか、それを骨の髄までわからせるのが、この『タフ・イナフ』の目的だったのだ。

最後まで残った二人、メイヴェンは両親を交通事故で失った孤児、ニディアはテレビも買えない貧困から脱出するためにプロレスを選んだ女性だった。そして、この番組の後、面白半分にプロレスをマネた子供の事件はとんと聞かなくなった。

(01年7月)

## ミミズ・カクテルにネズミ風呂で『ザ・ガマン』『フィア・ファクター』

NBCは由緒正しい会社だ。なにしろテレビを世界で初めて発売したジェネラル・エレクトリック社が、放送局もないとマズイだろうと設立した世界一古いテレビ局だから。創業以来、NBCは常に視聴率競争のトップを独走し続けた。特に『ER』や『フレンズ』などのドラマやコメディでは、ライバル局（ABCとCBS）をまるで寄せ付けなかった。

ところが去年、ABCの『クイズ・ミリオネア』と、CBSの『サバイバー』の大ヒットで、いわゆる「リアリティTV」ブームが巻き起こった。NBCだけは「うちは老舗だから、こんな下品な流行に乗る必要あらしまへん」と、スター路線を続けたが、CBSの『サバイバー2』に長寿番組『フレンズ』が視聴率で惨敗した。『フレンズ』は主役スター六人のギャラだけで毎エピソードごとに四億円を超える。それが賞金1億円で素人を釣った『サバイバー2』にボロ負けしたのだからみっともない事態だ。

視聴率競争に負け、広告収入が減少したNBCは幹部を処分。6月から『フィア・ファクター（恐怖因子）』でついにリアリティTV路線に参入した。ところが、これがNBCの焦り丸出しのムチャな番組なのだ。

毎週、視聴者六人が賞金五百万円を目指して三つの試練に挑む。「疾走する馬に地面を

１００メートル引きずられる」「並走する二台のトラックの屋根から屋根に飛び移る」「地上30メートルの高さに張ったロープを綱渡り」と毎週エスカレートしていき、今週の試練は「下水管競争」。直径1メートルほどの下水管を汚水にジャブジャブ浸かって這い回る。ツルっとすべるとフレッシュなウンちゃんの塊に顔から突っ込む。赤外線カメラの映像がモノクロで良かった。

「カブトムシ・ボウリング」ではボウリングで倒せなかったピンの数だけ生きたカブトムシを食う。「ミミズ・カクテル」では生きたミミズを五回以上噛んで口の中でプチュっと広がるテイストを味わう。「浮世を忘れるネズミ風呂」では、四百匹のネズミが群がる穴に裸で入って全身フンだらけになる。「ヘビ風呂」「ゴカイ風呂」もございます。

これはきっと日本の番組『ザ・ガマン』のマネだろう。当時アメリカでも放送されて人気だったからね。『フィア・ファクター』は視聴率は好調だが、「メシ時にンなもん放送すな！」と評判は最悪。まあ、長くは続かないでしょ。ケガ人が出て終わるんじゃない？『ザ・ガマン』と同じで。（01年7月）

★と思ったが『フィア・ファクター』は人気番組として06年まで続き、２０１１年秋にまた復活する！

## 殺人犯の尋問ビデオを毎週放送！
## コートTVの『コンフェッションズ』

法廷から裁判を生中継するチャンネル、「コート（法廷）TV」が9月10日から始めた新番組『コンフェッションズ（自白）』が議論を呼んでいる。殺人犯が警察の取調室で尋問に答えるビデオを放送する番組なのだが、『ニューヨーク・タイムズ』紙などが「視聴率を稼ぐためとはいえ、こんなものまで見世物にするな！」と怒っているのだ。

第一回はダニエル・ラコーヴィッツ（二十八歳）の尋問で始まった。彼は同棲相手のスイス人のダンサー、モニカ・ビアール（二十六歳）を殺害した容疑で逮捕された。テキサスの保安官の息子だが、家出してマリファナの売人をやっているラコーヴィッツは、ロレツの回らない舌でヘラヘラと話し始めた。

「モニカがコカイン中毒でラリってナイフ振りまわしたんで殴ったんだ。そしたら床に倒れて痙攣し始めた。オレ？　オレはそのまま放っておいて道端にハッパ売りに行ったよ。で、しばらくして家に帰ったら彼女は冷たくなってた。ヤバイから切り刻んで、鍋で煮た。骨になったんで、バッグに入れてバス・ターミナルのロッカーに捨てた。脳味噌はね、フライパンで炒めて食ったよ。へへへへへへへ」

陪審は「正気じゃない」と考え、ラコーヴィッツは心神喪失で無罪になったが、ビデオを観た精神科医は「彼は極めて身勝手なだけで精神病ではない」と分析した。

次は、児童公園のトイレで九歳の男の子をナイフでメッタ刺しにしたブランドン・ウィルソン（十九歳）。「誰でもよかった。僕は世界を破壊するために神から遣わされた使者なんだ」。激しい身振りで犯行を再現していたウィルソンは感極まって叫ぶ。「やれる限りたくさん殺すんだ！」。係官があわててカメラの前に飛び出す。「容疑者は制御不可能！　尋問中止！」。鑑定は分裂症。しかし陪審は「これは狂気の演技だ」としてウィルソンに死刑判決を下した。彼自身は「僕は狂ってない。早く死刑になって神に召されたい」と大喜びだが。

「アメリカのテレビはここまで見せるか」と驚く人もいるだろうが、実はこういう尋問ビデオは以前から検事局に行けば誰でも閲覧できた。情報公開法のおかげだ。そして尋問をビデオで記録するようになってから自白強要や誘導尋問は激減した。ビデオの中の取調官の口調も優しく穏やかだ。刑事が容疑者の襟首つかんで「吐け！　お前がやったんだろ！」なんて脅かすドラマを堂々と流してる国のほうがどうかしてるぞ。（01年9月）

## 車椅子チキンラン、さあ、張った張った！

### ニセ和製番組『BANZAI』

『風雲！　たけし城』が今頃やっとアメリカで放送されて、これでやっとたけしが無表情の人殺し俳優じゃないってことが知られるようになったが、この『たけし城』はアメリカ以外の世界各国では『おしん』に次いで広く放送された番組だったそうだ。また80年代には『ザ・ガマン』がアメリカでもヒットして一時はどこのビデオ屋にも置いてあった。筆者はずっと「アメリカのテレビは凄い！」と書いてきたが、欧米人の方は『たけし城』や『ザ・ガマン』を観て「日本のテレビにはかなわん」と思っているんだよね。

そこでイギリスの民放チャンネル4が日本のテレビ番組のフリをしてデッチ上げた番組が『BANZAI』。レギュラー出演者は七三分けにメガネのサラリーマンやら、カラテのマネごとをする親父やら、絵に描いたような日本人たちだけで、セリフも全部日本語訛りのキツイ英語。そこらじゅうにインチキな漢字が書かれ、中国のようなドラがジャーンと鳴り響く。「BANZAI」という言葉の意味が説明されるがそれもデタラメ。

「BANZAIとは東洋に古代から伝わるギャンブルの極意である」

そうこれはバクチ番組なのだ。賭けの対象

アメリカではアジア人差別と叩かれてすぐに放送中止

になるのは……二人のマイケル・ジャクソンのそっくりさんによるムーンウォーク競走。電動車椅子に乗った老婦人同士のチキンラン（向かい合って突き進んで、ビビって避けたほうが負け）。小人がバスケットボール選手の体をロッククライミングし、片脚のシューターと片腕のゴールキーパーがPK戦をする。「さあ！　張った張った！」セッティングができると視聴者を煽りまくる。イギリスでは『BANZAI』を観ながら実際にパブでビールを賭けるのが流行した。

英国の『BANZAI』人気の勢いで今夏からアメリカでも放送されることになったのだがアジア系団体が「差別的だ」と激しく抗議している。その団体は先日「チャーリー・チャン映画祭」を中止に追い込んだばかり。チャーリー・チャンとは1930年代のサンフランシスコのチャイナタウンで活躍した名探偵だが、白人俳優が釣り目メイクでアジア訛りの英語をしゃべるのでたしかに不快だ。

でも『BANZAI』の日本人ギャグは痛快だよ。特にミスター握手マンは最高。ハリウッドの芸能人を直撃し「ファンです！　握手してください！」と手を握り、相手が怒って力ずくで振りほどくまで手を離さない。その間ずっとジャパニーズ・スマイルを浮かべてるんだから、第二次大戦中のバンザイ突撃と同じくらい恐ろしいぞ。（02年4月）

★08年からアメリカで『私は日本のゲーム番組で勝ち残った』という番組が放送された。架空の番組『本気（マジ）で？』にアメリカ人が参加してキツいゲームでイジメられるというコンセプト。なぜか斉藤こず恵がレギュラーだった。

## 62歳年上の大富豪と結婚した豊胸ストリッパー『アンナ・ニコル・ショー』

メリー・ウィドウというカクテルはチェリーレッドで見た目は可愛いが、飲むと結構くる。『陽気な未亡人』というオペレッタから、その名を取っているが、遺産目当てで大金持ちのジイさんと結婚したアバズレが、夫の死期を早めるために飲ませるカクテルなのかもしれない。

『アンナ・ニコル・ショー』の頃はトドみたいに太ってた

アンナ・ニコル・スミスは、アメリカ一のメリー・ウィドウである。頭がカラッポの貧乏ストリッパーが六十二歳年上の石油王と結婚して億万長者になったのだから。

アンナの本名はヴィッキー・リン・マーシャル。1967年テキサスに生まれ、小さな田舎町メキシーナで育った。父親はヴィッキーが物心つかないうちに家を出た。ヴィッキーは十六歳で高校を中退し、フライドチキン屋のウェイトレスとして働き始めた。そこでコックをしていた十九歳の少年ビリー・スミスの子供を妊娠。十七歳で「できちゃった婚」。だが、ビリーは経済的にも精神的にも夫の務めを果たせず、すぐに二人は離婚。

シングルマザーになったヴィッキーはウォールマートやレッドロブスターで働いてみたが、生活は楽にならず、91年のある夜、ネオンに吸い寄せられるようにストリップ・バーのドアを叩き、ダンサーとして働き始めた。少し働いて稼いだ金で豊胸手術するとヴィッキーはたちまちトップ・ダンサーに昇格した。そこに訪れたのがテキサスの石油王J・ハワード・マーシャルである。マーシャルは当時八十六歳。彼にはストリッパーだった愛人がいたが、豊胸手術の事故で死亡したばかりだった。ガックリ落ち込む御主人様を励まそうとして運転手がこのストリップ・バーに連れて来たのだ。莫大なチップにはりきったヴィッキーは老マーシャルにまたがって「ラップ（膝）ダンス」をサービス。マーシャルは彼女の胸にむしゃぶりついて「おおおお」とうめいたという。

その日から二人のデートが始まった。会うたびにマーシャルはヴィッキーに千ドル手渡した。そして93年、マーシャルはヴィッキーに10万ドルのダイヤの指輪を捧げて言った。

「わ、わしと、け、結婚してくれ」

ヴィッキーは断った。彼女はハリウッドに行って女優になりたかったからだ。自分がマリリン・モンローの娘だと本気で信じていた。実はモンローの死後五年経ってから生まれたのだが、そんなことは気にしなかった。モンローと同じ道を辿るため、ヴィッキーは『プレイボーイ』誌のヌードモデルのオーディションを受けて合格。「アンナ・ニコル・スミス」としてデビューした。マーシャルは彼女のためにハリウッドでモンローが住んでいた家を買ってやった。1千ドルもするガウンを何着も買った。「スターは一回着た服を洗濯してもう一回着るなんてことはしないのよ」とアンナが言ったからだ。

しかし、演技の才能も勉強する気もないアンナに映画の仕事など来るはずもなかった。彼女はついにマーシャルのプロポーズを受けた。94年6月、二人は結婚した。その半年後に石油王は倒れ、そのまま死んだ。新婚十四カ月目だった。四百五十億円の遺産が残された。

マーシャルの息子ピアースとの遺産争いは法廷に持ち込まれた。息子ピアースは「父はすっかりボケてました。父とアンナの間に夫婦関係があったとは思えません」と主張した。証言台に立ったアンナは元プレイメイトとは信じられないほど鯨のように巨大化していた。遺産が転がり込むまで食っちゃ寝、食っちゃ寝で何もしないで待っていた結果がこれだ。「夫のせいで贅沢しないと生きられなくなったの。贅沢しないと死んじゃうのー」と彼女がカン高い甘ったれた声で叫ぶと、裁判官は思わず頭を抱えた。

今年3月、判決が出てアンナは結局885０万ドルの遺産を手にした。

そしてこの夏、『アンナ・ニコル・ショー』というテレビ番組が始まった。アンナにカメラが密着し、九十億円の使い方を監視するのだ。フランスからお抱えコックを呼ぶ金があってもジャンクフードしか食べず、ストリッパーの衣装専門店でしか服を買わないこのホワイト・トラッシュ女は果たして九十億円使い切ることができるのか？　ちなみに「この二年間セックスしてないの」というアンナは「オナニーするから帰って」とカメラマンを追い返すほど男に餓えているので、逆玉狙いの人はラップダンスでアタックしてみては？

（02年4月）

★鯨女アンナ・ニコルはダイエット会社のプログラムに挑戦して見事スリムな美女に変身。単なる玉の輿ではない根性を証明したが、07年2月、謎の死を遂げた。

## 脚本料1万5千円から100万ドルへ『スクービー・ドゥー』のジェームズ・ガン

「私、映画の脚本を書いてるの」

アメリカでは誰もがそう言う。ウェイトレス、近所の主婦、学校の先生、バスの運転手……。脚本には人もお金も必要ないから、アメリカン・ドリームへの近道に見えるのだろう。実際、夢をつかんだ男が僕の知り合いにもいる。

ジェームズ・ガンは貧乏だった。狭いアパートに住み、家具も車も借り物だった。彼はニューヨークの映画学校に通っていたが、学費を稼ぐため、病院の掃除から鉱山の採掘まで何でもやっていた。ある日、トロマという映画会社がバイトを募集しているのを知り、面接に行った。そこはヘルズキッチンという下町の小さな事務所だった。社長のロイド・カウフマンはいきなり「『ロメオとジュリエット』を映画にしたいんだ。脚本書かないか」と誘った。そして「これがわしの監督作品だ」と渡されたのは安物ゲテモノ映画『悪魔の毒々モンスター』だった。ガンは二週間寝ないで脚本を書いた。エロ、グロ、ウンコ……悪趣味の限りを詰め込んだ。出来上がった『トロメオとジュリエット』を読んで社長は言った。

俳優になってもイケそうなジェームズ・ガン

「面白いね。ハイ、これが脚本料」

渡されたのはたった150ドル。

「じゃあ、明日から来てね」

いつの間にかガンはトロマに雇われていた。『トロメオとジュリエット』製作の雑役すべて、ロケハン、仕出し、振り付け、宣伝までやらされた。給料はタダ同然。でも映画の現場作業のすべてを体で覚えた。おまけにガンは社長の伝記まで書かされた。

ところが、その伝記を読んだハリウッドのプロデューサーがガンに電話をかけて来たのだ。

「文才あるね。こっちで働いてみないか？」

一文無しで大陸を横断したガンは、昔のアニメ『スクービー・ドゥー』を実写映画にする仕事を任された。数々のライターをタライ回しにされ、暗礁に乗り上げていたシナリオをガンはトロマの経験を生かして実際に撮影しやすい台本に仕上げた。公開されると、これが全米ナンバーワンの大ヒット。

「脚本料150ドルから一気に100万ドルさ」

今やハリウッドの売れっ子になったガンに「脚本料で何を買った？」と尋ねると「何もかもだよ！　何も持ってなかったからね。車と家と……これから奥さんと家具を買いに行くのさ！」。

現在は『ゾンビ』のリメイク、『ドーン・オブ・ザ・デッド』のシナリオを執筆中。

「トロマの頃に戻って血みどろにするよ！」　（02年8月）

★『ドーン・オブ・ザ・デッド』も大ヒットし、ジェームズ・ガンはついに監督を任された。しかし第一作『スリザー』は興行的に大失敗。ガンは再びインディペンデントの低予算映画の世界に戻り、2010年に『スーパー！』を監督した。

## リアリティTVの元祖、危険な告白
### 『ゴング・ショー』のチャック・バリス

「あなたの番組は日本でもマネされてるんですよ」と教えると今年で七十五歳になるチャック・バリスは「気にしないよ。何しろ世界中でパクられてるからね」と微笑んだ。

バリスが映画『コンフェッション』の原作『危険な心の告白』を発表したのは1984年。TV番組を次々大ヒットさせる人気プロデューサーの自伝だからベストセラー確実、と期待した出版社は初版でいきなり十万部を発売した。

「ところがたった七千五百部しか売れなかったんだ」

バリスは笑う。なぜか。自伝というにはあまりに信じられない内容だったからだ。

『危険な心の告白』は、大学を出たバリスが職を転々とする青春時代から始まる。三十歳を過ぎたバリスは視聴者参加番組『デーティング・ゲーム』の企画を売り込みにTV局を回り、63年、ついにABCに採用される。

『デーティング・ゲーム』は、日本の『パンチDEデート』をはじめ世界中の「お見合い番組」の元祖である。衝立に仕切られた左側に一人の女性、右側に三人の男性が座り、女性が「初めてのデートはどこに行くの？」といった質問をして、三人の男性がそれに答える。その答からベストと思う男性を女性が選んで最後にご対面。これが大ヒットして、バリスは続いて新婚の妻が夫についてどれだけ知っているのかクイズで試す『新婚ゲーム』を企画。これもまた大ヒットする。

ヒットメイカーとなったバリスだが、頭痛の種はこれらの番組に出演を希望する視聴者のオーディションだった。何しろテレビに出たくてしょうがない奇人変人が押し寄せるからだ。しかしバリスはふと気づいた。こいつらをそのままテレビに出したらどうだ？

76年、新番組『ゴング・ショー』が始まった。司会はバリス自身。ステージには次々と素人が現われて自慢の芸を披露するが、三人の審査員のうち一人が巨大な銅鑼（ゴング）を鳴らしたら即退場。審査員が自分の意思でゴングを叩く時もあれば、会場の観客のブーイングに応えて叩く時もある。『ゴング・ショー』はバリスの生涯最大のヒットになった。常連出演者のアンノンコミック（食料品店の茶色い紙袋を顔にかぶった漫談家）や、ジンジン・ザ・ダンシング・マシーン（下半身をビクビク痙攣させる黒人ダンサー）、ポプシクル・ツインズ（アイスキャンディーをフェラチオする美人の双子）は国民的人気者になった。

さて、これだけなら極めてまっとうなTVプロデューサーの自伝だが、『危険な心の告白』の「危険な」部分は、彼の知られざる「裏人生」である。

バリスは成功を求めてもがいている時、CIAのエージェントにスカウトされ、暗殺者としての訓練を受けたという。そしてTVプロデューサーとして大成功した後もCIAとのしがらみから抜け出せず、世界各地で政府要人などの暗殺を続けていたと「告白」する。

「私は拳銃を彼の口に突っ込んだ。銃口につけたサイレンサーが彼の前歯をへし折り、彼は目を大きく見開いた。引き金を三回引いても目玉はまだ大きなままだった。頭の後ろからは中身が教会の壁に飛び散っていたが」

読者や批評家は「いったい何の冗談だ？」と途方にくれ、この本をまともに受け取らなかった。「殺し屋だなんてあなたの妄想ですよね？」。インタビューで聞かれたバリスは一貫して「どう思おうと君の自由だ」と答えを保留し続けた。

「しかし、ＣＩＡが私のことを否定したとしても、私がウソをついてることにはならない。ＣＩＡが非合法活動員との関係を認めると思うかね？」

『危険な心の告白』は２００２年に『コンフェッション』のタイトルで映画化された。監督したジョージ・クルーニーは「真実はわからない」と言う。

「はっきりしているのは、あの本を書いたとき、バリスは人を殺したいほど怒っていたに違いないということだ」

『ゴング・ショー』がウケたのは、先にあげたアンノンコミックなどの人気者のおかげではなかった。本当に視聴者が楽しんだのは、おそろしく音痴なモノマネ歌手や、

チャック・バリス著『コンフェッション（危険な心の告白）』

年老いて足元もおぼつかない曲芸師、まったく動かない犬に必死で芸をさせようとする調教師といった本来テレビに絶対に出るはずのない有名人志願の人々だった。「哀れな人々を公共の電波でさらし者にして笑うなんて酷い」「これはフリーク・ショー（見世物小屋）だ」と、マスコミや良識派は『ゴング・ショー』を叩いた。

「アメリカの恥をさらしている、と言われ続けたよ」とバリスは肩をすくめる。

「それで、だんだん我慢できなくなってきたんだ」

『ゴング・ショー』の視聴率は好調のまま四年間放送は続いた。そして1980年、チャック・バリスは自ら監督・脚本・主演で映画『ゴング・ショー・ザ・ムービー』を製作した。ところがこれは『ゴング・ショー』に疲れたバリスが世界中を逃げ回る神経症的で憂鬱な内容で、笑いを期待していたファンからもそっぽを向かれ、上映後三日で打ち切り。落ち込んだバリスは『ゴング・ショー』を終了してニューヨークのホテルに引きこもり、二年間かけて『危険な心の告白』を書いた。ところがこれもセールス的に失敗。以降彼はほとんどマスコミから遠ざかり、南仏で隠居生活を送っていた。

ちなみに『ゴング・ショー』は日本でも東京12チャンネル（現・テレビ東京）で放送され、カルト的人気を呼んだ。素人の芸をゴングで中断するシステムがNHKのど自慢大会とよく似ていたこともあり、いくつかの類似番組が生まれた。なかでも最も強く『ゴング・ショー』に影響されたのがビートたけしで、同じコンセプトの『テレビに出たいやつみんな来い!!』をNTVで放送した。

ＴＶに出たくてしょうがない人々を笑う『ゴング・ショー』は、アンディ・ウォーホルが「今は誰でも十五分間だけなら有名になれる」と言ったアメリカン・ドリーム症候群の哀れで醜い現実をブラウン管にさらけ出した。それはダイアン・アーバスの写真に似ている。誰もが明るく希望に満ちたアメリカを信じていた60年代前半、写真家ダイアン・アーバスはホワイト・トラッシュやサーカスの小人、精神病患者などのアメリカが隠していた人々の姿をフィルムに収めたが、写真展では「良識派」から本当にツバを吐きかけられ、アーバス本人は71年に自殺した。

バリスは三回の離婚を経験し、一人娘は96年にドラッグの過剰摂取で死亡した。本人も肺ガンで生死の境をさまよった。しかし彼は死ななかった。今、映画『コンフェッション』と共に帰ってきたバリスは言う。

「今のテレビを見てごらん。『サバイバー』やら『クイズ＄ミリオネア』やらでテレビに出たい人々が殺到している。『ゴング・ショー』よりずっと醜いじゃないか」（02年12月）

## エマニエル坊や（当時）とMCハマーの共同生活
## 『シュールリアル・ライフ』

エマニエル。

そう聞くだけで甘酸っぱい気持ちになる人はもう全員アソコに最低一本は白髪が生えてるでしょう……ってシルビア・クリステルじゃないよ！　今回のお題はエマニエル坊やだ！

81年にCMソング、♪リンリン電話がリンリン・トゥナイト、の「シティ・コネクション」をヒットさせた愛くるしいエマニエル坊やはアメリカでは『ウェブスター』というホームドラマの主役で、なんと五十本を越えるCMに出演した大スターだったのだ。

71年生まれで当時は十歳だった坊やは、あまりに芸達者なため、日本では「実は三十歳」「一緒にいるのは実はママじゃなくてエマニエルの夫人」「実は巨根」など心無い噂が飛び交った。ところが、十五年くらい経って「あの人は今」みたいな番組に出たエマニエル坊やはまるで変わってなかった。ただ大学を卒業して自分のレコード会社を経営していると紹介された（ちなみにその番組にはスケボーを履いた天使ケニー君も出て野々村真と相撲した）。

そして今年、アメリカでは再びエマニエル旋風が吹き荒れようとしている。彼を始め、忘れられたスターを一つの家に集めて十日間共同生活させる番組『シュールリアル・ライフ』（WB）の放送が始まったのだ。エマニエルのルームメイトは元アイドルだがクスリでつまずいたコリー・フェルドマン（エマニエルと同じ三十五歳）、酒で身を持ち崩した元モトリー・クルーのヴィンス・ニール、破産したMCハマー、『ビバヒル青春白書』のメガネ娘アンドレア役のガブエル・カーテリスなど。彼らが参加したのはもちろん金目当てだが、もういちど世間の注目を浴びたいからでもある。かつて億単位のギャラを取っていた彼らが一緒にスーパーで1セントでも安い野菜を買おうとする姿は涙なくして見られない。

フェルドマンは現在ミュージシャンとして「元子役」というCDを製作中。それにエマニエル坊やと一緒に『元子役ディッキー・ロバーツ』というコメディにも出演する。筆者の記憶ではこの二人はマイケル・ジャクソンの家に呼ばれたことがあるはずだが「兄弟」なのか？　あ、さっきから「坊や」と呼んでるが、もう中年なのでエマニエルおじさんと呼ぶべきだろう。そういえば昔『金曜10時！　うわさのチャンネル!!』に「せんだのエマニエル父さん」ってコーナーがあったな。

（03年1月）

『シュールリアル・ライフ』はシリーズになって継続中

## 『ビバヒル』の落ちこぼれが野呂圭介に
## 『スケアリー・タクティクス』

シャナン・ドハティはハリウッド一の問題女優だ。

『ビバリーヒルズ高校白書』のヒロイン、ブレンダ役で華々しく売り出したが、度重なる現場への遅刻、インタビューでの番組に対する悪口などが原因で、プロデューサーのアーロン・スペリングからクビになった。

「不良女優」のレッテルを貼られたシャナンは仕事を干されて、エロ映画に出るわ、借金で家を追い出されるわ、酔って暴れて逮捕されるわ、お決まりの転落の道を辿るが、アーロン・スペリングの娘トリ（『ビバヒル』のドナですな）が「可哀そう」とお父様にお願いして、魔女っ子三人姉妹のTVドラマ『チャームド』で奇跡的にゴールデン・タイムにカムバック。

今度はさすがに遅刻はしなかったようだが、なんと妹役のアリッサ・ミラノと険悪になり、スペリングはアリッサに懐柔されてシャナンを追い出してしまったのだ。

そんなジェットコースター人生シャナン・ドハティの新番組が、今回紹介する『スケアリー・タクティクス』。Scare Tactics ってのは軍事用語で「攪乱戦術」という意味だけど、これはドラマじゃない。早い話、『どっきりカメラ』。イタズラを仕掛けて何も知らない人が驚くのを隠しカメラで撮るんだけど、SF専門のSci-Fiチャンネルの放送だからホラーやSF映画のシチュエーションを再現するのが特徴。

あるカップルにレイブ・パーティへの招待状が届く。大喜びで迎えのリムジンに乗り込み、会場である砂漠に向かう。すると突然カーラジオがわけのわからないノイズを発したかと思うと車のエンジンが止まってしまう。何度イグニッションを回しても反応なし。「こんな砂漠の真ん中でどうしたの？」女の子が不安そうにつぶやくと、突然、空から目もくらむほど強烈な光に照らされる。そして、一目で地球外生物とわかる怪物が車に近づき、運転手を一瞬でひねり殺すと、後部座席のカップルに手を伸ばした！

ぎゃあああああああああああああ。

「怖かった？『スケアリー・タクティクス』でした〜」ヘルメットかぶった野呂圭介が「どっきりカメラでした〜！」と言うノリで、エイリアンが正体を明かす。「どっきり」なら、「な〜んだビックリさせないでよ」と胸をなでおろすわけだが、『スケアリー・タクティクス』なんて番組、誰も知らないから「だから何なのよ！ ぎゃあああ」と絶叫し続けてるのがおかしい。

その他、キャンピングカーを巨大なサスカッチが襲った

左右非対称な顔が特徴のシャナン・ドハティ

り、エリア51近くを通りかかった車をメン・イン・ブラックが検問したり、医学生が患者の心電図を見張っているとパルスがムチャクチャな動きをしたり、ヒッチハイカーがぶつぶつと前に乗った車の運転手を殺した告白を始めたり……。部屋に置いてあった袋を「何だろう?」と開けてみると、謎の粉末が出てきて、袋にはよく見るとバイオハザードのマークが書いてあるというヒドイのもある(同じパターンで放射性物質のマークが出てくるのもある)が、そこまでやると行きずりのセックスをした後「エイズの世界にようこそ」と置き手紙を残すのと同じで、イタズラとしても凶悪すぎる。やっぱり騙されて怒った人も多く、『スケアリー・タクティクス』は番組開始早々、エイリアンの「どっきり」を仕掛けられた女性から訴えられている。

さて、肝心のシャナンは司会なのだが、第二回目にはやっぱり現場に遅刻。アシスタントが困っていると、警察がやって来て「シャナンさんの司会の地位を奪おうとして彼女を誘拐しただろう」とアシスタントを逮捕してしまう!(当然どっきり)。射撃練習場に行ったシャナンが自分の足首を拳銃で撃ち抜いて血みどろになって周囲をパニックに陥れるというネタもあった(もちろん弾着エフェクト)。「性悪女」という世間の評判に開き直った彼女の仕事ぶりには涙が出るよ。

番組では視聴者から「どっきり」のネタを募集している。テレビ番組が突然中断してアナウンサーが「先ほど核戦争が始まりました」と臨時ニュースを読み上げる、というアイデアが紹介されたが、それじゃオーソン・ウェルズの『宇宙戦争』だ。

シャナンはそこまでやらんでもいいが、アリッサ・ミラノの家のTVをジャックして日清カップスパゲティのCMをエンドレスで流して復讐するのはどうか？　（03年4月）

★2004年の大統領選挙ではシャナンが共和党、アリッサが民主党の応援に参加した。とことん仲悪いのだ。

## ママが裸でアニメでやってくる
### パメラ・アンダーソンの『ストリッパレラ』

芸能人というのはアニメになった時点で終わりだ。

昔、『ピンク・レディー物語／栄光の天使たち』というアニメがあった。キャンディーズをモデルにした『スーキャット』なんてのもあった。どちらも人気の頂点、ということは下り坂の始まりだった（キャンディーズはすぐに解散したけど）。

アメリカでは「ユー・キャント・タッチ・ディス」の、というかコント赤信号の小宮そっくりのMCハマーを主人公にした『ハマーマン』というアニメがあった。しょぼくれた黒人の兄ちゃんがヒップホップの音楽を聴くとスーパーヒーロー、ハマーマンに変身して腰フリ・ダンスで悪党をやっつけるのだ。MCハマーはこの直後、史上最大の契約金で出したセカンド・アルバムが大コケし、デビュー曲で儲けた金は浪費で使い果たし、ついに破産した。

それなのに懲りずにまた一人、アニメに手を出した。パメラ・アンダーソンだ。『ベイウォッチ』の赤いハイレグ海水浴場監視員で全世界を欲情させ、夫トミー・リーとの本番ビデオを全世界に発売された金髪巨乳グラマー・セクシー女優パメラが、自らの企画・製作で自分をヒロインにしたTVアニメを始めた。その名は『ストリッパレラ』。舌噛みそうだが、これはストリッパーとSF映画史上不朽のヒロイン「バーバレラ」の合成語。「夜はストリップ、深夜は悪党退治」というキャッチフレーズどおり、テンダーロイン（サンフランシスコの風俗地帯から命名）というストリップ・バーで踊るヌードダンサーのエロチカ・ジョーンズ（いわゆる源氏名）が、店がハネた後、黒装束に黒マスクのスーパーヒロイン、ストリッパレラに変身するというお話。

いったいなんでアニメを？　と訊かれて「プロデューサー」のパメラは言う。

「うちの息子が言うのよ。『ママは有名人だっていうけど、幼稚園じゃママのこと誰も知

『スパイダーマン』のスタン・リー製作の『ストリッパレラ』

らないよ。アンジェリカならみんな知ってるけど』って。『アンジェリカって誰？』って聞いたら『「ラグラッツ」に出て来るんだよ』ですって。それで息子を喜ばそうと思ってアニメを企画したの」

幼稚園の息子のためにストリッパーというのもよくわからないが、彼女のために「原作」を書いたのがスタン・リーというのも謎だ。そう。『スパイダーマン』『Xメン』『デアデビル』『ハルク』とこの一年で続けざまに映画化されて何十億円も稼いでるマーヴェル・コミックスのゴッドファーザー、スタン翁である。

「パメラから話があったときは、彼女のイメージ通りに尼さんの話にしようと思ったんだがね」とボケをかます御大は「ストリップの取材に行きたかったんだけど、忙しくてな。若い頃に通ったことを思い出して書いたよ」と言う。

「ストリッパレラのキャラクターはあたし自身よ」と、ストーリー作りにも参加しているパメラが言うように、放送第一回目の敵役ドクター・シーサリアンは豊胸手術専門の美容形成外科医。パメラは人工巨乳で人気者になった後、シリコンを抜いて「ガンの原因になる豊胸手術撲滅」の運動をしているからだ。ただドクター・シーサリアンが患者の胸に入れるのはシリコンではなくてニトログリセリン。おかげで巷では巨乳の女性たちの胸が次々に爆発する事件が起こる。

第二回目の敵役は悪女プッシー・ガロア。『007／ロシアより愛をこめて』のボンド・ガールとおなじ「おまんこいっぱい」という名前を持つプッシーはアパレル・メイカーの女社長。しかし彼女はアジアの貧しい労働者を奴隷のようにこき使って、偽ブランド品や捕獲を禁止された動物の毛皮のコートなどを作っている。これもパメラが動物愛護運動家で、「毛皮を着るくらいなら裸のほうがマシ」と書いた巨大ヌード・ポスターをニューヨークのタイムズ・スクエアに貼り出すなどの活動をしていたから。

肝心のストリッパレラの必殺技は、股ぐらで相手の顔を挟んで失神させるだけ。お前はけっこう仮面か！

このアニメ、評判のほうはイマイチ。アニメの出来不出来の問題じゃない。放送が11時からだから。パメラの息子の幼稚園児は起きてられないし、大人はストリップなら実写のほうがいいよ！

（03年7月）

## アイドル馬鹿ップルの新婚生活を生中継

### 『新婚アイドル／ニックとジェシカ』

金髪、大きなタレ目、巨乳。ジェシカ・シンプソンはブリトニー・スピアーズのパチモンである。あまりに個性がないので誰も相手にしなかった。一方、ニック・ラシェイはバック・ストリート・ボーイズやイン・シンクをパチった男性グループ、98ディグリーのリード・ボーカルで、ヒット曲は特にナシ。この三流アイドル同士が結婚した時、世間はまったく騒がなかった。ところが……。

二人は新婚生活のすべてをTVカメラで全米に放送することを選んだ。『オズボーンズ』でヘビメタの帝王オジー・オズボーン一家に密着して大成功したMTVが「芸能人リアリティTV」の第二弾『新婚アイドル』を企画したのだ。

番組は二人が新居に住み始める初日から始まる。三流アイドルといえど、自宅はビバリーヒルズの豪邸。台所だけで日本のワンルームマンションより遥かに広い。しかしジェシカは料理ができなかった。いや、掃除も洗濯も家事一切できなかった。脱ぎ散らかした服やゴミが散乱する豪邸で、食事はテイクアウトのファストフード。ニックがそれを責めると「あたしは十四歳の頃から歌ってて、いつもホテル暮らしだったから何も知らないの！」と泣きわめく新妻。よしよしとなだめる夫。これを日々繰り返す。引っ越しをちっとも手伝わない妻を見て夫は思わず漏らす。

「拳銃があったら自殺したいよ」

やってればよかったかも。ジェシカが無知なのは家事だけではなかった。単語をほとんど知らず、ネズミmouseの複数形をmiceでなくmousesと呼ぶ。シーチキンの缶詰を食べなが

『TVガイド』の表紙を飾ったニックとジェシカの『新婚アイドル』

ら夫に「海のニワトリってどんなの？」と尋ねる。ジェシカはチキン・フィンガー（鶏肉のスティック揚げ）は「ニワトリの指」だと思っていたし、バッファロー・ウィング（骨付きチキン）は本当に「野牛の翼」だと思っていた。キャンプ場で「熊がいるぞ」と言われると「熊って本当にいるの？」（絵本の中の存在だと思っていた）。湖に行こうと誘うと「サメがいるから嫌」。イルカを見せると「なんで頭に穴が開いてるの？」と不思議がる。『新婚アイドル』は爆笑番組として大ヒットし、絶対に怒らないニックは「理想の夫ナンバーワン」に、ジェシカもバカ妻として引っ張りだこになったが、本人は「バカじゃないもん！」と叫んでいる。

「この番組で私たちはスターになったけど、結婚も、それを放送させるのも、大反対を押し切って私が独断で決めたのよ。だから一番利口なのは私！」（03年9月）

★ジェシカとニックは06年に離婚。

---

## 氷の弾丸で人が殺せるか？　実験だ！
### 『都市伝説バスターズ』

---

オイラは大江健三郎という作家を信用しない。彼のデビュー作『死者の奢り』は、アルコールの浴槽で保存された解剖用死体を洗うバイトの話だったが、これはウソ八百である。アルコールはすぐに気化するので浴槽なんかに入れておけない。作業者は酩酊するし、そもそも爆発の可能性がある。解剖用の死体は冷やして保存するのだ。こんな小説を書くほうも、評価するほうも小学校の理科をやり直したほうがいいと思うが、「死体洗いのバイト」の他にもウソの伝説は多い。

「月から見える人類の建造物は万里の長城だけである」。これはアポロが月から撮影した地球の写真でウソだとわかる。逆にスペース・シャトルの距離だと長城どころかハイウェイ程度のものは全部見えてしまう。

「春分の日には卵が立つ」。実は生卵は夏至だろうと正月だろうとバランスさえ取れれば立てることができる。

「犬はチョコを食べると倒れる」。これは本当。カカオにはテオブロミンという血管を拡張する物質が含まれており、体の小さな動物はノックアウトされてしまう。

要するに「ウワサを信じる前に実際に試してみろ」ということだ（犬には悪いけど）。

そこで科学専門のディスカバリー・チャンネルで始まった新番

このハゲでデブのおっさんが全裸に金粉塗るんだよ！

組が『Mythbusters（都市伝説バスターズ）』。いろんなウワサや伝説を片っ端から実験していくのだ。

たとえば「氷の弾丸で人を撃てば証拠が残らない」。実際に肉と同じ素材で作ったモデルを撃ってみる。何も起こらない。氷の弾丸は発射時の熱と衝撃で木っ端微塵になってしまうからだ。

「電流の流れる線路や金網に立小便をかけると感電する」。何も起こらない。小便は一繋がりの水流ではなく、空中で細かい水滴の列になっているからだそうだ。

次は映画『007／ゴールドフィンガー』で出てくるネタ二つ。「高高度を飛ぶ飛行機は窓が一つ破れただけで墜落する」。これは本物の飛行機で実験するが、中の空気が抜けて外の気圧と釣り合うだけだった。「金粉を全身に塗ると死ぬ」。これも実際に金粉を塗って心拍数や血圧、体温の変化を測定するが変化なし。被検体も元気。

この実験をバカにしてはいけない。人類になくてはならないビタミンも「白米しか食べなかったらどうなるか」という人体実験で発見されたのだ。

ただ問題は「都市伝説バスターズ」が二人ともハゲでデブの中年オヤジだということ。せめて全裸金粉の実験にはセクシー美女を雇えよ！　（03年12月）

## 本番ビデオ流出の大富豪令嬢が百姓体験
## 『シンプル・ライフ／脱ゼイタク宣言』

理由あって、ニューヨークのホテル、ウォルドーフ・アストリアに泊まった。一泊五万円から。大統領も泊まる最高級ホテル。しかも上のほうは数億円のフラットになっていて、大金持ちたちが暮らしている。

こんな所めったに来られないのでラウンジで飲みながら、周りの客の話を聞いてみた。二人でカクテルちょっとひっかけただけで一万円とられる場所の常連はいったい何を考えているのか、と思ったのだが、まあ、おそるべきことに全員が全員Portfolio、要するに自分の持っている株の話をしているわけだ。天気の話をするように。

前にシナリオ学校に行った時、講師のロバート・マッキーが、自分の前妻もパーク・アヴェニューの高級フラットに住む富豪の娘だったと言っていた。結婚パーティで、妻の親戚に挨拶して回ったマッキーは面食らった。社交辞令で「お仕事は何をされているんですか?」と尋ねると、みんな宇宙人を見るような顔でマッキーを見返した。

「仕事? What are you talking about?」

彼らは親から引き継いだ財産を投資コンサルタントに預けて暮らしているので、「仕事」といえば新聞で株式市況をチェックするだけ。アメリカの貴族階級なのである。マッキーは結局、奥さんと別れた。

「何も知らないし、何もできないんだ。スパゲティさえゆでたことがない！」

さて、ウォルドーフ・アストリアの三十階には、今、アメリカで話題の金持ちが住んでいる。ヒルトン一家だ。

父はリック・ヒルトン。ヒルトン・ホテル・チェーン創立者の三代目。総資産は三百八十億円以上といわれる。母は自称元女優だが、出演作はホームレスが目から怪光線出して暴れる伝説的ゴミ映画『ザ・ダーク』一本のみ。しかし、話題なのは娘のパリス・ヒルトンだ。

高校時代、お小遣いが週に十万円だったというパリスは、勉強する理由が見つからずに中退。母親譲りの美貌を生かしてモデル業界に入るが、ファッション雑誌よりも露出が多かったのはタブロイド紙。ホー（売春婦）クチュールと呼ばれる裸同然のドレスを着てパーティに出没し、ストリップしたり、客とキスしたりしてバカ騒ぎする光景がパパラッチの絶好のエサになった。『プレイボーイ』誌は二千五百万円でパリスのヌードを掲載する契約を取り付けたが、母親が止めさせた（理由は安すぎるから）。

そして本番ビデオが流出した。これは、リック・サロモンというオンライン・カジノ（ネットやってるとやたらウィンドウが勝手に開くでしょ。アレです！）の経営者が撮ったもの。サロモンは当時、『ビバリーヒルズ高校白書』のシャナン・ドハティと結婚していたはずだが、パリスを自宅に連れ込んでいわゆる「ハメ撮り」を敢行した。

これが今年の秋にインターネットにあふれかえった。わずか三分の「ダイジェスト」だが性器挿入やフェラチオがモロに映っており、ノーカット版は後日発売されるという。あわてたヒルトン家はサロモンを「年端も行かない娘を騙して隠し撮りして金儲けをたくらんでいる」と攻撃したが、サロモンは「彼女はカメラに向かって挨拶している。隠し撮りではない。このビデオは友人に盗まれたもので、流出は自分の責任ではない」と、逆にヒルトン側に名誉毀損で十億円の損害賠償を請求した。

その大馬鹿お嬢さまを貧乏農場で働かせる、というテレビ番組『シンプル・ライフ／脱ゼイタク宣言』（FOX）が始まった。パリス・ヒルトンと彼女の親友ニコル・リッチー（♪ハロー、のライオネル・リッチーの妻の連れ子）を、アメリカで最も貧しい州アーカンソーの人口八百人しかいない農村に三十日間ホームステイさせる。いつも自家用ジェット機でニューヨークとハリウッドを行ったり来たりしているパリスはいつも通過しているアメリカの中西部に生まれて初めて降り立った。

まずクレジットカードと携帯電話を没収された二人は、ホームステイ先のレディングス家に着いて、一家七人の家にト

『シンプル・ライフ』は好評につき第２弾で２人はアメリカを横断した。本番ビデオは結局売り出されちゃったけど

イレが一つ（もちろん肥溜め式）しかないのに愕然とする。ちなみにパリスはNYのディスコでトイレ前の長い行列を金の力でショートカットしたことで悪名高かったのだが。

最初のミッションは「お使い」。買い物リストと50ドルを渡されて地元の「よろず屋」に行かされるが、彼女たちは生まれてこの方、上限のある買い物をしたことがない！　値札を見たことも無い！　暗算もできない！　レジと棚を何度も行ったり来たりで50ドルの買い物に一時間以上かかってしまう。

次は夕食の支度。レディングスの婆さまは二人の前に鶏をドサッと置いた。

「羽むしっておきな」

死んだ動物なんて触ったことないー！

夜、ベッドも自分で用意する。一時間以上シーツと格闘した末、ようやく寝る準備ができると、また婆さまが一言。「ダニに気をつけるんだよ」。

ダニって何？　二人とも知らない。

第一日目で疲れ果てたパリスは言う。

「なんにもない所ね。若い子たちはどこで遊ぶのかしら」

ニコルは「ウォルマートくらいしか行くところないんじゃないの？」と言う。ウォルマートは最近西友と業務提携した安売りスーパー。ところがパリスはウォルマートを知らなかった。

「壁（ウォール）を売ってるの？」

4ドルで服が買える店だよ、と聞いて、「本当？　すごい！」と本気で行きたがる。彼女が1千ドルもするパンツ穿いてるのは、単にそれしか知らなかっただけなんですな。翌日は時給8ドルで牛の乳搾らされてフンまみれ。仕事と名の付くものはBlowjob（フェラチオ）しかしたことのない二人はブーたれっぱなし。彼女らの百万分の一も資産が無いくせに鶏をむしったことのない娘は反省するように。しかし日本のTVと違って、二人のバカ娘が「地の塩」のような庶民に触れてウルルンすることはない。パリスとニコルは最後まで「貧乏人ってヤーね」とバカにしきったまま。バカもここまでくれば大したもんだ。

（03年12月）

★その後パリスは酒酔い、ニコルはマリファナでラリって自動車を運転してそれぞれ逮捕された。だがニコルはその後、二児の母となり、チャリティなどで活躍している。

## 歌も踊りもルックスもダメ、それがアイドル！
### 『アメリカン・アイドル』ウィリアム・ハン

「バンザ〜イ…ナシよ」といえば『スター誕生』だが（知らないか）、こちらではスター

チャート入りしたハン君のデビュー・アルバム。地元バークレーではもう中古CD屋で叩き売られてます

発掘番組『アメリカン・アイドル』（FOX）が大人気だ。

三十二人の出場者から毎週視聴者の電話投票で脱落者を決め、一人のチャンピオンが生き残るまでの弱肉強食システム。人気の秘密は出演者を暖かく見守る欽ちゃんの司会、ではなくて審査員サイモン・コーウェルの毒舌。どこか良いところを探して誉める日本的マナーと違って、このイギリス人の音楽プロデューサーは「耳が汚れたよ」「サルのほうがダンスが上手いぞ」とズバズバ言う。それでも嫌われないのはおすぎ的オカマ言葉のせいか。サイモンら三人の審査員は五万人のアイドル志願者からオーディションで出場者三十二人を選ぶのも仕事だ。99パーセントは最初の数小節を歌い出した時点で「はい、次！」と切り捨てられるのだが、なんと、切り捨てられたほうからスターが誕生してしまった。

幼い頃香港から移民したウィリアム・ハン君は正月に幼児が着るようなチャイナ服を着てオーディションに登場、ラテン系フェロモン歌手リッキー・マーティンのセクシー・ソング「シー・バングス」をひたすらぎこちなく歌って踊り、すぐにサイモンに制止された。

「歌もダメ、踊りもダメ、何しに来た？」と吐き捨てるサイモンに、ウィリアムは「僕はベストを尽くしました」と誠実に答えた。その模様がTVで今年の1月に放送されると、たちまち全米にウィリアム・ブームが巻き起こった。

　ウィリアムが二十一歳で名門バークレー大学の学生だと報じられると、学生名簿のウィリアム君のeメール・アドレスに百五十通の「結婚して」メールが殺到した。ファン・サイトは一週間で二百万ヒットを記録した。テレビやラジオはウィリアム君をゲストに招いて「シー・バングス」を歌わせた。ついにはメジャーからCDが発売され全米トップ40にチャート・イン！　弱々しい声で歌う「YMCA」や「ホテル・カリフォルニア」は悶絶ものだが「アジア系をバカにしている」「優れたミュージシャンが埋もれているのにバカげている」と怒る声も多い。

　その一方で『アメリカン・アイドル』のチャンピオンたちはケリー・クラークソン以外パッとしない。鳴り物入りでデビューしたがCDも期待ほど売れないし、出演したアイドル映画も大コケ。システムで生産された優等生アイドルは、大衆が祭り上げた劣等生アイドル（偶像）に勝てなかったのだ。

（04年5月）

★ウィリアム・ハンはその後バークレーを中退して本格的に歌手を目指したが……消息不明。

## ベンちゃん絶叫「ベニファーって呼ぶなー!」
### 『サタデーナイト・ライブ』

バカを演らせたらアメリカ一のウィル・ファレルとサルを演らせたら人間一のクリス・カタンが脱けた2004年の『サタデーナイト・ライブ(SNL)』は弾けたキャラ不在でちょっと苦しい。エースのジミー・ファロンはナイスガイすぎてなあ。

でも、その代わりゲストがけっこう頑張ってくれた。バレンタインデーに出演したドリュー・バリモアがすごかった。まずE.T.と再会(なぜかC-3POが出てきて「僕ら共演したよね」「してないわよ!」)、続いてドリューはジャンキー・ママ、コートニー・ラブのマネ、『モンスター』で何が何でもオスカーを取ろうとするシャーリーズ・セロンのマネ、元ストリッパーで石油王の未亡人アンナ・ニコル・スミスのマネ、最後はホワイト・ストライプスのメグ姐さんに扮してドラムまで叩いてた。

結婚寸前でジェニファー・ロペスに捨てられた直後のベン・アフレックは「なんでみんな僕たちをベニファーなんて呼ぶんだ? ちゃんとベンとジェニファーって呼ぶのもめんどくさいのかよ!」といきなり本音丸出し。「別れたせいで、せっかく作った『ベニファー』ロゴのTシャツも無駄になっちまった。五万着も作ったのにな。10ドルにしとくから買わないか?」と客にベニファーTシャツを売りつけ始めた。

ゲストに負け気味のレギュラー陣のなか、オイラが一番好きなのはレイチェル・ドゥラッチ。地味〜な彼女がそれを逆手に取ったキャラ、デビー・ダウナーが面白い。とにかく暗くて陰気で、みんなが楽しんでるとドヨーンと気分を落ち込ませる名人。たとえば海に遊びに行ったりすると……。

友達：いやー、晴れてよかったわ。抜けるような青空ね！
デビー：……皮膚ガンになる可能性が高い日よね……。
友達：ホットドッグでも食べよっか？
デビー：……狂牛病って完全に解決してないのよね……。
友達：さあ、泳ぎに行こうよ！
デビー：あたし、サメに噛まれた人、見たの……足が付け根からなくなってて……。
友達：サメなんかいないよ！
デビー：土左衛門も見たわ……水を吸って豚みたいに膨れて……。
友達：じゃあ、スイカ割りしようよ！
デビー：間違って日光浴している人の頭を叩き割ったりしてね……脳みそがベチャッと飛び散って……。
友達：……あたし、食欲なくなっちゃった。スイカいらないわ……。
デビー：なら、私がもらう！（ムシャムシャ）

（04年6月）

★ベニファー騒ぎで俳優としてファンを失ってしまったベン・アフレックはその後、監督として再起し、『ザ・タウン』(10年)などで高く評価されている。

## マフィアのお嬢様、子育て奮闘記
## 『グローイング・アップ・ゴッティ』

HBOの超人気番組『ザ・ソプラノズ』は、マフィアのソプラノ一家の跡取り息子トニーが、家業のシノギや殺しに精を出す一方で、家に帰れば良き夫、良き父親として奮闘する「ファミリー・ドラマ」。我が子はカタギに育てたいので自分の正体は隠してきたが、父がマフィアだと知った時、娘には憎まれ、息子はヤクザに憧れてグレ始める。しかも家や仕事場は徹底的にFBIに盗聴され、心休まる時はない。トニーはついにはノイローゼになり、カウンセラーに泣き言を言うようになる。ヤクザならずとも父親なら身につまされる話だ。

実はトニー・ソプラノにはモデルがいる。マフィア界最大のドン、ジョン・ゴッティの息子ゴッティJRだ。父ゴッティはライバルのボスたちを皆殺しにしてマフィア世界を制覇した伝説の武闘派。絶対に警察に尻尾をつかまれないので「テフロン加工のドン」と呼ばれていたが、92年についに殺人で有罪となり、二年後に獄中で病死した。父の代わりに組を継いだのは息子JRだった。JRは若かったが自らバットで人を殴り殺す肝の座った男で、見事にマフィアを仕切った。しかし、FBIの執拗な監視と追及は過酷を極め、十年余りの間、逮捕、裁判、収監を繰り返したJRは、とうとう「もう疲れた。足を洗って家で子供と暮らしたい」と本音を吐いた。

そのゴッティJRには兄弟がいる。兄は交通事故で死んだ。彼を轢いてしまったのは近所の普通の夫婦だったが、当然、ゴッティの子分たちに「処刑」された。

そしてもう一人、ヴィクトリアという姉がいた。彼女は「マフィアのプリンセス」と呼ばれ、幼い頃からニューヨークの社交界に出入りした。あらゆるレストランやクラブやホテルに顔が利くヴィクトリアは、そのコネクションを活かして今はタブロイド紙でゴシップ担当の編集者をしている。レポーターとしてテレビにもよく出演し、自慢のナチュラル巨乳を揺らしながら、豊胸くさい芸能人にズバリ「それ、本物？」と尋ねて笑わせる。

テレビ界が彼女を放っておくわけがない。

マフィアのプリンセスと、その息子たち

8月から教育番組専門局A&Eが、ヴィクトリアの日常をカメラで中継する番組『グローイング・アップ・ゴッティ』を始めた。

ヴィクトリアはマフィアの組員と結婚して三人の息子をもうけたが、夫はさんざん女遊びで彼女を苦しめた。その夫が刑務所に入るとヴィクトリアはすぐに離婚し、息子をカタギに育てると決心した。この番組は極道の遺伝子を引き継いだ息子三人をまともに育てる奮戦記だ。

十八歳を頭に十七歳、十四歳の極道の孫たちは祖父譲りで頭はキレるから学校の成績はいいのだが、環境が最悪。組員たちから「坊ちゃん坊ちゃん」とチヤホヤされ、獄中の父からは連日何百ドルもするプレゼントを贈られ、まともに働く気をなくしている。長男は、とうとう母親に黙って偉大なるじっちゃんに捧げるタトゥーを入れてしまった。

「ハーバードに行って弁護士になると約束したのに刺青なんか入れて！」嘆くヴィクトリア。手本になる父親が必要だわ、とヴィクトリアは再婚相手を探して見合いを繰り返すが、相手は「ドンの娘」だと知った途端にみんな逃げ出してしまう。今日もフラれたヴィクトリアは、自分のリムジンの運転手に思わず言ってしまう。

「あいつを始末してくれたら1千ドルあげる」

お嬢さん、あんたが言うと全然シャレにならんわ。

（04年8月）

## わしの髪をジロジロ見る奴はクビだ！
### ドナルド・トランプ『アプレンティス』

「You're fired（お前はクビだ）！」

これがアメリカの今年いちばんの流行語だ。

NBCテレビの『アプレンティス（実習生）』で毎週、ドナルド・トランプが番組の最後に言う決めゼリフだ。そう、一時はセントラル・パークの南側の高層ビルを全部所有していた不動産王トランプである。この番組はトランプの会社に就職を希望する男女八人ずつの実習生が毎回トランプの出した課題に挑戦して、毎回一人、最も役に立たなかった者がトランプからクビを切られる。最後の一人になるまで。プロデューサーは無人島での生き残りゲーム『サバイバー』と同じ人で、要するにこれはビジネス版の『サバイバー』というわけ。

二十一万人の応募者から選ばれた実習生はさまざま。MBAを取得したエリート・ビジネスマンもいれば、メキシコの孤児で十七歳の時にカイロプラクティック師として成功し、二十一歳で不動産会社を経営する天才少女もいる。第一回、トランプの城、トランプ・タワーに集められた十六人はみんな異常に緊張していた。なにしろトランプは四年前には改革党から大統領に立候補しそうになった（党内の派閥争いで中止）こともあるほどの大物、アメリカのビジネス界の頂点に立つ男だ。

その彼が与えた最初の課題は……。

「レモネードを売って来い」

レモネード売りはアメリカ人にとって最初に経験する金儲けである。アメリカの子供は皆、小学校に入る頃、道端で自家製のレモネードを売らされる。資本主義を国是とするアメリカでは、こうして幼い頃から商売を学ばせる。

「ガキの小遣い稼ぎかよ」。ビジネス・エリートたちはちょっとガッカリ。けれどもこれは遊びではない。男女2チームに分かれ、夕方までの売り上げの少ない方から一人クビになるからだ。

「レモネード売りはビジネスの基本だ」とトランプは言う。原価はタダ同然の商品からより多くの利益を生み出すためには、宣伝、付加価値、ロケーションなどありとあらゆるテクニックを駆使しなければならない。

結果は女性チームの圧勝だった。彼女らは道行くビジネスマンにお色気でアピールした。「あたしの電話番号つけちゃうわ」「キスもサービスよ」と、紙コップ一杯のレモネードを5ドル以上で売って大儲け。男は……手も足も出なかった。

『アプレンティス』。最大の謎はトランプの髪型

次の課題「仕入れ」も買い物と値切りの得意な女性軍の圧勝。「閑古鳥が鳴いてるレストラン、プラネット・ハリウッドの売り上げを一日でアップさせる」という課題でも、女性軍は街頭でチラシを配り「今夜来てね。待ってるから」と客を勧誘、店ではセクシーなTシャツに着替えて、食事よりも利ザヤの大きなアルコール類をお酌しまくって売り上げ倍増。男性軍は割引券を配ったがお話にならなかった。かくして四週連続で男性がクビになった。

「知らなかった。女性って商売の天才だな」とトランプも驚いたが、五週目で男女をシャッフルしてから状況が一変した。男性との共同作業では女性は気圧されてなかなか発言できない。勇気を出して意見を言っても採用されないし、聞いてもらおうと大声を出すと「ヒス起こすな」と嫌がられる。女性たちは急に消極的になり、今度は四週連続で女性がクビになった。これが男女平等といわれるアメリカの実態である。『アプレンティス』は現実のビジネスの縮図なのだ。

十一週目の課題は、トランプが経営するカジノで客を呼ぶための新しいギャンブルを開発すること。実はこのカジノの大赤字のせいで、トランプはこの十年間に二度も破産している。「そのへんのホームレスよりわしは貧乏だよ。彼らは資産ゼロだが、わしはマイナス数十億だ」とは彼の得意なジョーク。マイナスだと言いながら娘ほど年の離れた東欧出身のモデルと三回目の結婚をしてブイブイ言わせてるわけだが。

そして十三週目の決勝戦。対決するのはハーバードMBAのエリート黒人、クワーム

（二十九歳）と、学歴はないが葉巻の通販のウェブサイトを経営する白人、ビル（三十二歳）。最後の課題はイベントの仕切り。クワームはトランプのホテルで開かれるジェシカ・シンプソンのライブ、ビルにはトランプとクライスラーが提携するチャリティ・ゴルフが任された。クワームはテキパキと仕事をこなし、ビルは慣れない仕事で右往左往するが、クワームは一番大事なことを忘れてしまった。ジェシカをトランプ御大に挨拶させなかったのだ。

結局、ビルがトランプに採用され、シカゴに建設される新しいトランプ・タワーの現場で働くことになった。保障された年収は25万ドル（約二千六百万円）。驚いちゃいけない。トランプ自身はこの『アプレンティス』で一回ごとに37万5千ドル（約四千万円）のギャラをもらっているのだから。

優勝者ビルはワイドショーにゲストとして引っ張りだこになったが、その度に同じ質問をされた。「トランプさんの前髪は生え際が見えないんですが、あれはヅラですか？ それとも後頭部の毛を無理矢理前に持って来てるんですか？」

ビルの答は「引っ張ってみないとわからないけど、そんなことしたら『お前はクビだ！』だよ」。

（04年8月）

# PEOPLE

## Chapter 6

## 3千人の女性を食ったチビ・デブ・ハゲ
### 不細工ポルノ男優、ロン・ジェレミー

『ポルノ・スター』は、ハードコア・ポルノ界一の人気男優、ロン・ジェレミーのドキュメンタリー映画だ。ジェレミーの出演したポルノはなんと千六百本！　たいていのハードコアに出ている確率になる。現在まで二十三年間のキャリアで絡んだ女優の数は三千人以上！　三日あたり一人の計算になる。おそらく全人類の中でも最も多くの女性を経験した男だろう。四時間で十四人の女性としたこともある。

「うらやましい！　いったいどんな色男だ？」と思って実物を見るとビックリ。ロン・ジェレミーは身長160センチ余りのチビでデブ、頭はうすらハゲで体は毛むくじゃら。ヘッジホッグ（ハリモグラ）と仇名されるブ男なのだ。それだけじゃない。フロに入るのが大嫌いでいつも髪は脂でギトギト。一張羅のアロハシャツはよれよれ、パーティでは皿まで舐める勢いで食い散らかす意地汚さ。それがどうして？

ニューヨークのユダヤ系医師の息子に生まれたジェレミーは、大学で特殊学級教育の修士を取得し、二年間高校で教鞭を取った。しかしガールフレンドがイタズラで送った彼のフルヌード写真が女性向けエロ雑誌『プレイガール』に掲載され、小さな体に似合わぬ巨根を買われてポルノ映画にスカウトされる。相手役の女優は「大きくてもスポンジみたい

に柔らかいからどうってことないわ」と言うが、ジェレミーは自分で自分をくわえる必殺技を開発してカルト的人気を集めた。

「ポルノ男優って体だけが自慢のナルシストばかりで、人間としては最悪」と女優たちは言う。伝説的巨根男優ジョン・ホームズは業界で嫌われ、コカインに溺れ、殺人事件まで起こした挙句、惨めに死んでいった。ジェレミーが二十年以上第一線で活躍できたのは、彼がナルシシズムともコカインとも無縁のマジメなブ男だからだ。

「観客に希望を与えるのが僕の仕事さ」

「世界一ラッキーな男」と呼ばれるジェレミーだが、実は見果てぬ夢がある。

「普通の俳優になりたいんだ」

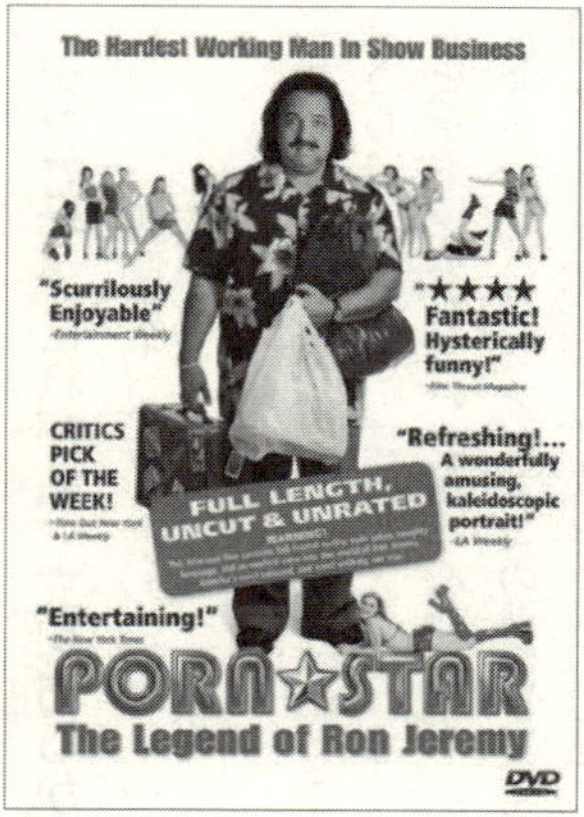

『ポルノ・スター／ロン・ジェレミーの伝説』

彼はここ数年、ハリウッド映画のオーディションを受けて『キリング・ゾーイ』や『処刑人』などに出演したが、どれも画面に一瞬だけ映ってセリフもなく殺される役。しかも大手の映画会社は彼がポルノ男優だと知った途端にその場面をカットしてしまう。ジェレミーは今年で四十八歳。もう一つの夢は、結婚して普通の父親になることだそうだ。

（02年1月）

## デブでも、これが私。文句あるか！

### 韓国系コメディアン、マーガレット・チョー

「大人しくて勤勉」、いまだにそれがアメリカでのアジア人に対するイメージ。女性の場合さらに「スリム」「男に尽くす」というのが加わる。要するに白人や黒人女性にないものを勝手に求めているだけなのだが、マーガレット・チョーはそのどれでもなかった。

68年、サンフランシスコの韓国人移民の両親の間に生まれたマーガレットは幼い頃から「デブ、デブ」とイジメられた。勉強にも興味が持てず、教師から「他のアジア人はみんな優等生で、医者か弁護士になるのに」となじられた。自分の存在を憎んだマーガレットは登校拒否の末、高校を退学になった。

マーガレット・チョーのライブ映画
『ノトーリアスC. H. O.』

彼女を救ったのは「お笑い」だった。みんなの前で韓国人家庭の日常を面白おかしく話したら生まれて初めて喝采を浴びたのだ。

十六歳でスタンダップ・コメディアン（漫談家）としてデビューした彼女は、94

年にTVコメディ『オール・アメリカン・ガール（普通のアメリカ娘）』の主役に抜擢される。アメリカで初めてアジア系家族を描いたホーム・ドラマだったが、肝心のアジア系からは応援されるどころか逆に「アジア人を笑いものにしている」と激しく抗議された。また、テレビ局側はマーガレットに「人気を得るには、もっと痩せないと」とダイエットを強要した。苦しんだ彼女はドラッグに溺れ、おかげで20キロも体重を落としたが、番組はアジア系ネタを自粛したせいで無内容になって打ち切られた。

マーガレットはキャリアのドン底で自殺まで考えた。けれど「他人の言いなりになったのが原因で死ぬなんてアホらし」と奮起。自分のイジメられ体験からテレビでの失敗までをギャグにして孤独なドサ回りを始めた。

彼女を支持したのはゲイの人たちだった。「周りが押し付ける価値観なんか気にしない。私は私」というマーガレットのテーマに共感したのだ。彼女のショーを記録した映画もヒットし、自伝もベストセラーになった。そのタイトルは『私は私がなりたい私』。

（02年5月）

★03年、ブッシュ大統領がイラクを攻撃し、支持率70%を集めると、マーガレット・チョーはステージやメディアで徹底的にブッシュを批判し、ブッシュ支持者から「殺すぞ」等の脅迫を受けたが、決して批判をやめなかった。08年、サンフランシスコ市は4月30日を「マーガレット・チョーの日」に制定した。

## ミステリー・サークルに魅せられた天皇の寿司シェフ

### パンタ笛吹のポジティブ人生

ミステリー・サークルをテーマにした『サイン』は知能指数は天才的なのに精神年齢が小学生並みのケッ作映画だった。ミステリー・サークル研究家のパンタ笛吹さんは観ただろうか。

パンタさんはサイババのインチキを見抜いたことで日本でも「その筋」では有名。二年前、オイラがコロラドのボウルダーに住んでいたとき、そこで寿司屋を経営しているパンタさんの豪邸に招かれ、ミステリー・サークルのビデオを死ぬほど見せられた。サイババは否定するパンタさんだが、ミステリー・サークルのほうは「人間の仕業じゃないよ」と力説する。しかし、ミステリー・サークル以上に怪しかったのが、そこでもらったパンタさんの自伝マンガ『ロックンロール寿司シェフ物語』だ。

彼の本名は牧まさお。1952年生まれ。ヒッピーとしてインドを放浪した後、アメリカに渡る決心をする。その金を作るために彼がやったのは主婦に高い布団を売りつける催眠商法。アメリカでは片っ端から独身女性に電話して「結婚してくれ！」と迫ってまんまとグリーンカードを取得（すぐ離婚）。メキシコの不法労働者を安く使ってペンキ屋を始めるが、寿司屋のほうが儲かりそうだとハワイで寿司修行を始め「十年握ってます」と口からでまかせでボウルダーに店を出して大成功。

『サウスパーク』の生みの親トレイ・パーカーはコロラド大学の学生時代にパンタさんの寿司屋の常連だったので、トレイの作った映画『カンニバル！』にはパンタさんがインディアンの酋長役で特別出演している。ところがパンタさんのプロフィールでは「ハリウッド映画に出演」となっている。コロラドの学生映画だよ！

「笛吹」という芸名はオカリナを吹くから。シンセサイザーの喜多郎とはヒッピー時代からの友人。喜多郎が山口組三代目組長の娘と離婚して日本にいられなくなった時、パンタさんが「こっちに来れば」と声をかけたので、喜多郎はボウルダーの牧場を買って移り住んだ。その喜多郎に「ちょっと吹いてみて」と言われて吹いたシロウト尺八が映画『天と地』のサントラに使われてゴールデン・グローブ賞を受賞した。ボウルダーを訪れた天皇皇后にもシェフとしてオードブルをサーブした。

パンタ笛吹こと牧まさおさんのオカリナCD

まあ、あきれるほど調子のいいポジティブ・シンキングの人なのだ。催眠商法？　と尋ねても「うん、催眠だよ。自分でも本当にいいものを売ってると思い込むことがコツなんだ」とニッコリ笑って全然悪びれる様子がない。サイババもきっと自分ではいい

ことしてるつもりだと思うよ。（02年8月）

## ローマ法王に賛美歌を捧げたハードコア女優
### 米ポルノ界で活躍するスージー鈴木

サンフランシスコのジャパン・タウンの喫茶店で、スージー鈴木さんはメニューを見ながらひとしきり悩んでいた。

「すみません。私、こんなコーヒー一つでもなかなか決められない性格なんです。でも、こんなに悩むの嫌だから、えいっ！　やっちゃえ！　って、極端なことしちゃうんです（笑）」

『ホット・スシ』『ツイン・ピークス・オブ・マウント・フジ』など数十本のビデオに主演した日本人で唯一のアメリカン・ハードコア女優であるスージーさんは、十年ほど前、日本にいた頃は裸の仕事はしたこともなかった。アメリカに渡った目的もポルノとは無縁だった。

「ジャズ歌手になりたかったんです」

学生時代から銀座でギターの弾き語りをしていたスージーさんは、ボーカルのレッスンを受けるため、ニューヨークに留学した。

「ジャズといえばニューヨークだと思い込んで来てみたんですが、なんでも勉強になるだろうと思ってクラシックの先生についたり、ミュージカルの学校にも行ったり、教会の聖歌隊にまで入ってました。聖パトリック大聖堂の（笑）」

聖パトリックはアメリカのカソリックの総本山。スージーさんたちはバチカンに招かれてなんとローマ法王の前でも歌った。

「でも、当時のニューヨークはジュリアーニ市長の大改革の前で非常に治安が悪くて、精神的に疲れちゃって。それで他の町に住みたいなと思って、車で七週間かけてアメリカ中を見て回りました」

大陸の反対側のサンフランシスコに立ち寄った彼女は、ゲイやアーティストが集まる自由な空気が気に入って引っ越すことにした。地元の劇団に参加し、オール・アジア人キャストの古典ミュージカル『フラワー・ドラム・ソング』ではヒロインを演じた。

「でも、ちょっとしたバイトのつもりで地元のカメラマンのヌード・モデルをやったら、それを見たジェイミー・ギリスがビデオに出ないかと連絡して来たんです」

ジェイミー・ギリスは70年代のポルノ黄金時代から活躍を続ける伝説的俳優兼監督。名門コロムビア大学を出たインテリとしても知られる。

「この世界にはヤクザも多いけど、ジェイミーは会ってみると気さくで頭のいい人だったので安心しました。でも、すぐには返事ができなくて何日か悩みましたね」

スージー鈴木さんは自分でビデオの製作もしている

しばらくしてギリスは、エド・パワーズの『ダーティ・デビュータント』をサンフランシスコで撮影するので来てみないかと誘った。『ダーティ・デビュータント』はエド・パワーズが素人を「ハメ撮り」するシリーズで、すでに当時四十作を超えていた（今も続いている）。悩み過ぎるとかえって「えいっ！」と飛び込んでしまうスージーさんは思い切って彼らの待つホテルに行ってみた。

「まず話し合いをすると思うでしょ。ところがドアが開くともうエドがカメラで私を撮ってて、撮影が始まってるんですよ」

エド・パワーズもギリスと同じく相手をリラックスさせるのが上手かったが、いきなり「アナルもやってみない？」と言い出した。

全然経験ないし、しかも撮影ですら初めてなのに、と躊躇するスージーさんに彼は「大丈夫、大丈夫」と言いながら入れてきた。

「ちょっと違和感はあったけど、痛くはなかったです。彼、日本人並みに小さいから（笑）」

かくしてハードコア女優スージー・スズキがデビューした。次々とビデオに出演し、アジア系女優専門誌『オリエンタル・ドール』などで大きく取り上げられた。アジア系の女優は多いが、みんなアジアン・アメリカン。「日本の日本人」である彼女は貴重なのだ。

「英語に訛りがあるけど、それもリアルでいいんだって。でも、やっぱりアメリカだなあと思ったのは、日本のＡＶだと眉間に皺寄せて悶えるけど、こっちでは『もっと笑顔で楽しそうにやってくれ』って言われて」

日本のセックスはウェットでエモーショナルだが、アメリカではドライでフィジカル、スポーツみたいなものだと言われるが。

「むしろ宗教的な罪悪感の裏返しじゃないですか？　だからマリファナをやって無理に陽気にならないと本番ができないという女優さんもいる。保守的な中西部の田舎から出て来た人が多いんですね」

しかしアメリカのハードコアの産業としての規模は日本のＡＶに比べると小さい。女優のギャラも日本に比べると遥かに安い。ビデオだけで生活できる女優はジェナ・ジェームソンなどほんの一握りのトップだけで、普通はストリップの巡業がメインの収入。スージーさんもステージに立つようになった。

「ビデオのパッケージに出てるとスター扱いで出演料が出ます。常勤のハウス・ダンサーは逆に店に場所代を納めていて、お客さんからのチップだけで生活してるんですけど。私はもともと舞台でパフォーマンスするのが好きだから楽しいですね。音楽や衣装も自分で用意して。ツアーで全米各地を回るのも面白いですよ。ペンシルヴェニアはアルコールの規制が厳しいから、お客さんが自分でお酒を持参して来たり、アルバカーキでは舞台での本番もOKだったんですが、なぜ？　と思ったらニューメキシコ州に一軒しかストリップ・バーがないから大目に見られてるんですって」

最近は自分でビデオの製作もしている。

「ポルノは取次の力が強くて、売り上げのほとんどが持っていかれちゃう。だから自主製作して直販したほうが儲けが大きい。それに自分で作ると面白いですね。アジア人の綺麗な黒髪に憧れてる人が多いから、髪の毛フェチ専用ビデオを作ったりして」

スージーさんは日本のAV女優のようにプロダクションに所属しているわけではなく、女一人で、このヤクザな業界を渡っている。

「契約する時は女で外国人だからってなめられないよう気をつけてます。現場で怖いのはエイズ。男優も女優も毎月の検査が義務づけられていて、撮影前に互いに診断書を見せ合うんですけど、書類を偽造したり『事務所に忘れた』なんて言ってなしくずしに本番をしようとする人もいます。そういう時に断固として断ることが大事」

この仕事でいちばんいいことは？

「いいセックスができることですね。お金もらってこんなに気持ちよくなっていいのかな、って思うこともあります。売れてる男優はムード作りからしてやっぱり上手なんですよ。それにアレックス・ディレンジーみたいな名監督はセックスの演出が本当にうまくて」

すべてがベストに決まったときはジャズのセッションのようにスウィングするという。

歌手としてすでにCDを一枚出している彼女は、今は二枚目のレコーディングと、「スージー・スズキ・ワンマンショー」の準備中だそうだ。

（03年5月）

## 負け犬がつかんだアメリカの輝き
### 自分マンガ30年、ハーヴェイ・ピーカー

「この街は常に変わっていくね」

サンフランシスコで開かれたコミック・コンベンションを訪れたハーヴェイ・ピーカーは、次々と建設される高層ビルを見上げて言った。

「私が初めて来た時のサンフランシスコはフラワー・ムーブメントのメッカで、ヒッピーだらけだった。サンフランシスコはアングラ・コミックが生まれた街でもあった。『フリッツ・ザ・キャット』のロバート・クラムが住んでいたからね。クラムと出会わなければ、私は『アメリカン・スプレンダー』なんてコミックを作ることはなかったし、それが映画化されることもなかった。一生クリーブランドで暮らして誰にも知られないまま死んでいったかもしれない」

ピーカーは1939年、オハイオ州クリーブランドに生まれた。

マンガと違って本人は仏頂面だけじゃない
ハーヴェイ・ピーカー

「クリーブランドは20世紀初めに金属工業で栄えた街で、東欧系の移民が労働者として集まった。私の父もポーランドから来たユダヤ人だ。『アメリカン・スプレンダー』にはロシア正教教会が出てくるけど、あれは私が昔住んでいた家の近所で、実は『ディア・ハンター』に出てくるロシア教会なんだ。あの映画ではペンシルヴェニアという設定だが。父は食料品店を経営するユダヤ人で、私はイディッシュ語の教育を受けたんだよ」

『アメリカン・スプレンダー』のクリーブランドは廃工場ばかりで徹底的に荒れ果てている。

「クリーブランドは別名を『錆びたベルトコンベアーの街』という。50年代から工場が次々に閉鎖された。日本や外国の安い製品に負けたんだ。工場は廃墟になり、失業者があふれた。それからクリーブランドは五十年後の今まで変わらんよ」

高校は出たが、何の資格も特技もないピーカーに仕事はなかった。

「しかたがないから海軍に志願した。ところが訓練課程で叩き出されてしまった。服もきちんと畳めない不器用な男はいらないと言われたんだ。目の前が真っ暗になったよ」

やっと職安に世話してもらった仕事は病院のカルテ係だった。

「誰にでもできる仕事だから。言われた患者のカルテを棚から探し出して、後で元に戻す。それだけ。来る日も来る日も同じ仕事。何の変化も発展性もない。出世や昇給の見込みもない。行き止まりの仕事さ」

そんな彼にとって唯一の楽しみはジャズの中古盤漁りだった。

「趣味でジャズ評論を書いたりしてるうちに、私だって何か表現したいと思うようになった。でも、私は本当に不器用で、楽器は弾けないし、歌も歌えない。詩も書けないし、絵も描けない。物語も作れない。何をしたらいいのかわからない。それでも何か表現したかったんだ」

悶々としていたピーカーは、ある日、近所のガレージセールで、同じくジャズのレコードを漁っていた若きロバート・クラムと出会った。

「彼はクリーブランドで挿絵なんかを描いていたが、その後、サンフランシスコに引っ越して、アングラ・コミックのスターになった。アメリカではコミックは子供のものだと思われていた。スーパーマンだのバットマンだのばかりで。ところがクラムの作品は違った。セックスやドラッグや政治や、現実に存在するものはすべてマンガにしていたんだ。それを見て、私もやってみようと思った。そして1ページのコンテを描いてクラムに見せたら面白がってマンガにしてくれたんだ」

作品がたまると、ピーカーはそれを76年に自費出版した。すでに三十七歳になっていた。

頭の薄くなった目つきの悪い独身の中年男ピーカーがぶつぶつと世間にグチをこぼす日常を淡々と描くマンガだが、タイトルはなぜか『アメリカン・スプレンダー』、つまり「アメリカの輝き」。

「皮肉だよ。ちっとも輝かしくない、アメリカン・ドリームとほど遠い現実だから」

ピーカーは子供の頃から空想的なものには興味がなかった。

「自分と縁のない美男美女が波乱万丈の恋や冒険をするハリウッド映画のどこが面白いのか。私が初めて映画を観て感動したのはヴィットリオ・デ・シーカ監督の『自転車泥棒』(48年)だ。イタリアン・ネオリアリズモの傑作だよ。終戦直後のイタリアで一人の父親が大事な自転車を盗まれて、他の人の自転車を盗もうとするが捕まって子供の目の前で惨めな姿をさらすという話で、厳しい現実をまったく美化せずに描いている。ハリウッド式ハッピー・エンディングなどない。現実がそうであるようにね。でも、笑わせるし、泣かせるし、考えさせられるし、何よりも主人公が普通の人間だから心底共感できるんだ」

その他に影響を受けたのは自然主義文学だ。

「エミール・ゾラやバルザック、アメリカの作家ではヘンリー・ミラー。コミックの技術的にはジェームズ・ジョイスの〝意識の流れ〟の影響が大きい。あと、ジョージ・エイド。彼は20世紀初め、街角で体験したり見聞きしたことをイラスト付きのコラムで連載してた作家だ」

スーパーヒーローの活躍もなければ、セックスもドラッグもない『アメリカン・スプレンダー』は売れるはずがなかった。それでも、ピーカーは出し続けた。十年が経った。いつしか『アメリカン・スプレンダー』は「文学」として評価されるようになっていた。

「Loser（負け犬）コミックと言われたよ。ヒーローものは現実逃避させてくれるが、私のコミックは惨めな現実と向き合わせる鏡のようなものだ。アメリカは勝者が好きだから、負け組はめったにメディアでは描かれない。だから珍しがられたんだろう」

ピーカーは『アメリカン・スプレンダー』を続けるうちに、ファンの女性と結婚することができた。ＴＶ番組のレギュラーにもなった（本番中にケンカして降りたが）。リンパ腺ガンになったが闘病して克服するまでの一年間をコミックに描いたシリーズ『キャンサー・イヤー』は全米図書協会の賞を受けた。

それでも相変わらず貧乏で、三十年間カルテ係を続けるしかなかったピーカーだが、六十歳を過ぎた時、ついに『アメリカン・スプレンダー』が映画化されることになった。

「負け犬ジイさんの話を映画にしてくれるとは驚いたね。しかもハリウッドのスターたちが出たがった。私を演じたのはポール・ジアマッティだが、スティーブ・ブシェミがやりたがっていたな。あと、妻役でホープ・デイヴィスが素晴らしい演技を見せてくれるが、最初は『フレンズ』のジェニファー・アニストンが妻ジョイスの役を欲しがって熱心にアプローチしていたんだよ」

世界一のセクシー男優ブラッド・ピットの妻がピーカーの妻になりたがるとは！

「『アメリカン・スプレンダー』は俳優だけでなく、コミックに描かれた私もアニメーションでからんでくる。監督のバーマン&パルチーニ夫婦は今までドキュメンタリー映画を作ってきたから、現実の私も登場させて劇映画とドキュメンタリーを行ったり来たりするんだ」

『アメリカン・スプレンダー』は本物のピーカーがカルテ係を引退するパーティで終わる。同僚や家族に祝福されるピーカーを見て、観客は涙をこらえられない。彼は「アメリカの輝き」を摑んだ。人生にハッピーエンドはあったのだ。

「そうだね。一生に一度だってヨーロッパに旅行できるなんて夢にも思わなかったのに、カンヌ映画祭に呼ばれて赤絨毯を歩いたんだから」　（04年5月）

★2010年7月、ピーカーは自宅で亡くなった。抗うつ剤の過剰摂取だった。遺灰はあのアンタッチャブルのエリオット・ネスの隣に埋葬された。

## 「ノー・リスペクト」をリスペクト！
## ロドニー・デンジャーフィールド大往生

高級ブランドばかり並ぶビバリーヒルズのショッピング街、ロデオドライブの裏に一軒だけ、半世紀も前からシートもテーブルもウェイトレスも変わってないボロボロのパンケーキ・グリルがある。そこで去年の秋、まずいコーヒーをすすっていたら、奥の席から深海魚のようなギョロ目の老人がヨロヨロと歩いてきた。

コメディアンのロドニー・デンジャーフィールドだ。『ナチュラル・ボーン・キラーズ』（94年）でジュリエット・ルイスを性的虐待してたホワイト・トラッシュ親父といえば覚えている人もいるかもしれない。サインでももらおうかと思ったがやめた。デンジャーフィールドはすっかり年老いて、足元すらおぼつかない様子だったからだ。彼は娘ほど年の離れた、しかし明らかに娘ではないケバい金髪美女に支えられて店を出て行った。ウェイトレスに聞くと「知ってるわ。あのギョロ目のじいさんはコメディアンでしょ。でも誰も気にしないわ。一緒にいるのは奥さんだって」。

「誰からも尊敬されない！」とボヤキ人生82年のデンジャーフィールド

一年後の10月5日、デンジャーフィールドが八十二歳で亡くなった。

コメディ作家だったデンジャーフィールドが自ら表舞台に立とうと決めたのは四十歳を過ぎてからだった。映画『バック・トゥ・スクール』（86年）でやっと芸人としてブレイクした時にはすでに六十五歳だった。

「ノー・リスペクト（誰もわしを尊敬しない）！」

それが彼のキャッチフレーズだ。芸人というものは世相や他人を皮肉るものだが、デンジャーフィールドが笑うのは自分だ。

「生まれてから今まで誰もわしを尊敬してくれない。お袋はつわりがひどかったよ。生まれたわしの顔を見てからな。わしがおっぱいを吸おうとしたらお袋は嫌がって『あなたとはお友達でいたいの』ときたもんだ。親父に湖でアイススケートしたいと言ったら『もっと暖かくなってからにしろ』って言われた。ウチの親はお風呂のおもちゃとしてトースターとドライヤーをくれた。コンセントにつないだままな。わしを誘拐した犯人はウチの親を『金を寄越さないとこのガキを返すぞ』と脅迫した。叔父さんだけはわしを可愛がってくれて、死に際にわしを膝に抱きたいと言った。電気椅子に座ってたけどな。わしはとにかくみんなに嫌われてた。ヨーヨーですら戻って来ないんだ。ソープランドに行ったら『今日はセルフサービスよ』って言われた。スリ以外に誰もわしの体に触ろうとしない。医者に行って相談したよ。『いつも鏡を見るたび死にたくなるんです』って。そしたら『視力は正常ですね』って言われた。窓から飛び降りて自殺しようとしたら、説得に来た連中が言いやがった。『用意ドン！』」

かつてビートたけしは「コメディアンは年を取ると森繁症候群にやられる」と言った。急に人情に走ったりインテリぶったりして尊敬されようとするのだ。たけし自身がそうなってしまったが、アメリカでもこれは同じだ。過激な人種ギャグで売ったビル・コスビーは説教ばかりしてるし、パンクだったエディ・マーフィも毒気が抜けてヌルいご家族向け映画を作り続けている。けれどもデンジャーフィールドは、いくら年を取っても下品なギャグをやめず、決して偉くならなかった。いかに尊敬されていないかというと、１９９０年に彼を酒とドラッグ漬けだと書いた芸能紙を名誉毀損で訴えた時、裁判所が命じた慰謝料の額はたった１ドルだったのだ。

１ドルの名誉。コメディアンの鑑である。

（04年10月）

# あとがき

アメリカ生活も今年で七年になりました。

相変わらず、ウォール・ストリート・ジャーナルよりスーパーのレジで売ってるタブロイド紙を読み、CNNより「コメディ・セントラル（コメディ専門チャンネル）」の冗談ニュースで政治経済を知り、アメリカを底の方から見ている毎日です。

でも、アメリカから日本に情報を発している日本人はマスコミの特派員や、大学の研究者、それに企業の駐在員など「エリート」ばかりだから、この本にあるようなアメリカの草の根文化はほとんど日本に紹介されることがないでしょう。

しかし、実際のアメリカは、マンハッタンのカフェで優雅に株談議に花を咲かせる、スーツ姿のビジネスマンよりも、スポーツ・バーでアメフトの中継に一喜一憂しながらビールをあおる、野球帽にジーンズのオヤジたちや、ワイドショーで芸能人のゴシップを追いかけるオバサンたちのほうが大部分なわけです。

機会均等の競争社会と言われてきたアメリカですが、実際は貧富の差が拡大する一方で、しかも固定化されつつあります。特にブッシュ政権八年間の固定資産税と相続税の大幅減税で、トップ数パーセントの富裕層は孫子の代まで引き継げる富を蓄え、貴族化が進んでいます。いっぽう、減税と戦争による政府の財政難のために公立学校が困窮し、教育程度の格差はさらに広がっています。先に頂点に登ったわずかなカニたちが、後を追いかけて来るその他大勢のカニたちを蹴落とすだけでなく、今、ハシゴを外そうとしているのです。幻想になりつつあるアメリカン・ドリームを、スポーツや芸能やTVが庶民に提供し続け、欲望だけが肥大化する現状、そして、その中で戦っている人々の姿を本書で少しは伝えられたかと思います。

本書に収められたコラムの初出の際の担当者の皆さんにこの場を借りて感謝します。『サイゾー』の揖斐さん、『スポルティーバ』の伊東さん、『TVブロス』の鳥居さん、浜川さん、『スウィート』の東郷さん、『インビテーション』の原田さん、別冊宝島の伊野さん、『文藝春秋』の松井さん、『くりくり』の首藤さん、『映画秘宝』の田野辺さん、洋泉社の渡邊さん、ありがとうございました。

そして、この本を出版してくれた太田出版の村上清さん、表紙イラストを描いてくれた金子ナンペイさん、それに、読者の皆さん、ありがとうございました。

２００４年11月

# 文庫版あとがき

アメリカでは今、ティー・パーティという市民運動が力を増している。彼らはオバマ政権の、高額所得者や大企業への増税案に激しく反対している。

ティー・パーティとは、植民地時代のアメリカでイギリス本国からの増税に反対した人々が、税率の高い紅茶をボストン港に捨てたボストン茶会事件を基にしている。そこからアメリカ独立戦争が始まったので、アメリカは建国以来、税金への反発が根強い。

成功した者がそのぶん豊かになれるのがアメリカン・ドリームだと主張する人々の声に応え、80年代のレーガン政権から三十年間にわたって富裕層への減税が続いてきた。そうして財源が減ったぶん、福祉が削減されてきた。富の再分配が減ったので、貧富の格差は何十倍にも開き、貧しい者は教育も受けられず、底辺からはい上がれる可能性を奪われた。

その格差を少しでも縮めるため、オバマ政権は高額所得者や大企業への税率を上げようとしているのだが、増税の対象は年収約二千万円以上の世帯だけであり、それ以外の庶民はむしろ恩恵を受ける。もちろんティー・パーティ運動家もほとんどは年収二千万円以下なのに、なぜ、富裕層への増税に反対するのか？　彼らは、自分はバケツの外に出たと思いこんでいるだけのカニなのだ。

それでもやっぱりアメリカは素晴らしい。何よりもポップ・カルチャーが。ウェスト・メンフィスの三人はついに釈放された。ドキュメンタリー映画『パラダイス・ロスト』と、三人を支援したメタリカ、エディ・ヴェッダー、ヘンリー・ロリンズなどのロック・ミュージシャン、ジョニー・デップやウィノナ・ライダーたちハリウッド俳優、それにロック・ファンや映画ファンの運動の成果だ。日本のポップ・カルチャーはそれだけの力を持っているだろうか？

文庫化にあたり、筑摩書房の担当、榊原さん、表紙イラストのしりあがり寿さん、それに「もっとあとがき」を書いてくれたデーモン閣下に感謝します。ひさしぶりに飲もうよ！　世を忍ぶ仮の姿で！

２０１１年９月

# もっとあとがき

デーモン閣下

グハハハハハハ……、デーモンである！

著者からの指名で、この本の「あとづけ」的なものを書いて欲しいと吾輩に依頼があった。内容はどんなことでも構わないらしい。文字数も「２０００から２８００くらいですかね？　それ以上でも大丈夫ですよ～」とアバウトだ。……それならそれで、こちらも気楽に書かせてもらおう。

著者、町山智浩氏……この呼び方には違和感があるな。吾輩は町山とは同級生でも幼なじみでもないが町山は吾輩の世を忍ぶ仮の年齢でタメであり、且つ大学も同じところを同時期に出ているので、町山とは仕事の上での付き合い以外はしたことがないのだが、町山のことを「町山」と呼び捨てることが吾輩の常であった。よって、失礼ながらこの後この文章では全て呼び捨てにさせてもらう。まあ、つまりは同級生のような関係ということである。

で、町山とは何年、いつ以来吾輩は会っていないのだろう？　多分20年くらいだ。吾輩が「宝島」という世俗文化誌で連載コーナーを持っていたのが魔暦前13（１９８６）年から魔暦前８（１９９１）年の期間。以下のような内訳だ。

*魔暦前13（'86）年5月〜魔暦前11（'88）年12月「ほん魔界な?!」
*魔暦前10（'89）年8月〜同9月「こんなでいいわけ?!」
*魔暦前9（'90）年4月〜同12月「悪魔学級」
*魔暦前8（'91）年4月〜同9月「月刊ほんだら曼陀羅」

色々とコーナー名は変わってはいるが、中身の違いを吾輩には最早思い出す事が出来ない。えてして「受け取る側」（本の場合は読者。ラジオ番組の場合はリスナー）の方が、コーナーの詳細等を「送り手側」よりも覚えているものである。だから、今これを読んでいる諸君！　前記各コーナーの違いを誰か覚えていたらウィキペディアか何かに書いておいてくれたまえ。

で、きっと町山とみうらじゅん氏（漫画家ほか）はこれらの連載ほぼ全てに関わっていたと思われるので、最後の連載終了以来だとするとちょうど20年間、吾輩は町山とは会っていないことになる。

さて吾輩が連載を持っていた頃の「宝島」だ。

「オタク」という言葉が生まれるか生まれないかの頃。「オタク」容認誌……擁護誌……養成誌？　的な側面を持っていた。つまりは日本におけるサブカルチャーの旗手的な存在であった、と表現した方がより近いのかも知れない。余談だが吾輩がしょこたんこと中川翔子の父・中川勝彦（ミュージシャン。故人。町山、世を忍ぶ仮の吾輩と同年齢）と仕事をしたのも、この「宝島」誌であったかもしれない。

みうらじゅん氏と吾輩は、町山の誘導のもと毎号、世の中の綺麗ごとやブランド信仰、「売れれば官軍」的体質、世間体・社交辞令や予定調和……といった事象、またそれら事象の仕掛け人たちにカモにされている愚か者たちに対して舌を出したり唾を吐いたり、皮肉を表したりしていた。

多分「オタクの気持ちが理解できる（オタク的感性を持ち合わせた）非オタク＝ヨカタ」と「権威とコマーシャリズムに嫌悪感がある」という共通点での程度や尺度が、町山とみうらじゅん氏、吾輩は近い者どうしだったのだと思う。

町山はかつて吾輩が入院している時に見舞いに来てくれた。そこまでは良い。客が来たので吾輩は、たまたま病室に居合わせた世を忍ぶ仮の母に「前の見舞客がくれた果物（梨）をむいて出してあげて」と要請した。その時の様子を町山はタモリ氏に誤解を招く表現で（面白おかしく?）伝えてしまったようだ。数カ月後には、吾輩が病室で「ママ、梨むいて」と甘えていた・目撃者もいる、という「都市伝説」が生まれていた。まぁ……百歩譲って客観的にそれを想像してみると、デーモンが母親に甘えているという図式は確かに面白い。だがそれから25年が経つというのに、いまだに吾輩のところには「マザコンの特番をやるのですが……」という出演の依頼が来る。そのくらい強くこのレッテルは貼られてしまった。実に迷惑な話である。

また町山は「宝島」の編集上の必要で吾輩から借用した物品（それも、それは吾輩にとってはかなり大事な品）を破損させてしまったことがある。直ちに陳謝されたので、それほど吾輩は怒っているわけでもない。むしろ、その真摯な姿勢を評価すらしている。……しっかりしているようで抜けているところがあるんだな。理想は崇高なのだがどこかが甘いんだな。で、こうして町山関連の依頼が来ると内容が面倒でも「やってあげようか」と思う自分（同じ穴の狢）がここにいるわけだ。

そういえば数年前『アメリカ人の半分はニューヨークの場所を知らない』というタイトルの町山の著書が突如吾輩のところに送られてきた。

「町山、今アメリカに住んでいるんだ？」とその時に思った。

吾輩の物言いには「またそんな極端な～」と他人に思われる雰囲気があるようだ。語気や押し出しが過剰だからだ。意外に思う諸君もいるかも知れないが、こう見えて吾輩は行動派であり実証派だ。これまで世界の約50の国と地域を訪れ、その社会や風俗に触れてきた。吾輩は公で比較文化的なことを口に出す場面が多いかもしれないが、それらは経験至上的な見地に立って行われており、吾輩としては（実体験者としては）それほど極端な物言いをしている感覚はない。未体験者は、己にとって未知の事象は概ね大げさに感じるものである。

吾輩は思った。ひょっとしてアメリカに何年間か住んで町山は、20年前に吾輩が言っていた（当時彼が、実は心の底では「そ、それは極端な……」と訝しく思っていた）様々なことの信憑性と重要性（そのことを誰かが伝えなければならないという点での）を昨今、さらに思い知り、今回この本の文庫化のあとづけで吾輩を「御指名」したのではなかろうか？と。

ミーハー。舶来崇拝。アメリカやヨーロッパのモノは無条件に格好良い！　歌詞には英語が入る方が格好良い。バンド名や店の名前は横文字の方が格好良い……。一方で間違いだらけの外来語の認識。格好は真似るが欧米文化・社会の本質はまるで理解していない。言葉もいつまでたっても喋れない……。↑こういった「ハリボテ」事象へのアンチテーゼ。吾輩は日本人の国際感覚に関する毒エッセンスをもかつての「宝島」でのコーナーにて盛り込んでいた。

魔暦前29（１９７０）年に大阪で開催された「万博」。当時の日本人の多くが「海外旅行気分」を初めて疑似体験している頃、吾輩は既に約15カ国の見聞実体経験を持っていた。通っていたＮＹ市の公立小学校ではアフリカの内戦問題に関する校長先生の質問にクラスでただ一人答え、かなり褒められた。フランス語の授業では飛び級も経験した。ほとんどのクラスメートのホームパーティーに招かれもしていた。吾輩にとってアメリカは、特段に夢のような国でも、何でも模倣したくなるような国でも、手の届かない国でもなかった。アルファベットは単なる伝達手段の文字であり、それの方が平仮名よりも格好良いという感覚はまるでない。現実を体験したから（だから逆に相撲や邦楽器、落語、歌舞伎、能……といったものに世を忍ぶ仮の幼少期の吾輩は強く惹かれたのではないかと、自己分析をしている）。

マジョリティやミーハーに舌を出す感じ。サブカルチャーの存在意義を暗に示す感じ。そんな吾輩のありかた、その理由の一端はこういう体験にあるのではないのか、と考えている。

町山は貴重なライターだ。どう貴重なのかを書こうとしたら、本人による「あとがき」に既に書かれていた。そう、「記者倶楽部」的な感じではなくサブカルチャーの視点から「日本人の憧れの国」の現実を伝えることができる。コマーシャリズムによってあえて隠蔽されている部分をも。なぜならば町山……いやマチヤマンはこの分野における知識と興味を絶対的にもっている。しかもベテランのプロの編集者でもある。

Web文化の発展に伴い誰もが評論家になっている今、玄人と素人の境目も混沌としている。下調べもろくすっぽせずに偉そうな批評を書く輩が星の数ほどに増えている。そんな中、文章と視点は極めて冷静、情報の整理、下調べ、予備知識は抜群。でもなぜか時々急に毒を吐く（感情的な物言いになる）面白さを併せ持つ。

町山はさしずめ3分間だけオタクに変身できるヨカタ。そう、マチヤマンなのだ！

キャリア超25年のサブカルチャーの論客（しかも国際的）への論。ゆかし。

拝啓　町山智浩　殿

久し振り！　実は昨年、みうらじゅん氏に吾輩はとある原稿の依頼をしていた。氏とコンタクトを取るのはやはり17〜18年ぶりのことであった。

そこに来て町山からのこの原稿の依頼だ。……これは……酒でも飲みに行って思い出話でもしろということなのか？

いやいや、そろそろまた一緒に何かを企てる時機ということなのかも知れぬね？

日本という国の平和と繁栄が絶頂を極め、その後どん底に向かって突き進んでいる今……、そんな時代を貫いて生き抜いてきた我々。吾輩はマチヤマンのカプセル怪獣なのか、それともマチヤマンにとってのゾフィーなのか？　はたまたゼットンなのか〜〜!!!?

ではまた、敬具！

ビュへへへへへへ……！

デーモン

本書は二〇〇四年十二月に、太田出版から刊行されました。
著作権者との契約により、本著作物の二次及び二次的利用の
管理・許諾は株式会社太田出版に委託されています。

**変な映画を観た!!**　大槻ケンヂ

オーケンが目撃した変テコ映画の数々。知られざる必笑ムービーから爆眠必至の文化的作品の意外な見どころまで。（江戸木純）

**いやげ物**　みうらじゅん

水で濡らすと裸が現われる湯呑み。着ると恥ずかしい地名入Tシャツ。かわいいが変な人形。抱腹絶倒土産物、全カラー。（いとうせいこう）

**カスハガの世界**　みうらじゅん

ぶわっはっは！　見れば見るほどおかしい！　でももらっても困るカスのような絵ハガキ。そのめくるめく世界を漫画で紹介。文庫版特別頁あり。

**ブロンソンならこう言うね**　ブロンソンズ（田口トモロヲ＋みうらじゅん）

人気の著者二人が尊敬する男気のある俳優、チャールズ・ブロンソンならきっとこう言うね！　とお互いの悩みに答えあう爆笑人生相談。特別増補版。

**ぜったい好きになってやる！**　みうらじゅん

マイブームとなった、とんまつりやゆるキャラなど面白く可愛いものもあれば、恐山、キリストの墓、海女など通好みのものも。著者の魅力いっぱい！

**ムカエマの世界**　みうらじゅん

勝手な願いばかり書かれた「ムカつく」絵馬＝「ムカエマ」を元にした抱腹絶倒の漫画と、「コレ、限界デス！」と、著者が限界に挑んだエッセイ。

**茫然とする技術**　宮沢章夫

かつてこれほどまでに読者をよくわからない時空に置き去りにするエッセイがあっただろうか。笑った果てに途方に暮れる71篇。（松尾スズキ）

**映画をたずねて　井上ひさし対談集**　井上ひさし

天下の映画好き井上ひさしが、黒澤明、本多猪四郎、山田洋次、渥美清、澤島忠、高峰秀子、和田誠、小沢昭一、関敬六とトコトン映画を語る。

**鈴木清順エッセイ・コレクション**　鈴木清順　四方田犬彦編

耽美的な映像をつくる映画監督鈴木清順は、達観のエッセイの名手でもあった。映画論、人生論など、その精髄の数々。（四方田犬彦）

**小津ごのみ**　中野翠

小津監督は自分の趣味・好みを映画に最大限取り入れた。インテリア、雑貨、俳優の顔かたち、仕草や口調、会話まで。斬新な小津論。（与那原恵）

**増補決定版 宮崎駿の〈世界〉** 切通理作

最新作「崖の上のポニョ」論のほか書き下ろしを大幅増補。国際的アニメ作家の魅力の全体像に迫る！第24回サントリー学芸賞受賞。（川本三郎）

**ウルトラマン誕生** 実相寺昭雄

オタク文化の最高峰、ウルトラマンが初めて放送されてから40年。創造の秘密に迫る。スタッフたちの心意気、撮影所の雰囲気をいきいきと描く。

**つげ義春を旅する** 高野慎三

山深い秘湯、ワラ葺き屋根の宿場街、路面電車の走る街……、つげが好んで作品の舞台とした土地を訪ねて見つけた、つげ義春・桃源郷！

**ワケありな国境** 武田知弘

メキシコ政府発行の「アメリカへ安全に密入国するための公式ガイド」があるってほんと⁉ 国境にまつわる60の話題で知る世界の今。

**国マニア** 吉田一郎

ハローキティ金貨を使える国があるってほんと⁉ 私たちのありきたりな常識を吹き飛ばしてくれる、世界のどこか変てこな国と地域が大集合。

**ROADSIDE JAPAN 珍日本紀行 東日本編** 都築響一

秘宝館、意味不明の資料館、テーマパーク……。路傍の奇跡ともいうべき全国の珍スポットを走り抜ける旅のガイド、東日本編一七六物件。

**ROADSIDE JAPAN 珍日本紀行 西日本編** 都築響一

蠟人形館、怪しい宗教スポット、町おこしの苦肉の策が生んだ妙な博物館。日本の、本当の秘境は君のすぐそばにある！ 西日本編一六五物件。

**珍世界紀行 ヨーロッパ編 ROADSIDE EUROPE** 都築響一

信仰、性愛、拷問、病理……取材一〇年、ヨーロッパ的感性の地下水脈を探して、九九箇所を踏破した珍名所巡礼の記録。

**「ガロ」編集長** 長井勝一

マンガ誌「ガロ」の灯した火は、大きく燃えあがり驚異的なマンガ文化隆盛へとつながっていった。編集長が語るマンガ出版の哀話。（南伸坊）

**本と怠け者** 荻原魚雷

日々の暮らしと古本を語り、古書に独特の輝きを与えた「ちくま」好評連載「魚雷の眼」を、一冊にまとめた文庫オリジナルエッセイ集。（岡崎武志）

ちくま文庫

USAカニバケツ——超大国《ちょうたいこく》の三面記事《さんめんきじ》的真実《てきしんじつ》

二〇一一年十月十日　第一刷発行

著　者　町山智浩（まちやま・ともひろ）
発行者　熊沢敏之
発行所　株式会社　筑摩書房
東京都台東区蔵前二—五—三　〒一一一—八七五五
振替〇〇一六〇—八—四一二三
装幀者　安野光雅
印刷所　株式会社精興社
製本所　株式会社積信堂

乱丁・落丁本の場合は、左記宛にご送付下さい。
送料小社負担でお取り替えいたします。
ご注文・お問い合わせも左記へお願いします。
筑摩書房サービスセンター
埼玉県さいたま市北区櫛引町二—六〇四　〒三三一—八五〇七
電話番号　〇四八—六五一—〇〇五三

ISBN978-4-480-42872-1 C0195